陳必祥著

古代散文文體概論

文史哲出版社印行

古代散文文體概論

著　者：陳　必　祥
出版者：文　史　哲　出　版　社
登記證字號：行政院新聞局局版臺業字五三三七號
發行人：彭　　正　　雄
發行所：文　史　哲　出　版　社
印刷者：文　史　哲　出　版　社
台北市羅斯福路一段七十二巷四號
郵撥〇五一二八八一二彭正雄帳戶
電話：三　五　一　一　〇　二　八
實價新台幣二八〇元
中華民國八十四年十月再版

ISBN 957-547-694-8

古代散文文體概論　目錄

附　論

緒論

一、關於「散文」的概念

關於「散文」這一概念，歷代有不同說法。

先秦時期開始出現「文」、「文學」的概念。如《論語・先進》：「文學：子游、子夏。」《論語・學而》：「行有餘力，則以學文。」這裏所說的「文」、「文學」，範圍十分廣泛，包括了一切文化典籍。

兩漢時期開始有「文學」與「文章」的區分。「文學」指儒學和其他學術著作；「文章」指具有文采的作品，如詩和辭賦之類。當時把擅長寫作辭賦的人稱作「文章家」。

魏晉以後，有「文」、「筆」之分。有韻爲「文」，無韻爲「筆」。「文」包括詩歌和辭賦；「筆」則指論辨、詔令、奏議、書信、碑志等。當時駢文盛行，文章都崇尚駢儷，無論「文」、「筆」都講究整齊，對偶、用典。

唐代韓愈、柳宗元反對六朝以來駢儷文風，主張恢復先秦兩漢的文章傳統，即提倡寫作「古文」（所謂「古文」，即指西漢以前流行的散文）。從此，「古文」與「駢文」對立，成爲作家進行創作的主要文體。

「散文」這一名稱出現較晚。最早見於宋羅大經《鶴林玉露》引周益公「四六特拘對耳，其立意措詞貴渾融有味，與散文同」一語。到了清代，「散文」的名稱才開始流行。孔廣森《答朱滄湄》說：「六朝文無非駢體，但縱橫開闔，一與散文同。」袁枚《胡稚威駢體文序》說：「散文可踏空，駢文必徵實。」清末羅惇曧《文學源流》說：「文之既立，何殊駢散？西漢以前渾樸敦雅，駢不慮雜，散不病野。」又說：「周秦逮於漢初，駢散不分之代也；西漢衍於東漢，駢散角逐之代也；魏晉歷六朝至唐，駢文極盛之代也；古文挺起於中唐，策論靡然於趙宋，散文興而駢文蹶之代也；宋四六，駢文之餘波也；元明二代，駢散並衰，而散文終勝於駢；明末迄於國朝，駢散並興，而駢勢差強於散。」羅氏之言，皆「駢」、「散」對舉。由此也說明，「散文」這一名稱，是爲了有別於「駢文」而出現的。因爲在沒有駢文以前，只有「詩」與「文」（唐以後又稱「古文」）。自駢文興起，「文」始分爲「駢」、「散」兩體，於是「散文」這一名稱也就漸漸流傳了。

由此可以看出，我國古代的「散文」這一概念，是與韻文、駢文相對稱的概念。韻文包括詩、詞、曲、賦等，駢文是以駢句、偶句爲主，講究對仗和聲律的一種特殊文體。除韻文與駢文以外的文章，如論、記、碑誌、奏啓、序跋、書信等等，無論帶有文學性或不帶有文學性的，都稱作「散文」。我們姑且把這稱作傳統的「散文」概念。

「五四」以後，我國文學理論工作者，接受西方文論的影響，根據文學通過形象來反映生活的原則，把文學作品分爲詩歌、小說、戲劇、散文四類。這裏所說的「散文」，不僅區別於韻文，也區別於有規格的小說和戲劇，專指帶有文學性的敘事或抒情的文章。我們姑且把這稱作現代的「散文」概念。

傳統的「散文」概念把一切散體文章都稱作「散文」，文學與非文學混爲一談，未免失之於過寬；現代的「散文」概念，把那些雖無形象可言，卻有很高藝術技巧的說理或實用性的文章排斥在外。這又未免失之於過窄。

一般說，我國古代文學與非文學的界限，是沒有嚴格區分的。現代文學理論認爲，文學與非文學的區別，歸根到底是一個形象問題。文學通過形象來反映生活，這是文學區別於哲學、社會科學的基本特徵。那麼，什麼叫形象？一般文藝論著講到形象，往往以小說一類的作品作例證，而且主要以是否描繪了人物形象爲標準。其實，文學的特性在不同種類的作品中應該有不同的體現。就散文而言，固然有不少是寫了人物形象的：如《左傳》、《史記》中的許多人物傳記；也有的雖沒有人物形象，但描繪了優美的自然景物，如柳宗元的山水記，也是生動感人的；還有不少議論性、說明性的文章，如韓非的《說難》、賈誼的《過秦論》、司馬遷的《報任安書》、諸葛亮的《出師表》、歐陽脩的《祭石曼卿文》等等，既無完整的人物形象，也無自然景物的描繪，然而它們通過精巧的構思，把議論、敘事和抒情結合起來，並且運用生動優美的語言來表述，讀來也是眞切感人的。這些文章算不算散文？自然也應該劃入文學散文的範圍之內。根據這個原則來考察我國古代散文，至少應該有這樣兩個基本特性：

①**文學性**　「文學性」的概念比「形象性」更寬泛一些，它包括前面所提到的那些雖無形象描寫，但在立意謀篇、語言技巧上很有特色的文章。

②**散體性**　這一點和韻文相對而言，指那些用散體文字寫成的文章。可能有某些字句整齊對稱甚至押韻，但就整體而言，它總是以散句爲主。

這兩個標準應該是相互聯繫的，即古代散文，應該指那些具有一定文學性的散體文章。它不包括那些雖用散體寫成，卻毫無文學性的文章。

辭賦和駢文是介於詩歌和散文之間的兩種文體。從文學性上論，它們可歸入散文；從散體性說，它們也可歸入韻文。比較折衷的辦法是有些文章雖用辭賦或駢體寫成，但又不受辭賦體或駢體的束縛，在內容上有可取之處，在形式上仍有某些散文的特點，我們仍可以把它們當作散文來讀。前者如歐陽修的《秋聲賦》，蘇軾的《赤壁賦》，後者如陶弘景的《答謝中書書》，吳均的《與宋元思書》等。

根據這樣的原則來考察古代散文，便會覺得，我國古代散文有其鮮明的民族特色和優良的傳統。

二、古代散文的發展和演變

我國散文和詩歌一樣具有悠久的歷史。可以說，從有書寫文字起，就萌蘖了散文這一體式。甲骨上刻寫的卜辭及西周的鐘鼎銘文，雖然內容簡單，但也有的敍事完整，語言生動，可以說是我國散文的原始形態。

古代散文的形成與史官關係密切。早在西周時代，就有所謂「左史記言，右史記事」的說法。於是，經史官記錄而保存下來的《尙書》就成了我國古代第一部散文集。《尙書》大都是一些誓詞、政府文告和貴族的訓誡之詞。按其內容分，不外典、謨、訓、誥、誓、命諸體。典，重在稱頌堯舜德教；謨，意在贊許君明臣良；訓，有誨導啓迪之義；誥，爲曉諭臣民之辭；誓，是約束士民之言；命，爲號令臣工之詔。雖有六種分別，並未形成一定的體式。但後世「詔令」、「奏議」、「論辨」「敍事」、「哀祭」、「傳記」等文體，皆濫觴於此。如《洪範》屬於論辨；《無逸》屬於奏議；《甘誓》屬於詔令；《禹貢》、《顧命》屬於敍事；《堯典》屬於傳狀；《金滕》屬於哀祭等。

春秋後期和戰國時代，是我國散文創作的一個輝煌時代。爲適應激烈動蕩的政治鬭爭的需要，這一時期有兩類文章最爲發達：一是歷史散文，一是諸子散文。這兩類文章對敍事文、論辨文以及其他各類散文的形成與發展有開拓和示範作用。

歷史散文無論《左傳》、《國語》、《戰國策》均以記事爲主。這些記事文已不同於商周時代的散文，它不僅有了文學的性質，而且注意刻劃人物性格，情節曲折，語言生動，初步具有了後世傳記散文的特徵。特別是《左傳》在描繪紛繁、壯闊的戰爭場面和能言善辯的外交家辭令等方面，創造性地運用了敍述和議論相結合、側面描寫、交代和照應、人物對話等表現技巧，對我國記敍散文的發展有深遠影響。不僅如此，《左傳》對其他各類文體的形成也有重要貢獻。宋代陳騤《文則》論述《左傳》共有八體：一曰命，婉而當，如周襄王命重耳，周靈王命齊侯環；二曰誓，謹而嚴，如晉趙簡子誓伐鄭；三曰盟，約而信，如亳城北之盟；四曰禱，切而愨，如晉荀偃禱河；五曰諫，和而直，如臧哀伯諫魯桓公納郜鼎；六曰讓，辯而正，如周詹桓伯責晉率陰戎伐潁；七曰書，達而法，如子產與范宣子書，晉叔向詒鄭子產書；八曰對，美而敏，如鄭子產對晉人問陳罪。前面說到，《左傳》主要是記事，但在記事中包含着「命」、「誓」、「盟」、「禱」、「諫」等各種因素，除以上提到的各篇以外，其他如臧僖伯諫觀魚，季文子諫納莒僕，都可稱爲奏議的典範；晏子論和同，穆叔論不朽，吳季子觀樂，都是很好的論辨文；鄭子家與趙宣子書，晉侯使呂相絕秦書，也是著名的書信體散文；魯哀公孔子誄，則屬於哀祭文。

歷史散文重在記事，通過記事進行說理，而諸子散文主要是說理，通過對現實問題的分析、論辨來闡明自己的觀點。諸子散文對論辨體散文的主要貢獻是：①**極大地豐富了論辨文的內容**。它們不像《尚書》那樣，僅是政府文告。從稱霸稱雄、治國安民、人生哲理到生活經驗、治學態度、學習方法等，幾乎無所不包，無所不有，使得後世許多論辨文很難超過諸子散文論述的範圍和理論高度，以致許多散文家不得不把諸子散文作爲經典來加以引用、闡述和發揮；②**極大地發展了論辨文的藝術技巧**。如《孟子》善設機巧，讓對方在不知不覺中走到否定自己的結論上去；《莊子》多用寓言、神話爲論據，比喻豐富，極富想像力；《墨子》文章簡樸，邏輯性很強，其論證的「三表法」對後世影響很大；《荀子》樸實渾厚，取喻精闢，善用排偶，是學者之文，其敏銳的觀察力和剖析世情透闢入微的高超技巧常爲後人所嘆服。③諸子散文雖以說理爲主，但說理中也有敘事成分，**特別善於運用歷史故事、寓言故事和各種典故**，因此，對記敘體、諷喻體散文都有影響。《荀子》中的《賦篇》共有禮、智、雲、蠶、箴五篇短賦，以四言爲主，間用雜言，用對話形式，爲後世漢賦的發端。

當然，我們應該看到，這一時期的散文，無論是歷史散文還是諸子散文，雖然有很高的藝術性，但仍被人們看作是歷史著作和學術著作，即主要還在於它們的實用價值。這一時期的文與史、文與理還沒有分開，散文作爲一種獨立的藝術形式還未確立。

秦代散文僅李斯一人，他的《諫逐客書》的瑰麗，《勸督責書》的鋒利，上承韓非嚴削峻刻之辭，下開賈誼、鼂錯激宕之風，實爲「奏議」體散文的楷模。至其所撰泰山、琅琊諸石刻，實爲後世碑誌體散文的發軔。

兩漢時期散文文體發展上最突出的成就是傳記體散文的確立。傳記體散文雖然在先秦歷史散文中已經萌生，但作爲一種獨立的文體則是偉大歷史散文家司馬遷所首創。司馬遷的《史記》，以人物傳記形式來寫歷史，他筆下的衆多的人物，性格鮮明，栩栩如生；其文章的結構章法，語言技巧也都十分精美。《史記》所確定的龐大完備的紀傳新體制，爲漢代優秀散文家班固和歷代許多歷史著作家所繼承和仿效，其傳記散文的藝術技巧也爲後代散文家所推崇和效法。

兩漢的論辨體散文也有很大發展。由於漢代社會矛盾的加劇，各地割據勢力的形成，政治家們紛紛對現實進行揭露、批判，並提出各自的改革主張。於是，作爲論辨體的「議」、「論」、「疏」、「策」、「對策」「表」等特別發達起來。如西漢賈誼的《過秦論》、《治安策》，鼂錯的《論貴粟疏》，桓寬的《鹽鐵論》，劉向的《新序》、《說苑》，東漢王充的《論衡》以及王符《潛夫論》，崔實《政論》，仲長統《昌言》等，都是優秀的政論文，都是諸子散文的繼承與發展。

從漢代開始形成並風行一時的一種文學形式，是賦。它講究鋪敍，講究辭藻，運用對話形式，是介乎詩與散文之間的一種文體。漢賦作者衆多，上自天子，下至臣庶，都竟相作賦。見於《漢書・藝文志》的賦，就有七十餘家，九百餘篇。大部分漢賦的內容都是歌功頌德，沒有什麼價值。唯東漢中葉以後，由於社會動亂，國勢日衰，漢賦也就由歌功頌德轉爲揭露社會矛盾的小賦，如蔡邕的《述行賦》、趙壹的《刺世疾邪賦》、禰衡的《鸚鵡賦》等。這些小賦，篇幅短小，有敍事、有抒情、有咏物，也有說理，和散文有相通之處。

這一時期，其他各體散文，如序（《史記・太史公序》）、詔（文帝《除肉刑詔》，宣帝《令二千石察官屬諸詔》）、檄（司馬長卿《喻巴蜀檄》）、書（司馬遷《報任安書》）、箴（揚雄《九州牧箴》）、銘（班固《封燕然山銘》）、碑（蔡邕《郭有道碑》）等，無論在內容和形式上都有明顯的發展。

魏晉南北朝時期，周樹人稱作「文學的自覺時代」。這一時期散文發展的特點是：①**更趨於文學化**。人們對文學的價值重視了，文學觀念也比較明確了，有了「文」、「筆」之分，散文創作更重視詞藻的修飾和抒情成分。如曹丕《與吳質書》、曹植《與楊德祖書》，傾訴友情，品評文章，抒發懷抱，感情眞摯，語言優美動人。②**散文創作的體裁擴大了**，尤其突出的是，過去很少被人們重視的山水景色，成了各種散文文體競相描寫的內容。王羲之《蘭亭集序》，首先以「序」體來描寫景物；陶淵明的《桃花源記》是用幻想的形式寫成的遊記作品，鮑照《登大雷岸與妹書》、陶宏景《答謝中書書》、吳均《與宋元思書》是用駢文和書信體寫成的優美山水小品；酈道元的《水經注》則是文筆精美的山水文專集。③**散文各類文體大體齊備，而且都有各自的代表性的作家和作品**。如作爲「奏議」體的「表」，就有諸葛亮《出師表》、李密《陳情表》等傳世名篇；屬於詔令體的「敎」、「令」和「檄移」，就有曹操《讓縣自明本志令》、諸葛亮《勸將士勤攻己闕敎》、陳琳《爲袁紹檄豫州》、孔稚珪《北山移文》等膾炙人口的佳作。此外，「書信」體散文這一時期也特別發達；筆記體散文（如《世說新語》）也開始登上文壇，賦體文章，無論王粲《登樓賦》、曹植《洛神賦》、向子期《思舊賦》、江淹《別賦》與庾信《哀江南賦》，都突出地增加了抒情成分。在辭賦影響下，由東漢開始出現的駢體文，到這一時期成了四六排偶、音調鏗鏘的不折不扣的駢體文，其應用範圍相當廣泛，無論書信、寫景，哲學論文、文藝論文大都用駢體文寫成。駢體文的盛行，給散文創作增加了文學色彩，當然也帶來了消極因素。④**研究散文體裁源流、特徵等文藝論文和專著開始出現。**如曹丕《典論論文》、陸機《文賦》、劉勰《文心雕龍》等。這些理論文章的出現，進一步推動了散文創作的興旺和發展。

唐宋兩代是我國散文創作獲得全面豐收的時代。這一時期，駢文和古文相互競爭，競爭的結果，終於是古文擊敗駢文而占了優勢地位。其創作成就可以唐宋八大家爲代表，其中尤以韓柳歐蘇最爲傑出。這一時期的散文體裁也有了顯著發展。如傳記散文從出自史家之筆轉爲一般文人學士也競相寫作，作傳的對象不僅有有名望的人物，而且有身職卑微的「小人物」，如韓愈《毛穎傳》，柳宗元《種樹郭橐駝傳》、《宋清傳》、《童區寄傳》。論辯體散文中的「論」、「議」、「說」、「辯」、「解」、「原」等各類體式已經齊備。如韓愈有《師說》、《雜說》、《進學解》、《原道》、《原毀》，柳宗元有《封建論》、《駁復仇議》、《天說》、《捕蛇者說》等。隨着文人創作的豐收和各類文集的編輯刊行，作爲既可敍事、又可議論的序跋體散文開始大量出現。比較著名的有歐陽脩《五代史·伶官傳序》、《蘇氏文集序》、《海聖俞詩集序》、《記舊本韓文後》、《集古錄題跋尾》、曾鞏《戰國策目錄序》等；與此同時，在書序、詩序基礎上發展和分化出來的一種新型文體「贈序」也相繼盛行。這種文體，並不自唐始，如晉代傅玄就寫過《贈扶風馬鈞序》。到了唐代，由於韓愈、柳宗元等人的提倡，才逐漸盛行起來，成爲一種新興的獨立文體。韓愈、李白、歐陽脩等都是寫作贈序的能手。韓愈寫的贈序最多，他的文集中收有贈序三十四篇，姚鼐說他的贈序「冠絕前後作者」。其中的《送李愿歸盤谷序》被蘇軾稱爲「唐代第一篇文章」。山水遊記的寫作雖然可以追溯到久遠的商周時代，但遊記體散文作爲一種獨立的文體，直到柳宗元的《永州八記》才最後定型，正如明代張岱所說：「古人記山水手，太上酈道元，其次柳子厚。」（《琅嬛文集》）一般認爲，酈道元的《水經注》是我國遊記散文的開創者。但它畢竟是一部地理著作，對山水景物的帶有文學性的描寫，還是片斷的。進入唐代，元結發展了遊記散文，但影響不大，到了柳宗元手中，描寫山水的技法有了顯著的發展和提高，創造了以《永州八記》爲代表的具有獨立意義的遊記體散文。至此，遊記體散文才成爲一種獨立的文體，成爲文學百花園中一朵別具一格的小花。此外，這一時期的筆記散文、碑誌散文、書信散文、諷喩散文也都有長足的進展，並產生了許多具有代表性的作品，譬如，寓言作爲一種諷喩性的小品，早在先秦諸子散文中已經出現，但最後成爲獨立的文體，則是從唐代柳宗元的《三戒》開始確立的。

元代雜劇盛行而散文衰落。明代前期，由於大興文字獄，文人慘遭殺戮，散文創作也沒有什麼成就。中葉以後，散文開始復興，有唐宋、公安、竟陵等文章流派，出現了較爲著名的散文作家，如劉基、歸有光、唐順之、茅坤、三袁（袁宗道、袁宏道、袁中道）和李贄、張溥、張岱等。

明代散文體裁雖無大的發展，但各類文體也產生了一些頗有影響的優秀作品。首先，小品文的創作成就尤爲突出，如明初劉基《賣柑者言》通過賣柑者的議論，批評了貴族中「金玉其外，敗絮其中」的人物；明末張岱的《陶庵夢憶》、《西湖尋夢》兩書，均是優秀的小品專集。其次，碑誌文和哀祭文的創作在題材選擇和表現技法上也多有創新。如歸有光的《先妣事略》、《項脊軒志》、《寒花葬志》等，都寫得感情深厚，眞切動人。再次，山水遊記散文，除了三袁以外，還出現了名馳中外的遊記專著《徐霞客遊記》。其他如宋濂的「序」（《送東陽馬生序》）、宗臣的「書」（《報劉一丈書》）、劉基的「傳」（《秦士錄》）、李贄的「論」、「記」、「序跋」等也都有一定的特色。

明末清初，民族意識強烈，愛國主義思想在散文創作中有突出的表現。如侯方域的《李姬傳》、夏完淳的《獄中上母書》、全祖望的《海花嶙記》等，都是激動人心的優秀作品。

清代沿襲明代八股取士，又迭興文字獄，散文創作受到極大扼殺。時運所趨，於是促成了桐城派古文的興起。桐城派提倡古文「義法」：「義」就是提倡儒家傳統倫理道德的思想內容；「法」就是文章的寫作理論和技巧。桐城派散文以碑誌、傳記較多，其中以敍事和山水小品最有價値。如方苞的《獄中雜記》、《左忠毅公軼事》，姚鼐的《登泰山記》等，就是比較優秀的散文。晚清知識分子覺醒，龔自珍、魏源等衝破桐城派「義法」的束縛，創作了像《病梅館記》這類反對滿清政治腐敗、寓意深長的優秀作品；隨後，康有爲、梁啓超等，發動維新運動，宣揚維新思想，創作了像《少年中國說》這樣充滿生機、具有極大號召力和感染力的作品。此後，隨着「五四」運動的興起，胡適提倡白話文學，散文創作開始進入了一個完全嶄新的時代。

以上概述了我國三千年來散文創作及文體演變的一個大致的輪廓。從這漫長的發展過程中，我們可以看到，我國散文創作始終和社會生活有着緊密的聯繫，它深刻地反映著現實，跳動著時代的脈搏，閃耀着作家的思想光輝。它可以幫助我們去認識過去的歷史，從中得到啓發、鼓舞和教育，它向我們展示著豐富多彩的社會生活和自然景物的生動畫面，使我們得到精神上的美感享受。從藝術形式上說，古代散文作家不僅積累了豐富的創作經驗，而且還有系統的理論性的專門著述。這些經驗和技巧，至今仍值得我們學習和借鑒。

三、古代散文的藝術特徵

我國古代散文是如此豐富多彩，要用簡單的幾句話來概括其藝術傳統和特徵是很困難的。這裏就其與詩歌、小說、戲劇相比較，簡要地說一說古代散文的一些基本特徵。

㈠**題材特別廣泛**　大至歷史事件、政治事件，小至日常生活，草木蟲魚，散文作家都可以根據自己的獨特感受，生動形象化地表現出來。可以記敍規模宏大的戰爭場面，如《左傳·秦晉殽之戰》；也可描述某一人物、某一場合的活動，如《戰國策·魯仲連義不帝秦》；可以就國家大事進行縱橫捭闔的議論，如柳宗元《封建論》，蘇洵《六國論》；也可以就一人一事進行簡短而有力的剖析，如王安石《讀孟嘗君傳》。上下古今，縱橫千里，凡一切人間和自然界的事物，幾乎無不可以納入散文的題材。試以「唐宋八大家」之一的歐陽脩爲例，他一生創作散文五百餘篇，其題材和內容涉及到他一生從事政治、文學，以及與友人交往的各個方面。如《原弊》一文，從「古之爲政」，一直議論到今之「三弊」，縱貫古今，深刻地分析了宋王朝積貧積弱的根源；《伶官傳序》則從「伶人亂國」這一具體問題入手，闡述了「憂勞可以興國，逸豫可以亡身」的深刻教訓；《與高司諫書》是對朝廷中奸黨權臣的有力抨擊；《送曾鞏秀才序》則是對國家棟梁之材的熱烈贊頌；《雜說三首》以夏夜星殞、蟲鳴爲題材，托物抒感，富有很強的現實性和哲理性；《秋聲賦》則把難以捉摸的秋聲描繪得有聲有色，感慨無窮；《集古錄》是考古之作；《歸田錄》是雜記小品；《梅聖俞詩集序》、《蘇氏文集序》、《六一詩話》卻又是著名的文藝論文。總之，歐文題材十分廣泛，有時卽使在一篇作品中，也可包括豐富的內容。如《瀧岡阡表》，既寫了作者幼年喪父、家境貧寒、依靠他母親辛勤撫育的艱難境況，又寫了他父親惻心仁厚、表裏如一的爲官處世的態度，把幾十年一個豪族的興衰和人物活動，容納在一篇不到兩千字的短文之中。

㈡語言樸素、簡潔 古代散文是散行文字，不像韵文、駢文那樣要求講聲韵、講格律、對偶等等，但散文對語言的要求也是很高的，在某種意義上，有些散文之所以久傳不衰，關鍵在於它的語言美。古代散文的語言美體現在哪些方面呢？

①樸素。散文是與駢文對立而發展起來的。駢文最大的弱點就是語言的晦澀、豔麗和詞藻堆砌；散文反其道而行之，它比較接近當代人的口語，從先秦到唐宋八大家，都提倡「辭必己出」，不雕章琢句，不故作深奧，他們都善於繼承前代的書面語和善於提煉、吸取當代的口語來豐富自己的散文語言。一般來說，散文語言句子結構的省略和顚倒遠遠少於詩歌，而作爲語句鎖鏈的虛詞又多於詩歌。這就使散文顯得較爲樸素自然。

樸素自然並不是不要文采。文章的樸素，其目的是爲了顯示出文采來，「素以爲絢兮」，正說明了這個道理。樸素與華麗也是相輔相成的。文采的華麗如能準確地狀物寫景，蘊含着新鮮活潑的思想，還是能寫出膾炙人口的好文章來的，如范仲淹的《岳陽樓記》的兩幅圖畫：一幅是「霪雨霏霏，連月不開。陰風怒號，濁浪排空……；另一幅是「春和景明，波瀾不驚。上下天光，一碧萬頃……」語句整齊有韵，近於賦體。但看得出來，作者在敷施文采時是有控制的，用詞不過於冷僻，處處注意形象性和可感性，所寫景物都與作者心情有關，仍具有樸素的一面。

②簡潔。任何文學作品的語言都強調簡潔，但散文因爲用的是散行文字，一般不受字數限制，這就很容易拖沓冗長。因此，能否做到文簡義豐，是散文成敗的關鍵。陸機《文賦》說：「要辭達而理舉，故無取乎冗長。」劉勰《文心雕龍》說：「句有可削，足見其疏；字不得減，乃知其密。」過去有人說：王安石寫文章「惜墨如金」，這是說，他的文章達到高度凝煉，決不浪費一個字。歐陽脩的文章也向來以簡潔著稱。據說，歐陽脩從小養成勤於修改以求簡煉的好習慣，寫文章常常「先貼於壁，時加竄定，有終篇不留一字者」（《苕溪漁隱叢話》）。《醉翁亭記》稿，初說滁州四面有山，凡數十字，最後改定，只「環滁皆山也」五字而已。

《朱子語類輯略》還記有曾鞏給陳師道刪改文章以求簡煉的故事：有一次曾鞏因事務繁忙，請陳師道代寫一文，且口授其意。陳師道寫了一天，寫成數百字，第二天呈給曾鞏。曾鞏說：「大體還好，只是冗字多了。」陳師道請曾鞏刪改，曾取筆抹去數處，又抹數行，刪削去一、二百字。陳師道一讀，意義已表達得很清楚，因此很是嘆服。

所謂簡煉，並非字數越少越好。簡煉的標準在於是否達意。歐陽脩寫《相州晝錦堂記》，開頭兩句最初是「仕宦至將相，富貴歸故鄉」，寫成後覺得語意不夠圓滿，遂改爲「仕宦而至將相，富貴而歸故鄉」，自己才覺滿意。的確，加了兩個「而」字，不僅詞句圓暢，而且加強了語氣，能傳神地表達出「富貴」者得意的神態。由此可見古人爲求文字準確簡煉，是一字也不輕易放過的。

㈢**音樂性**　漢語是一種富有音樂性的語言。古人寫詩，特別是寫格律詩，總是要精心挑選和利用漢語特有的聲、韵、調組成富有音樂感的節奏，以增加藝術感染力。不僅詩歌如此，散文亦如此。當然散文不同於詩，不可能像詩歌那樣講究格律。但是，一篇優秀的散文，讀起來總是琅琅上口，富有節奏感和音樂性。

漢語和其他大多數語種不同的一個顯著特點，是它的聲調變化能制約語詞表達的意義。漢語每一個詞都有聲調，聲調是按照音高的起伏波折來區分的。這一特點，不僅適用於詩歌，也適用於散文創作。正如清代著名戲曲理論家李漁所說：「世人但知四六之句，平間仄，仄間平，非可混施迭用，不知散體之文，亦復如此。『平仄仄平平仄仄，仄平平仄仄平平』二語，乃千古作文之通訣。」（《閑情偶寄》）事實也正是如此。古代許多優秀散文常常靈活地運用平仄變化來增強文章的表現力和節奏感。試以李密的《陳情表》爲例：

臣少多疾病，九歲不行，零丁孤苦，至于成立。既無叔伯，終鮮兄弟，門衰祚薄，晚有兒息。

平仄平仄仄　仄仄仄平　平平平仄　仄平平仄　仄平仄仄　平仄平平　平平仄仄　仄仄平仄

外無期功彊近之親，內無應門五尺之僮，煢煢獨立，形影相弔。而劉夙嬰疾病，常在牀蓐，

仄平仄平平仄平平　仄平仄平仄仄平平　平平仄仄　平仄平仄　平平仄平仄仄　平仄平仄

臣侍湯藥，未曾廢離。……

平仄平仄　仄平仄平

作者在這段文字中極寫自己零丁孤苦、與祖母相依爲命的境況，感情淒惻纏綿哀感頑豔。難怪晉武帝看後，大受感動，不僅收回召聘他爲太子洗馬的成命，還給他奴婢二人及大量的錢帛，讓他侍奉、贍養祖母。在聲調變化上，每一句都有平有仄，平仄相間，讀起來抑揚頓挫，輕重諧調。值得注意的是，整段文字多用仄聲，少用平聲。句末大多用仄聲。因爲仄聲短促，不易舒展，讀來有一種沉悶壓抑之感，這正好與這段文章的淒惻婉轉之情相吻合。反之，如果整段文字多用平聲，句末也多用平聲，讀起來感受就可能不一樣了。古代散文有一個普遍的現象，就是常常在散句之中，穿插運用對偶排比之類的整齊句式。句式整齊，從音節上說，可以求得節奏的和諧勻稱。但散文畢竟不是詩，不能像詩那樣過多地運用整齊句式，用多了反而顯得單調乏味，所以，「一篇之中，須有數行整齊處，數行不整齊處。」（呂祖謙《古文關鍵》）有整有散，整散結合，音節上便有錯綜變化。試以白居易的《冷泉亭記》爲例：

春之日，我愛其草薰薰，木欣欣，可以導和納粹，暢人血氣。夏之夜，我愛其泉渟渟，風冷冷，可以蠲煩析醒，起人心情。

這裏的「春之日」與「夏之夜」，「草薰薰」、「木欣欣」與「泉渟渟、風冷冷」，「導和納粹、暢人血氣」與「蠲煩析醒、起人心情」，在音節上都遙相呼應，讀起來勻稱和諧，但在句式結構上又長短相間，有錯綜變化，既符合散文的要求，又有韵文的味道。

過去有人說：「有韵爲詩，無韵爲文。」這就詩和文相對而言，大體是正確的。但若作較廣闊的範圍的探討，則未必確當。試看荀子的《勸學》：

積土成山，風雨興焉；積水成淵，蛟龍生焉；積善成德，而神明自得，聖心備焉。故不積跬步，無以至千里；不積小流，無以成江海。騏驥一躍，不能十步；駑馬十駕，功在不舍。鍥而舍之，朽木不折；鍥而不舍，金石可鏤。

這裏「興」、「生」押韵，「德」、「得」押韵，「舍」、「鏤」押韵；虛詞「焉」在句末也有協韵作用。這是一種很自然的押韵，它不求工整，也不避用字的重複，只看不讀，一般不易發現，只有在反復誦讀中，才能體味其韵律美。

㈣**形式和風格的多樣性**　散文有共同的規律，但不同內容需要有不同形式來表現。正如明徐師曾所說：「文章之有體裁，猶宮室之有制度，器皿之有法式也。爲堂必敞，爲室必奥，爲臺必四方而高，爲樓必狹而修曲……苟舍制度法式，而率意爲之，其不見笑於識者鮮矣。況文章乎？」（《文體明辨序》）又如元代潘昂霄所說：「學力既到，體制亦不可不知，如記、贊、銘、頌、序、跋，各有其體。不知其體，則喻人無容儀（如同人不講究容貌儀表），雖有實行，識者幾人哉？體制既熟，一篇之中，起頭結尾，繳換曲折，反復難應，關鎖血脈，其妙不可以言盡，要領自得於古人。」（《金石例》）

古代散文，在長期的發展中，形成了多種多樣的表現形式，有以記事爲主的，如傳記、遊記、筆記等；有以議論爲主的，如論、議、原、解、說等；有實用性的，如奏議、詔令、序跋、頌贊、箴銘、檄移、書信等等，細分起來，不下幾十種之多。

體裁與風格關係甚爲密切，不同的體裁常常有不同的特點和風格。正如劉勰所說：「章表奏議，則準的乎典雅（準則在於典雅）；賦頌歌詩，則羽儀乎清麗；符檄書移，則楷式於明斷；史論序注，則師範於覈要；箴銘碑誄，則體制於弘深；連珠、七辭，則從事於巧豔，此循體而成勢，隨變而立功者也。」（《文心雕龍・定勢》）

其次，時代不同，作家本人的精神境界、個性特點不同，也形成了作品的不同風格。如孟子的散文縱橫捭闔，宏偉奔放，言辭犀利，咄咄逼人，而有時又幽默詼諧或曲折入情；莊子的散文汪洋恣肆，不可捉摸，縱橫排宕，光怪陸離，具有雄偉奇麗的浪漫主義色彩；韓非的散文嚴峻峭刻，抉剔世情，深入隱微，具有法家的特色；墨子的散文質樸無華，有很強的邏輯性；荀子的散文樸實渾厚，說理透闢而又取譬精警等等。

唐宋八大家都以散文著稱，韓、柳是同時代人，歐陽脩師承韓愈。「三蘇」是父子、兄弟，蘇軾、曾鞏得到歐陽修的賞識和推薦，他們對歐陽修都很仰慕。他們彼此關係如此密切，但寫起文章來，則風格迥異，個性不同。正如明代貝瓊《唐宋文衡・序》說：「韓文奇，柳文峻，歐陽文粹，曾文嚴，王文潔，蘇文博。」就是說，韓愈的散文奇特雄健，柳宗元的散文峻峭深邃，歐陽修的散文純粹，曾鞏的散文嚴謹，王安石的散文淨潔，三蘇的散文內容廣博，各家有各家的特點，各人有各人的風格。

古代許多散文作者都自覺地力求在作品中體現出自己的個性和風格。蘇軾在《文說》一文中，對他的散文藝術有一段很好的概括：

> 吾文如萬斛泉湧，不擇地而出。在平地，滔滔汩汩，雖一日千里無難。及其遇山石曲折，隨物賦形而不可知也。所可知者，常行於所當行，常止於不可不止，如是而已矣。其他，雖吾亦不能知也。

這一段話很好地說明了他散文創作的特色。清人趙翼說他「才思橫溢，觸處生春」，「有必達之隱，無難顯之情。」（《甌北詩話》）

歐陽修也是宋代著名散文家，但他的散文和蘇軾風格顯然不同。歐陽修「厚重淵潔，故其文委曲和平，不爲斬絕詭怪之狀而穆穆有餘韻」，而蘇軾「魁梧宏博，氣高力雄，故其文常驚絕一世，不爲婉昵細語。」（方孝孺《張彥輝文集序》）以具體作品爲例，歐氏《醉翁亭記》和蘇氏《前赤壁賦》同爲寫放情山水的樂趣，前者委曲婉轉，舒緩恬淡，「穆穆有餘韻」；後者思如萬斛泉湧，時而寫江山水月，時而寫歌辭唱和，時而寫主客對話，滔滔汩汩，一日千里。這正是蘇氏「氣高力雄」、曠達超脫的情性的表現。

由於作家思想、性格、時代風貌和散文體裁的不同，散文風格也必然千姿百態，體現出衆多而復雜的情況。我國古代文論家曾試圖給散文風格進行分類。劉勰《文心雕龍》分成典雅、遠奧、精約、顯附、繁縟、壯麗、新奇、輕靡等八類，而且把這八類又分成正反四組，「雅與奇反，奧與顯殊，繁與約舛，壯與輕乖」。晚唐司空圖把詩分爲雄渾、沖淡、纖穠、沉著等二十四品，對後世散文風格的分類也有影響。如明代李九我就把散文風格分爲簡古、典則、雄偉、敍次等二十五類。清代姚鼐在總結前人創作風格特點的基礎上指出：「天地之道，陰陽剛柔而已，文者，天地之精英，而陰陽剛柔之發也。……故曰：一陰一陽之爲道。夫文章多變，亦若是已。」（《復魯絜非書》）爲此，他把散文風格概括爲「剛柔」兩類。並說：「其得於陽與剛之美者，則其文如霆，如電，如長風之出谷，如崇山峻崖，如決大川，如奔騏驥；……其得於陰與柔之美者，則其文如升初日，如清風，如雲，如霞，如烟，如幽林曲澗，如淪，如漾，如珠玉之輝，如鴻鵠之鳴而入寥廓。」（同上）

姚鼐把散文風格分爲陰陽兩類，只是概括了散文風格兩種最基本的特徵，並不能認爲散文只有兩種風格。正如唐彪所說：「若止有一體，連續數十篇，了無所異，則陋之甚矣，安得稱大家名家乎？」（《讀書作文譜》）我國古代散文正是以多采多姿的風格，給我國古典文學畫廊增添了璀璨奪目的光輝。

㈤**重視章法技巧**　應該說，所有文學作品都是重視章法技巧的。不過，散文有它的特殊性，就是「散」。「散」的優點是在取材、謀篇等表現手法上都可以靈活自如，不受拘束。「散」又給自己帶來了一個弱點，稍不留意，就會「跑題」，就會散漫無組織，變成一盤散沙。因此，散文又最忌「

散」，因而也就最講究謀篇佈局和表現技巧。在這方面，古人創造了許多可貴的經驗。下面略舉數端。

古人寫散文貴有「文眼」。清人劉熙載說：「揭全文之指，或在篇首，或在篇中，或在篇末。在篇首則必後顧之，在篇末則必前注之，在篇中則前注之，後顧之。顧注，抑所謂文眼者也。」（《藝概》）所謂「文眼」，即全篇的點睛之筆，它是作品的思想和藝術辯證統一起來的「聚光點」。有了這種「聚光點」，文章的題旨才會顯豁，含蘊也更加豐富、深刻。如柳宗元的《小石潭記》不正是有了「淒神寒骨，悄愴幽邃」這樣點睛之筆，全篇才不同於一般客觀的景物描寫，而成爲一幅有景有情、有濃烈感情色彩的生動畫面嗎？《岳陽樓記》假如沒有「先天下之憂而憂，後天下之樂而樂」的千古名言，整篇文章也必然會大大減少其思想的光輝。又如，歐陽脩的《送楊置序》，是爲送別朋友楊置而寫的。全篇幾乎沒有一句送別的話，而是着力描繪琴聲陶冶性情的力量。作者從多方面展開比喻與聯想，把音樂中傳出來的複雜、抽象的感情描繪得具體生動。粗心的讀者會以爲這篇文章不寫送別而寫琴聲，簡直是跑了題，但細心的讀者當讀到「以多病之體，有不平之心，居異宜之俗，其能鬱鬱以久乎？然欲平其心以養其疾，於琴亦將有得焉」等數句，便會立即明白，作者寫琴聲陶冶性情的力量，原來與對友人的關心、同情，對現實的不滿與憤慨是緊緊溶合在一起的。關鍵的幾句，也就成了全篇的「文眼」。有了這個「文眼」，全篇主旨便豁然開朗，沒有這「文眼」，全篇思想便黯然無光。所以陸機《文賦》說：「立片言以居要，乃一篇之警策。」「文眼」往往是這種片言居要的警策之句。

古人寫散文，還很講究結構和佈局。明代王驥德把散文的結構佈局比如建造宮室，「工師之作室也，必先定規式，自前門而廳，而堂，而樓，或三進，或五進，或七進，又自兩廂而及軒寮，……前後左右，高低遠近，尺寸無不了然胸中」，寫文章也是這樣，「從何意起，何意接，何意作中段敷衍，何意作後段收煞，整整在目，而後可施結撰。」（《曲律》）許多優秀散文，看似隨手拈來，其實無不經過作者的慘淡經營，精心佈局。

古代散文結構方式和藝術技巧也是多種多樣的。不同時代、不同作家、不同體裁、不同風格的文章有不同的結構技巧和方法。但有一些基本原則，往往是大家共同遵守的。譬如：文章必須有貫通全篇的脈胳。「命脈之所在曰樞紐，文中有此，雖千波百折，必能自成條理」（林紓《文微》）；文章必須縝密周嚴，「有如縫衣」，「全在針線緊密」（李漁《閑情偶寄》）；文章必須有曲折波瀾，引人入勝，「不可作直頭布袋」（元遺山語）；文章必須有詳有略，疏密相間；文章還必須重視開頭與結尾，因爲「通篇之綱領在首一段，首段得勢，則通篇皆佳」（唐彪《讀書作文譜》），「尾聲以結束一篇之曲，須是愈見精神」（王驥德《曲律》）。

除結構以外，表現手法的多樣性更是古代散文的特長。因爲散文是一種綜合性文字形式，它可以集一切表現手法之大成。一篇散文，可以根據主題的需要，時而敍述，時而描寫，時而議論，時而抒情；也可以把幾種手法融合在一起，進行夾敍夾議，或描寫中兼有抒情，抒情中兼有描寫等等。這是因爲，散文本身極自由活潑，沒有一定程式，表現手法也就自然多種多樣，無拘無束。

四、古代散文的文體分類

古代散文是一種綜合文學，其內容廣泛，形式多樣，各類體裁之間常有交叉，要給散文進行分類，確是一件相當困難的事。

古代最早給散文進行分類的，是曹丕的《典論論文》。他說「蓋奏議宜雅，書論宜理，銘誄尙實，詩賦欲麗。」除詩賦以外，他把散文分爲三科六類，並給每一類文體的特點和寫作要求作了概括的說明。《典論論文》重點不在文體論，這裏提到的幾種文體估計只是舉例性質，並不能說明當時只有這幾種文體，因此，曹丕的分類是不全面的。但可貴的是，曹丕第一次重視到文體的特點和區別，爲散文文體分類作了開創性嘗試。

繼曹丕以後，進一步給散文進行分類的，是晉代陸機的《文賦》。陸機除詩賦以外，列舉了八種文體。他說：「碑披文以相質，誄纏綿而淒愴。銘博約而濕潤，箴頓挫而淸壯。頌優游以彬蔚，論精微而朗暢。奏平徹以閑雅，說煒曄而譎誑。」陸機比曹丕分類稍細，對每種文體的特點也說得較爲具體。但陸機的《文賦》重點也不在論述文體，且所舉大多是朝廷中較流行的實用文體。

眞正對散文文體全面地進行分類研究的，應首推晉代摯虞的《文章流別論》和李充的《翰林論》，可惜這兩本書早已散佚。《文章流別論》僅在《藝文類聚》和《太平御覽》中略見其一鱗半爪。該書究竟如何分類，已很難斷定。現存最早研究散文文體的專著，是梁代任昉的《文章緣起》，劉勰的《文心雕龍》和蕭統的《文選》。《文章緣起》把文章分爲八十四類，除詩賦等韵文以外，屬於廣義的散文範疇的，計有七十餘類。每一類都以一篇最早的文章爲例，故稱作「緣起」。如：

詔：起秦時璽文，秦始皇傳國璽。

策文：漢武帝封三王策文。

表：淮南王安諫伐閩表。

上書：秦丞相李斯上始皇書。

《文章緣起》分類比前人具體詳盡，但重複不當之處甚多。正如近人薛鳳昌《文體論》所指出：「表」與「上表」分明一類，何必分而爲二？「騷」與「反騷」亦非二體，何不合而爲一；崔駰《達旨》，本與《解嘲》爲一類，何必特立「旨」之一名？崔瑗《草書勢》原係論書之一種，何必再標「勢」之一目？「上章」、「謝恩」要與「章奏」同類，將「謝恩」兩字標立文名，尤爲不妥。產生這些毛病的根本原因是沒有統一而明確的分類標準，基本上是見文章標題稍有不同，即列爲一體，這就難免蕪雜不精了。《文章緣起》雖相傳爲任昉所作，據《隋書經籍志》和《唐書·藝文志》載，有任昉《文章始》一卷，但此書早已亡佚，至唐由張續所補，現在見到的《文章緣起》一書，已非任昉原作。

劉勰《文心雕龍》是我國古代一部「體大而慮周」（《文史通義》）的文學理論巨著。全書五十篇，有二十五篇是文體論。書中將文體分爲三十五類。卽：騷、詩、樂府、賦、頌、贊、祝、盟、銘、箴、誄、碑、哀、弔、雜文、諧隱、史、傳、諸子、論、說、詔、策、檄、移、封、禪、章、表、奏、啓、議、對、書和記。其中絕大部分都是散文文體。對於每類文體，都一一說明其名稱的意義，敍述各種文體的起源和演變，並就古人作品中選出每種文體的代表作，加以評論，最後闡明每種體裁的寫作要求，借以表明各體的特點。劉勰的文體論與殘存的摯虞《文章流別論》、李充《翰林論》只例舉一些作品來說明各種特點不同，而是結合時代變化來說文體的變化，具有分體文學史性質。在文體分類上，《文心雕龍》與曹丕、陸機的過簡與任昉的過繁相比，較爲適中，所開列的門類，與後世論文家的區分，雖不免稍有出入，但考其源流，評論得失，確是辨別文體中最早而且較爲完備的專著。其缺點是有些類別分得不盡合理，如旣有「論說」類，又立「諸子」類，不免重複。又如，「對問」、「七」、「連珠」，實際上都是辭賦體。「對問」只是一種表達方式，「七」是通過七件事起到諷喩作用，這些都不能列爲一種文體，而劉勰都把這些歸入「雜文」類，也不盡恰當。

蕭統的《文選》是我國第一部詩文總集，文集將「遠自周秦，迄於聖代」的各類文章，選編爲三十卷，除詩賦外分爲三十六類：七、詔、册、令、敎、文、表、上、書、啓、彈事、箋、奏、記、書、檄、對問、設論、辭、序、頌、贊、符、命、史論、史述、贊、連珠、箴、銘、誄、哀、碑文、墓誌、行狀、弔文、祭文等。《文選》的分類雖不如《文心雕龍》集中，但當時所流傳的各類文體，大致都包括無餘，而且對各類文體的辨析也頗有獨到之處。有的文體，形式或內容較複雜，同一類文體中又按內容加以區分，如「賦」體包括「江海」、「物色」、「鳥獸」、「志」、「哀傷」、「論文」、「音樂」、「情」等類。《文選》分類也有繁瑣之處，如「論」、「史論」、「史述」、「贊」實際都是論文，似不必列爲三類；「碑文」與「墓誌」，「對問」與「設論」性質近似，也不應硬性分開。但總的說來，《文選》是我國歷史上影響很大的一部文選集，是後世文體分類的權輿。

綜上所述，散文文體的分類，到齊梁時代已經分析得較爲全面，詳盡。隨《文選》而起的，有宋代李昉等奉敕編纂的《文苑英華》，此書上續《文選》，從梁末而下，分類編輯，取材浩繁，計有一千卷，體例和《文選》大略相似。宋代姚鉉選擇其中十分之一文章，編成《唐文粹》，把文體分爲十餘類。嗣後，又有南宋呂祖謙編輯的《宋文鑒》，除詩賦外，分碑傳、露布等五十類；元代蘇天爵編《元文類》，分爲四十餘類；明代程敏政編的《明文衡》，分爲三十八類。這些都是斷代文選，分類基本沿續《文選》，沒有多大變化。

若不是斷代而分體的著作，自《文苑英華》以後，有宋代眞德秀編的《文章正宗》，內分辭令、議論、敍事、詩歌四門。除詩歌外，散文只有三門，未免過於籠統，但以「議論」、「敍事」來分類，確是抓住了散文的基本特徵。此後，又有明代吳訥的《文章辨體》和徐師曾的《文體明辨》。吳訥將文體分爲五十四類，徐師曾又擴張爲一百二十七類。兩書都是一面分體選文，一面依體序說。兩書都強調「文章必以體裁爲先」。如徐師曾說：「文章之有體裁，猶宮室之有制度，器皿之有法式也……苟舍制度法式，而率意爲之，其不見笑於識者鮮矣，況文章乎？」他們編著的目的主要在指示寫作各類文章的準則，因而對各種體裁的特點，源流和寫作要求，考慮甚是精微。徐師曾把文體分爲一百二十餘類，被《四庫提要》斥爲「千條萬緒，無復體例可求」。文體的分類，既要條分縷析，也要提綱挈領，徐師曾對一百二十餘類文體沒有進行歸納分析而達到提綱挈領的要求，這確是一個缺陷。

在散文文體分類方面做出傑出貢獻的還是清代著名古文家姚鼐。他選取先秦兩漢至唐宋明清各種文章，編成《古文辭類纂》。從文體分類說，姚氏一改過去詩文合集的常規，專以散文爲集；對於文體的分類，也改變了過去散漫蕪雜的弊病，做到「嚴而不濫，精而各當」（薛鳳昌《文體編》）。該書所分不過十三類，即：論辨、序跋、奏議、書說、贈序、詔令、傳狀、碑誌、雜誌、箴銘、贊頌、辭賦、哀祭。凡從前所謂經、七、難、對問、設論等，皆歸於辭賦類；表、疏、上書、彈事、論狀等，皆歸於奏議類；箋、啓、奏記、劄子、移、揭等，皆歸於書說類；詔、册、令、敕、誥、制、符、赦文、御劄、批答、九錫文、鐵券文等，皆歸入詔令類；序、復序、序錄、序略、跋、引、書後、題詞及史論、史贊等，皆歸於序跋類；傳、家傳、外傳、狀、述、行狀、事略、玄錄等，皆歸於傳狀類；碑、碑記、墓碑、墓表、墓碣、神通碑、墓誌、墓銘、墓誌銘、壙誌、壙誌銘等，皆歸於碑誌類；記、後記、志、錄述、書事等，皆歸於雜記類；箴銘、戒、訓、規等，皆歸於箴銘類；頌、贊、符命等，皆歸入頌贊類；哀詞、弔文、誄、祭、齋詞、醮詞、青詞等，皆歸於哀祭類。姚氏對歷代選文，凡標題不一，或體同名異，或體異名同，如王羲之《蘭亭集序》，李白《春夜宴桃李園序》，皆名爲序，實爲「記」的一類，都一一精心辨別，然後恰當歸類，力求名實相符。姚氏分類，可謂既提綱挈領，又條分縷析，自乾嘉以後二百餘年間，無不奉爲準繩，也很少有超出姚氏範圍的。

但姚氏的分類，並非盡善盡美。譬如，《史記》、《漢書》中的《項羽本記》、《孔子世家》、《淮陰侯列傳》、《魏其武安侯列傳》等，都是有名的傳記散文，應該歸入「傳狀」類，但姚氏以爲正史中的「傳」不算作傳狀類，所以《古文辭類纂》只收韓愈《圬者王承福傳》、柳宗元《種樹郭橐駝傳》而不收《史記》、《漢書》中有名的傳記文，顯然是不對的。不僅如此，對於《左傳》、《國語》、《戰國策》等歷史散文，《古文辭類纂》既不收入，也無類可歸。

繼姚氏之後，曾國藩爲彌補姚氏之不足，編成《經史百家雜抄》一書，分類基本依照姚氏，但姚氏不收正史史傳文章，也不收古代典章制度文章，曾氏收錄這兩類文章，增列「敍記」和「典志」兩類，同時把「傳狀」、「碑誌」合爲「傳誌」；「贈序」並入「序跋」；「箴」、「銘」、「頌」、「贊」附入「詞賦」類，共十一類。曾氏在十一類基礎上，又揭出三門：一爲「著述門」，包括論著、詞賦、序跋各體；二爲「告語門」，包招詔令、奏議、書牘、哀祭各體；三爲「記載門」，包括傳誌、敍記、典志、雜記各體。這「三門十一類」，實爲前所未有，可謂曾氏分類的創舉。只是這「三門」，實爲三個不同標準，按不同標準來分類，很難算得上科學。

總之，古代散文文體的分類，肇始於漢魏，大盛於齊梁，繁衍於宋明，論定於晚清。梁以《文選》爲規範，明以《文章辨體》、《文體明辨》爲代表，清以《古文辭類纂》、《經史百家雜抄》爲正宗。而有關各類文體的流變、特徵的論述，均又以《文心雕龍》爲鼻祖。

綜觀古代文體分類的理論與實踐，大致有以下幾個共同點：①**「文學」與「非文學」不分**　古人所編選的每一類文體，既有文學作品，也有非文學作品，故一般統稱爲「文」或「文章」。②**多標準分類**　就以姚鼐《古文辭類纂》而言，「論辨」、「傳狀」按內容分；「序跋」按文章排列的位置分；「奏議」、「詔令」、「贈序」按作者與讀者關係分；「碑誌」按文章書寫的場所分；「箴銘」、「辭賦」又按語言形式分。無從歸類的，便列入「雜記」類。由於分類標準不一，各類之間，必然有交叉、跨類的現象。如鼂錯《論貴粟疏》按內容應屬論辯類，按讀者與作者關係分，應屬奏議類；鮑照《登大雷岸與妹書》，按形式，是一封書信，屬「書說」類；按內容，是一篇遊記，屬「雜記」類；從語言特點看，又是一篇駢文，屬辭賦類。③**時代局限性**　古人論述文體，一般都是從當時崇尚和流行的文體出發。古人論述文體，一般都是從當時崇尚和流行的文體出發，這就免不了受時代和層次的局限。無論曹丕、陸機、劉勰、蕭統，還是吳訥、徐師曾、姚鼐、曾國藩，他們所重視的，一般都是當時朝廷和官府中常見的奏議、詔令、書牘、檄移、箴銘、頌贊等實用文體。而對於一般敍事、記人、寫景、抒情等眞正帶有文學特點的文體，往往比較忽視。④**由簡到繁，由繁而簡**　開始曹丕，只分三種六類，陸機分八類，隨後摯虞、劉勰以下，越分越細，最多至一百二十餘類。至姚鼐方由博返約，合爲十三類，曾國藩又分爲三門十一類。最初分類較簡，或許由於文體本身門類不多，或許人們認識還不完全。隨着社會的發展，文體也隨之增多，人們對文體的認識也不斷發展，不僅認識到各類文體的特點，而且還進一步了解了各類文體間的聯繫與區別。分類的由繁而簡，反映了人們對文體認識和研究的不斷深入。

雖然古人對散文文體的研究已取得很大進展，但分類的科學性問題還沒有眞正解決。至於大陸學者亦曾對古代散文文體分類的問題和缺點有過重要論述，如陳望道、葉聖陶等語文教育家提出了一些新的分類方法，但仍沒有得到較爲滿意的解決。王力主編《古代漢語》關於「古文文體類別」一節，基本沿用姚鼐的十三類，只稍作說明和補充。褚斌傑《古代文體概論》，除詩賦以外，將一般文章分爲傳狀、論說、序跋、贈序、碑誌、公牘、檄文等十餘類，也是在姚鼐十三類的基礎上刪繁就簡和適當調整。另有《古代文章學概論》一書將散文分爲論辯、記敍、告語、序跋四類。但哀祭、誄、辭賦等無法歸類，又另立「其他」類，這也不是妥善的解決辦法。有人認爲，應該完全「從文學的反映形式入手」，「摒除那些非文學的散文」，因此主張分爲「史傳散文」、「山水遊記」、「敍事狀物散文」、「抒情言志散文」、「議論文」和「雜文」六類（見一九八二年《文學評論叢刊》第十三輯）。這種分類法，固然較能體現現代的文學觀念。但由於脫離古代傳統散文觀較遠，有些文章無法歸類。如諸葛亮《出師表》無論歸入「論說文」還是「抒情言志散文」，似乎都不太適當；歐陽脩《蘇氏文集序》，既有敍事，又有議論，兼有抒情，也很難歸類。至於那些描寫戰爭和重大歷史事件的歷史散文，是歸入「史傳散文」還是「敍事狀物散文」呢？似乎也難以斷定。

對古代散文進行分類，必須有統一的標準。古人給文章分類大致有以下幾個標準：①按語言特點分；②按文章內容分；③按表達形式分；④按應用範圍分。歷來文體分類的零亂瑣碎，其原因在於大都採用的是平面的靜止的分類方法，即常常是四種分類法同時運用。這就難免造成交叉、重複和混亂。

爲克服這一缺陷，可以採用層次分類法，每一個層次採用基本統一的標準。如按語言形式分，所有文章可分爲韻文、散文文和駢文。關於散文的分類，可按表現手法和應用範圍相結合的原則，先分爲記敍性散文、說理性散文和應用性散文三大類。這三類中，再根據內容和表現形式進行下一個層次的分類。例如：

記敍性散文：敍事、傳記、遊記、筆記等；

說理性散文：認、辯、議、碑、原、說、雜文等；

實用性散文：書信、序跋、贈序、公牘、碑誌、哀祭、箴銘等。

在這一層次以下還可以適當分類。如傳記類以下，還可以分爲自傳、家傳、外傳、小傳等；碑誌類以下還可分爲記功碑、廟碑、墓碑等；公牘以下可以分爲詔令、奏議、檄移等。這樣分類，種屬關係較爲清楚，可以較多的避免交叉和重複現象。

但是，正如前面所說，散文是一種綜合性的文體，散文內部各種體裁之間的交叉、重複是不可能完全避免的。本書關於文體的分類，自然也不求盡善盡美，只是選取古代散文中一些基本的常見的體裁，就其產生、發展及藝術特徵，作一些研究和介紹。對於那些僅在古代流行，今天已經沒有多大現實意義的文體（如「奏議」、「詔令」、「檄移」等），只作簡要敍述；對於今天閱讀、鑒賞和進行散文寫作仍有啓發和借鑒作用的文體(如「敍事」、「傳記」、「遊記」、「論辯」、「諷諭」等),則進行較爲詳盡的論述和剖析。各類文體的排列次序大體按記敍、議論和實用文幾個部分劃分。「敍事體」歷來不專門分爲一類,其實「敍事體」在古代是一種最基本、最常見的體裁,且有其自身的發展和演變規律;「傳記」、「遊記」、「筆記」等,嚴格地說也屬於「敍事」一類,但因各有其特殊功能和表現技巧,因而也作專題論述;「諷諭體」有敍事成分,但總體上以議論爲主,故附列於「論辯體」之後;「辭賦」和「駢文」是介乎散文和詩歌的文體,但和散文關係最密,對散文的影響也大,其中許多名篇佳作,向來都被當作散文來閱讀、欣賞和研究,故也放在各類文體之後作一些分析研究。

分論

一、敍事體散文

敍事體散文的產生與發展

敍事體散文是指以記載歷史事件和其他一切以敍事爲主的作品。我國敍事體散文的產生和發展大致可以分爲以下幾個階段：

㈠敍事體散文的雛形期

敍事散文的產生與史學關係很密切。所謂「敍事起於史官」（眞德秀《文章正宗》）、「敍事實出史學」（章學誠《上朱大司馬論文》），都是說的敍事散文最早都出自史官之手。

我國現存最早的帶有敍事性的文字見於甲骨卜辭和銅器銘文。請看甲骨文中的一段記載：

突如其來如，焚如，死如，棄如。

由於遭受敵人突如其來的襲擊，房子被燒了，人都被殺了，遍地是棄屍。這裏記載的雖然很簡略，但把原始社會那種殘酷的戰爭場面具體而形象地表現了出來。

西周時代的銘文也有簡短的記事文，有的長達三五百字，內容或記戰功，或述祖德，還有涉及訟事判斷的。一般說來，我國記敍文最早都很簡略。這個特點一方面爲漢語、漢字的特點所決定，另一方面也由於受到當時書寫、刊刻等物質條件的限制，但它們所具有的簡明洗煉的特點對後世敍事文的發展有深遠的影響。

今天我們能看到的最早、也最完整的散文著作是《尚書》。《尚書》是歷史文件和政府文告的滙編，多以記言爲主，但也有記事的，如《禹貢》、《金縢》、《顧命》等篇。《顧命》記載周康王卽位的盛典時寫道：

王麻冕黼裳，由賓階隮。卿士邦君麻冕蟻裳，入卽位。太保、太史、太宗皆麻冕彤裳。太保承介圭，上宗奉同瑁，由阼階隮。太史秉書，由賓階隮，御王册命。

這段文字記敍，康王戴着麻制的禮冠，穿着禮服，在「卿士」、「邦君」們的簇擁下緩步走上台階，登上王位，接受成王遺命。文章敍事有條不紊，人物穿戴、動作和場景陳設都一一加以交代。故明代陳懋仁《文章緣起》注認爲，《尚書》中的《顧命》、《禹貢》等「乃記之祖」。但這部以「記言」爲主的散文著作距離今天太遠了，讀起來「詰屈聱牙」，晦澀難懂，因此，還不能算作眞正的敍事散文，而只能說是敍事體散文的雛形。

㈡敍事體散文的成型期

春秋戰國時代是我國敍事體散文成熟的時期。其代表著作就是《春秋》、《左傳》、《國語》、

《戰國策》等以記事爲主的歷史散文。

《春秋》是用簡短的文字寫成的歷史「大事記」，算不上成篇的散文。但據歷代研究《春秋》的學者們的意見，認爲《春秋》在修辭方面很有講究，一詞一句都有其特定的意義，對後世散文創作有一定的影響。例如下面一段文字：

春，王正月（周曆正月），戊申（正月的一天），朔（這天正是初一），隕石于宋五（宋國墜落下五塊隕石）；是月，六鷁退飛（倒退着飛過）宋都。

《公羊傳》解釋這段記載時說，爲什麼先說「隕」，後說「石」，最後說「五」呢？因爲這是敍述一件訴諸聽覺的事：人們首先聽到的是轟然作響的「隕」聲，仔細一看，才知道是「石」，再點一點數，才知道是「五」塊，故說「隕石於宋五」。又爲什麼先說「六」，後說「鷁」，再說「退」呢？因爲這是記敍訴諸視覺的事：人們先看到的是「六」隻鳥，仔細觀察，才知道是「鷁」鳥，再細看，才發現是倒退着飛行，所以說「六鷁退飛」。如果這一解釋能夠成立的話，倒是一個很好的修辭實例。但更重要的是，在這種曲折隱微的筆法後面，往往包含着作者對歷史事件和人物的是非褒貶。這就是所謂「春秋筆法」。我國記敍散文傳統中含蓄蘊藉、旁敲側擊等手法特點和「春秋筆法」不無關係。

《左傳》、《國語》、《戰國策》保存並發展了我國敍事散文簡明精煉的傳統，藝術手法也更加成熟了。特別是《左傳》向來被認爲是我國敍事散文的典範。《左傳》的藝術成就，大致有以下幾點：①能以極簡煉的語言，有條不紊地描繪出波瀾壯濶的戰爭場面、紛繁複雜的內部政變和外交鬬爭，充分表現出作者安排情節、布局章法和駕馭文字的才能，如《秦晉殽之戰》在描寫戰爭方面，就是很有代表性的一篇。文章沒有從正面描寫戰場上的戰鬬，而是通過蹇叔哭師、秦師驕縱輕狂和各種具體事實的描寫，極力渲染戰爭的氣氛和縱橫交錯的矛盾鬬爭。而這衆多複雜的事件與鬬爭，又緊緊圍繞着戰爭這一主題，因而顯得結構謹嚴，線條分明。②重視細節描寫，增加了敍事的眞實性、可感性和生動性。這比「大事記」式的《春秋》是一大進步。如寫曹劌與魯莊公親臨前線指揮作戰，當擊敗了齊軍以後，「公將馳之。劌曰：『未可。』下視其轍，登軾而望之，曰：『可矣。』」這「下視其轍，登軾而望」的動作，實際是後面「公問其故」，曹劌回答「吾視其轍亂，望其旗靡，故逐之」的伏筆。通過這一細節描寫，突出了曹劌謹愼、細心，富於實踐經驗的性格特徵。又如寫衞莊公看見己氏之妻頭髮漂亮，就派人把她頭髮割下來給自己妻子呂姜作假髮用，後來工匠不堪他的虐待起來推翻衞莊公時，衞莊公剛巧又逃到己氏的屋子裏，他拿出一塊璧來要求己氏饒命，己氏說：「殺了你，這塊璧難道還跑得了？」這一細節，旣增加了情節的戲劇性，又生動地刻劃了人物性格。③語言凝煉形象，娓娓動人，句式以散體爲主，兼有工整的排句，使文章增加音節美。唐代劉知幾評論《左傳》時說，描寫戰爭勝利時「則收獲都盡」，描寫戰爭失敗時「則披靡橫則」，描寫國家興盛時「則滋味無量」，描寫國家衰亡時「則凄涼可憐」。這確實並非溢美之詞。

《國語》比《左傳》文筆略嫌渾樸質實，但有些篇章，如《越王棲會稽》、《晉重耳走國》等，也有很好的描寫，特別晉公子重耳走國，情節複雜，結構龐大，人物衆多，但寫得有聲有色，曲折傳神，使人「讀之而心驚，潛玩之而味永」（明代陶望齡語）。《戰國策》也是先秦散文中一部重要著作。除了許多游說之辭以外，還有一些以記敍歷史事迹和人物爲主的敍事文。特別是它每篇的結構都比較完整，情節曲折，善於通過人物對話來表現人物性格，還有許多帶有浪漫色彩的細節描寫。例如《觸讋說趙太后》、《蘇秦以連横說秦》、《鄒忌諷齊王納諫》等，都是十分精彩的敍事名篇。

總之，先秦的史籍爲我國後世幾千年來敍事散文確立了光輝的典範。後世敍事文的簡潔洗煉，都是從先秦散文中繼承下來的優良傳統。值得指出的是，先秦敍事散文時帶有著「記言」的成分，並注意把敍事、對話和動作描寫有機結合起來，這比單純敍事更顯得生動而富於變化，不致產生呆板枯燥的感覺。

西漢敍事散文的最高成就和代表作是司馬遷的《史記》和班固的《漢書》。《史記》這部「通古今之變」的偉大著作，洋洋五十萬言，記敍了從傳說中的黃帝到漢武帝約三千年歷史。這部偉大著作在我國散文史上的最突出的貢獻是創立了以人物爲中心的一種嶄新的敍事體制——紀傳體。關於這一點，本書《傳記》一節中將有詳細論述。這裏要指出的是，《史記》作爲敍事體散文，其最大的特點是記事的完整性。這是編年體的《左傳》所無法比擬的。皇甫湜《編年紀傳論》曾有很好的論述。他說：「編年紀事，束於次第，牽於混並，舉其大綱，而簡於序事，是以多闕載，多逸文……子長病其然也，於是革舊典，開新程，爲紀百傳，爲表百志，首尾具敍述，表裏相發明，庶爲得中，將以垂不朽。」因爲以人物爲中心，就能做到有頭有尾，避免了缺漏和遺失，同時顯得眉目淸楚，沒有割裂感。《史記》作爲敍事體散文，還有一個特點，是敍事十分重視章法結構。根據各種人物的不同特點，巧妙地安排各種不同的結構。如《項羽本紀》以項羽的行動和軍事進退路線爲中心，圍繞這一主線展示了一個個場面的描寫，採取的是縱式結構；而《魏其武安侯列傳》則將魏其、武安這兩個人物並列描寫，其間穿插着灌夫、武帝、王太后的行動，採取的是與《項羽本紀》不同的網式結構。不同的結構方法，爲後世複雜的敍事散文提供了可資借鑒的經驗。此外，《史記》作爲敍事體散文，在語言方面有很強的表現力和雕塑感。試看「相如奉璧奏秦王」的一段描寫：「相如視秦王無意償趙城，乃前曰：『璧有瑕，請指示王。』王授璧。相如因持璧，卻立，倚柱，怒，髮上沖冠，謂秦王曰……」（《廉頗藺相如列傳》）短短幾十個字，把藺相如的言語、動作、神態活靈活現地刻劃了出來，簡直如同在眼前一般。《史記》在語言上還善於融會古籍，善於從人民口頭吸取活的語言資料，因此，《史記》的語言比較接近口語，旣深入淺出，又豐富多彩。這些，都給後世敍事體散文提供了豐富的經驗和養料。

班固的《漢書》對於敍事體散文的貢獻雖沒有《史記》那樣突出，但《漢書》語言嚴謹且帶有駢偶的特色，在敍述史實方面也有較高的藝術成就，所以《漢書》也是一部較爲優秀的、對後世敍事散文有一定影響的歷史著作。

綜上所述，我國古代敍事散文產生於史書，其發展過程是，由簡短的記言、記事發展到《左傳》

《國語》、《戰國策》等先秦歷史著作那樣較爲完整的敍事文；從先秦歷史著作又發展到《史記》、《漢書》那樣以人物爲中心的敍事文。這些都體現着我國敍事體散文由簡單到複雜，由不完整到較爲完整的過程。

㊂敍事體散文的繁衍期

魏晉以後，隨着人們對文學的普遍重視，敍事散文也發生了顯著變化。例如，魏晉之前，敍事散文主要是歷史著作，多出自史官之手，魏晉以後，史書中的敍事名篇反而逐漸減少，而一般文人學士們所寫的敍事散文逐漸增多了，由此而帶來的變化是，敍事體式從正史擴大到別傳、山水記、遊記、碑誌、筆記乃至書信、序跋之類。這一時期敍事散文還有一個顯著變化是敍事中的抒情、描寫成分顯著增加了。不說那些以山水爲對象的作品，就像陶淵明《桃花源記》這樣幾乎完全客觀敍事的作品，也有生動的描寫。如作品第一段寫桃花源外面的景色：「忽逢桃花林，夾岸數百步，中無雜樹，芳草鮮美，落英繽紛。」僅用二十餘字就描繪出一幅迷人的暮春桃林圖。又如漁人進入桃花源後所見到的景象是：「土地平曠，屋舍儼然，有良田美池桑竹之屬，阡陌交通，鷄犬相聞。其中往來種作，男女衣著，悉如外人，黃髮垂髫，並怡然自樂。」一幅多麼優美寧靜的生活圖畫，又是多麼細膩傳神的景物描寫。這些描寫在先秦歷史著作中是很少見到的。

㊃敍事體散文的全面發展期

唐宋以後，隨着散文創作的繁榮，敍事散文也得到充分發展。其主要表現是：

①作爲敍事文標誌的「記」體散文開始單獨成篇。王應麟說：「記者，記事之文也。」(《辭學指南》)先秦記敍文字是史書的片斷。「記」體散文雖然起源很早，但眞正以「記」名篇的，魏晉以前還很少見。徐師曾《文體明辨》說：「記之名，始於《樂記》、《學記》等篇，厥後揚雄作《蜀記》，《文選》不列其類，劉勰不著其說（按：此未確），後之作者，固以韓退之《畫記》、柳子厚遊山諸記，爲體之正。」唐宋以後，特別從韓愈以後，以「記」名篇的佳作越來越多。有以記人事爲主的，如曾鞏《越州趙公救災記》、《墨池記》，柳宗元《金義縣復北門記》，張溥《五人墓碑記》，方苞《獄中雜記》，全祖望《梅花嶺記》等；有以記山水爲主的，除柳宗元山水記外，如王安石《游褒禪山記》，蘇軾《記承天寺夜遊》，姚鼐《登泰山記》等；有以記物爲主，如韓愈《畫記》，蘇洵《張益州畫像記》，歐陽脩《洛陽牡丹記》，魏學洢《核舟記》；有以記亭台樓閣爲主的，如歐陽脩《相州晝錦堂記》，蘇轍《黃州快哉亭記》，袁宏道《虎丘記》等。

②除「記」以外的各類敍事散文，如「墓誌銘」、「行狀」、「碑誌」、「筆記」、「日記」、「志錄」、「序」等，也得到了充分發展，出現了許多名篇佳作。(參見本書有關這些文體的論述，此處不再贅說）

③敍事手法也有了很大發展和變化。唐宋以後，固然仍有不少單純敍事性的文字，但更多的是將敍事、議論、抒情、描寫多種手法綜合加以運用。以龔自珍《病梅館記》爲例：

江寧之龍蟠，蘇州之鄧尉，杭州之西谿，皆產梅。

或曰：梅以曲爲美，直則無姿；以欹爲美，正則無景；梅以疏爲美，密則無態。固也。此文人畫士，心知其意，未可明詔大號，以繩天下之梅也，又不可以使天下之民，斫直，刪密，鋤正，以夭梅、病梅爲業以求錢也。梅之欹、之疏、之曲，又非蠢蠢求錢之民，能以其智力爲也。有以文人畫士孤癖之隱，明告鬻梅者：斫其正，養其旁條，刪其密，夭其稚枝，鋤其直，遏其生氣，以求重價，而江浙之梅皆病。文人畫士之禍之烈，至此哉！

予購三百盆，皆病者，無一完者。既泣之三日，乃誓療之，縱之，順之。毀其盆，悉埋於地，解其棕縛。以五年爲期，必復之，全之。予本非文人畫士，甘受詬厲，闢病梅之館以貯之。

嗚呼，安得使予多暇日，又多閑田，以廣貯江寧、杭州、蘇州之病梅，窮予生之光陰以療梅也哉！

這篇文章，以「記」爲名，說它是敍事文吧，又像是議論文，也有人說是寓言式的雜文小品。但不管怎麼說，它處處在寫梅，字字在寫梅，但理解此文，又決不能只停留在字面上。實際上，它是以梅喻人。前一部分揭露並抨擊清廷摧殘和壓抑人才的罪行，後一部分表現作者欲改革現狀的決心和行動。全文熔敍事、議論和抒情於一爐，含蓄深刻，發人深省。唐宋以後這種綜合運用各種手法的敍事文比比皆是，對於這種現象，徐師曾《文體明辨》認爲，韓愈《畫記》、柳宗元遊記是記事文的「正體」。「然觀韓退之《燕喜亭記》，已微載議論於中，至柳之記新堂鐵爐步，則議論多矣。歐蘇而後，有專以議論爲記者，宜乎眞西山、陳後山以是爲病也！夫『記』者，所以備不忘也。如記營建，當記月日之久近，工費之多少，主佐之姓名，敍事之後，略作議論以結之，以爲正體。至若范文正公之記嚴祠，歐陽文忠之記晝錦堂，蘇文忠之記山房藏書，張文潛之記進學齋，晦翁之作婺源書閣記，雖尙議論，其言足以垂世而立教，無害其爲變體也。」徐師曾認爲只有記日月、工費之類才是記事文的正體，而載入議論就是變體。其實，所謂變體，正是唐宋以後敍事文一大特點。問題不在有沒有議論，主要看議論是否適當，是否與記敍聯繫緊密。議論精當，往往起到深化主題，加強文章思想性的作用。

敍事體散文的藝術技巧

清人包世臣說：「文類旣殊，體裁各別，然惟言事與記事爲最難。」（《爲楊季子論文書》）爲什麼各類文體中敍事文最難呢？因爲客觀事物紛繁複雜，千變萬化，沒有對事物本身透徹的了解，沒有高超的敍事技巧，要寫得有條不紊，生動感人，實非易事。

怎樣的敍事文才算是好文章呢？宋人陳騤在《文則》中說：「文之非也，以載事爲難；事之載也，以蓄意爲工。」什麼叫「蓄意」？就是不要把思想直接說出，讓事實本身說話。也就是劉熙載所說的「不合摻入斷語」（《藝概》），應將要說明的道理寄寓在敍事之中。陳騤在《文則》中還舉了這樣一個例子：《左傳》載晉敗於邲之事：「先濟者賞，中軍下軍爭舟，舟中之指可掬」軍隊中士兵爭着渡江，怎麼會「舟中之指可掬」呢？字面上沒有寫出，但讀者透過字面可以想見士兵們爭着攀舟時被亂刀砍斷指頭的景象。這就是所謂蓄意的作用和效果。

再舉一例：《三國志·荀彧傳》敍述荀彧之死，沒有一個字說荀彧心在漢室，也沒有一字說曹操想篡漢，只是客觀地敍述荀彧如何輔佐曹操，屢建奇功，到後來曹操要加九錫，荀不贊成，便飲藥而死。最後也沒有「摻入斷語」，只是補記了一句：「明年，太祖遂爲魏公矣。」從這一句便可看出，荀彧一日不死，曹操一日不得稱魏公，曹操一日不稱魏公，一日不會放心，這樣荀彧之死也就是必然的結局了。這最後淡淡補記的一句，卻有着豐富複雜的含蘊，這實際上就是我國古代文論家歷來所推崇的寓褒貶於敍事之中的所謂「春秋筆法」。

敍事散文不僅重視寓意，還很重視寓情。因爲「感人心者，莫先乎情」（白居易《與元九書》）。一篇散文，如果僅僅是選擇了一個重要的主題並給予正確的回答，還不能產生強烈的藝術效果。散文，是一種需要豐富感情的文體。在這一點上，它接近於詩歌。敍事散文和以抒情爲主的散文不同，它一般不單獨抒情，而是把抒情寄寓在敍事的過程中，使敍事「情意化」。像司馬遷的《史記》寫的是歷史，但它不是客觀地敍述史實，而是飽含著作者強烈的愛憎。有的通篇是借古人行事來抒發自己的憤世之志，有的夾敍夾議，筆端時時流露出悲悼慷慨之情，許多地方或隱或顯地飽含着作者的主觀感情色彩。其他如韓愈的《張中丞傳後敍》，柳宗元的《捕蛇者說》，歐陽脩的《尹師魯墓誌銘》，歸有光的《寒花葬志》、《項脊軒志》等等，無不在敍事中寄寓着豐富的感情。

敍事散文在內容上提倡蓄意、寓情，在語言上則提倡精煉簡潔。唐代劉知幾說：「國史之美者，以敍事爲工，而敍事之工者，以簡要爲主。」（《史通・敍事》）他認爲《尚書》、《春秋》「文約而事豐」，是尙簡的淵源，漢唐以後，章句不節，言詞莫限，是不簡的流衍，他還提出敍事省文求簡的兩種辦法，卽省句和省字。他舉出《穀梁傳》一段話：「郄克眇（瞎一隻眼），季孫行父禿，孫良夫跛，齊使跛者逆（迎接）跛者，禿者逆禿者，眇者逆眇者。」劉知機認爲從「跛者」以下文字全應刪去，只說「各以其類逆」卽可以了。又舉例說，《漢書・張蒼傳》云：「年老口中無齒。」劉氏認爲只說「老無齒」卽可，六個字可以省掉三個。當然劉氏所批評的這些例子，很可能是作者爲求文字生動，明白而有意那樣寫的，不是煩蕪。但文章應以「簡要爲主」這一點還是正確的，尤其是敍事散文，最易犯的毛病是繁雜、拖沓，因此也就最需要提倡「簡潔爲工」。

當然，所謂「簡」，也絕非越簡越好，「文簡而理周，斯得其簡也。讀之疑有缺焉，非簡也，疏也。」（陳騤《文則》）這就是說，文字簡潔，表達的意思應該豐滿、周密。因此，能否做到「言約意豐」，是敍事散文優劣的一個重要標誌。

敍事體散文的筆法

古人說：「文無定法。」敍事散文當然也沒有固定不變的程式和方法。但古人又很重視寫作的技巧和方法。因爲「無定法」，並非沒有方法，而是方法可以多種多樣，千變萬化。下面就古代敍事散文的一些常見技法略作介紹：

一線貫穿法　有些敍事文，頭緒紛繁，事件衆多，如果沒有一條貫穿的線索，就如同失去了貫通周身的血脈。有時雖有線索，卻沒有連續性，會使人產生線斷珠散的感覺，不能形成一篇結構嚴密的文章。方苞《獄中雜記》所寫的獄中見聞，涉及到整個古代司法機構各個方面，有刑部各司，刑部老監，法庭，刑場等；人物也很多，有貪贓枉法的胥吏，也有唯利是圖的店員，有殺人的慣犯，也有無辜的貧民，有「罪犯」的家屬，也有仗勢欺人的奸民等，從所寫事件說，旣寫了獄中瘟疫，也寫了對罪犯的酷刑、敲詐勒索，行刑時的殘酷狠毒，還寫了胥吏私改文書，貪贓枉法，以及胥卒與奸民如何相互勾結、殘害好人的罪惡行徑等等，從時間上看，所敍以康熙五十一年爲主，但也涉及康熙四十八年以前的事。這麼紛繁的人物、事件如果沒有一個貫串的線索怎麼能組成井然有序的文章呢？本文作者可花費了一番匠心。從整篇文章看，第一段寫刑部獄的環境惡劣，瘟疫流行，死者衆多，勾畫出一幅人間地獄的景象。爲什麼會出現這種景象呢？文章在第二、三、四、五段便通過杜君的對話和作者所見所聞作了說明和交代，原來拘囚衆多的原因全在一個「利」字，即爲了勒索錢財。十四司多方鉤致囚犯是爲了獵取獲利的對象；獄官禁卒百般虐待囚禁者是爲了「取保得利」；行刑時，主縛者、主梏捕者殘酷折磨犯人是爲了強行獲利；郭中老胥枉法舞弊，僞造公章，私改文書，也是爲了獲得暴利；奸民與胥吏相互勾結，狼狽爲奸，同樣是爲了從中漁利。總之，文章圍繞「勒索金錢」這一線索，把衆多複雜的人物、事件連貫了起來，做到「雜」而不亂，散中見整。有了這條主線，其他衆多事件，就如同一顆顆珍珠被貫穿了起來，形成了一篇井然有序的文章。

所謂「一線貫穿」是指一般的敍事文而言的，有些比較複雜的敍事文可以有兩條或更多的線索。如司馬光《赤壁之戰》就有三條線，一條是曹操揮師南下；一條是劉備危急，求救於孫權，一條是孫權內部的鬭爭和最後決斷。這三條線索不是毫不相干平行發展，而是互相影響交織發展，形成一個複雜而又統一的整體。

首尾無定法　清代王源《左傳評》說：「敍事之法，切不可前者前，中者中，後者後。若前者前之，中者中之，後者後之，卽板耳。」這意思是說，敍事文不能千篇一律地按時間和事件發生的前後敍述，而應該有所變化，應「中者前之，後者前之，前者中之，後之，使人觀其首，乃身乃尾；觀其身與尾，乃首乃身，如靈蛇騰霧，首尾都無定處，然後方能活潑也。」在古代敍事散文中，改變敍述的次序而使文章活潑多變的例子，比比皆是。如蘇軾《方山子傳》寫的是作者少年時代的朋友方山子的事迹，文章沒有按時間順序寫，而是先用一段文字概述主人的一生遭遇：少年任俠，壯年很想「馳騁當世」，但終不得志。晚年避世隱居，步行來往於山中，人們都不識他，看見他的帽子又方又高，就叫他「方山子」。讀到這裏，不禁會發生疑問，這「方山子」到底是誰呢？於是文章寫道：

> 余謫居於黃（今湖北黃岡），過岐亭，適見焉，曰：嗚呼！此吾故人陳慥季常也，何為而至此？方山子亦瞿然，問予所以至此者。余告之故，俯而不答，仰而笑……

這裏運用倒敍手法，通過一問一答，一驚一喜，終於使讀者恍然大悟，原來這「方山子」就是作者的好友陳慥。這樣寫，給讀者印象比一開始就交代方山子卽陳慥更加深刻。文章寫完這次奇遇以後，又回敍「前十九年」，方山子與作者「馬上論用兵及古今成敗，自謂一時豪士」的情景，與十九年後方山子丟了車馬，毀了衣冠，成了「往來山中」的隱士形象，形成鮮明對比。

這就是所謂「中者前之，後者前之，前者中之，後之」的寫法。這種寫法運用得好，可使文章活潑多姿，富於變化。

總分結合法　記敍場景和物體，通常用「鳥瞰」、「類括」、「步移」、「凸聚」、「條舉」等方法。概而言之，一是總述，一是分述，「鳥瞰」是總述，其餘均爲分述。總述給人以概括的整體形象，分述給人以生動、具體的了解。魏學洢的《核舟記》、黃淳耀的《李龍眠畫羅漢記》、林嗣環的《口技》都是採用了總分結合依次記敍的方法。

《李龍眠畫羅漢記》重點在記敍畫面上各式各樣羅漢形象。開頭先總記畫中人數，然後記所畫羅漢渡江的姿態，分爲未渡者，方渡者，已渡者。記敍每一部分又有一定順序。如記未渡者，先記沒有作準備的，次記正在作準備的，再記開始伸足下水的。記剛渡者，也依次寫正在江中的，快要到岸的，正在上岸的。最後記上岸羅漢的神態。所記井然有條，神態逼眞。

《核舟記》是要通過核舟的介紹，使人領會刻工的精奇。然而，一枚小小的核舟，上面那麼多人物，那麼複雜的工藝，從何處落筆，實非易事，筆力稍差，便會顧此失彼。文章共分三大部分，第一部分開頭說：「明有奇巧人曰王叔遠，能以徑寸之木，爲宮室、器皿、人物，以至鳥獸、木石，罔不因勢象形，各具情態，嘗貽余核舟一，蓋大蘇泛赤壁云。」這是總述，讓讀者對工藝美術家王叔遠技藝的精巧，先有一個總的印象。文章第三部分按照核舟的形體、位置（即空間順序）依次記敍：第一段記船身，說明核舟的大小和形狀，第二段記船頭，寫蘇東坡、黃魯直、佛印三人的姿態和活動；第三段記船尾，寫兩個舟子的姿態和活動；第四段記船背，寫王叔遠在上面刻的題名；最後一部分，又總記人數、物數、字數，並揭出所雕之核「曾不盈寸」，卻刻了這麼多東西。全文三個部分，先總後分，分而後合。結尾以「嘻，技亦靈怪矣哉」結束全文，同開頭「奇巧人」照應，互相印證。讀完全文，核舟的大小、人物及其神情服飾等等都清晰可感，歷歷在目。

《口技》，也採取了先總後分，逐一記敍的方法。文章一開始就給我們展現一幅「鳥瞰圖」，首先交代了口技表演者及演出的時間、地點、設備和道具，以及表演即將開始時，全場緊張而肅穆的氣氛，爲下文記敍精彩表演作了渲染和鋪墊。然後，文章重點記敍口技人的表演，依次寫了由各種聲響場景組成的一次深夜火警。描寫由靜到動，由動到靜，再由靜到大動，音響由遠而近，由外到內，由小到大，由緩而急，敍述得井然有序又錯綜複雜，高潮迭起，波浪騰躍。這些地方都看得出此文在結構技巧上的「總會銓配」（《文心雕龍》）的功夫。

忙裏偷閑法　前面說過，敍事散文一般總有一個主線或主要事件，文章必須按主線依次寫去。但有時爲了把主要事件的來龍去脈交代清楚，在敍述主線的同時，往往忙裏偷閑，插敍一些有關過程或事件。當然，插敍部分必須和主線結合，配合自然吻合，才不致有隔裂感。正如林紓所說：「敍到吃緊處，非插筆則眉目不清，故必補其所以必然之故。總之，須近自然，無嵌附填塞之弊，方爲佳。」

如司馬光《赤壁之戰》記敍魯肅見諸葛亮時說：「我，子瑜友也。」「子瑜」是誰呢？爲什麼魯肅要對諸葛亮提到自己是「子瑜」的朋友呢？讀者可能會發生疑問。於是文章特意插入一筆：「子瑜者，亮兄瑾也，避亂江東，爲孫權長史。」這一插筆，不僅交代了人物關係，也補充說明魯肅是在從感情上做諸葛亮的工作，強調孫劉聯盟還有一定的感情基礎。又如《史記》寫荆軻在秦廷逐秦王，秦王環柱而走時，「羣臣皆愕，卒起不意，盡失其度」，讀者不解：這時羣臣爲什麼不反擊荆軻？秦王的衞士們又到哪裏去了呢？於是在這緊要關頭，作者忙裏偷閑，特意插入一段：「而秦法，羣臣侍殿上者不得持尺寸之兵，諸郎中執兵皆陳殿下，非有詔召不得上。方急時，不及召下兵，以故荆軻乃逐秦王。而卒惶急，無以擊軻，而以手共搏之。」這一段插敍爲讀者解釋了疑問，又爲上文「秦王環柱而走」找到了根據，更增加了緊張氣氛。這是一段極爲精彩的插筆。

結處點睛法 有些敍事文，全篇都是客觀敍述，只到篇末才揭出主旨，這叫做「結處點睛」。凡點睛之筆一般都是三言兩語極爲簡略。試舉《戰國策・張旄止魏與秦攻韓》爲例：

魏王問張旄曰：「吾欲與秦攻韓，何如？」張旄對曰：「韓且坐而胥亡乎？且割而從天下乎？（韓國是束手待亡呢？還是割地給我們？）」王曰：「韓且割而從天下。」張旄曰：「韓怨魏乎？怨秦乎？」王曰：「怨魏。」張旄曰：「韓强秦乎？强魏乎？（韓以為秦國强，還是以為魏國强？）」王曰：「强秦。」張旄曰：「韓且割而從其所强，為所不怨乎？且割而從其所不强，與其所怨乎？（韓國是割給所怨之國呢，還是割給强國？）」王曰：「韓將割而從其所强，與其所不怨。」張旄曰：「攻韓之事，王自知之矣。」

張旄意在說明，魏國與秦攻韓，雖有損於韓，卻無益於魏，徒爲秦國辟地。假若正面直言，似乎爲韓游說。本篇採用一問到底的方法，讓魏王自己得出結論。篇末只用「王自知」三字說出與秦攻韓之失策，省去了許多分析文字，可謂一語道破，簡短有力。

篇末點睛，有明點，也有暗點。《檀弓·苛政猛於虎》結處點出「苛政猛於虎」是明點；本篇「王自知」屬於暗點。《戰國策》還有一段記敘一個齊國人與假裝清高的田駢的一段對話。齊人說：「聽說先生發誓不做官，眞叫人仰慕。」田駢問：「你怎麼知道的？」齊人說：「聽鄰家的女兒說的。」田駢問：「此話怎講？」齊人說：「鄰家女兒發誓不嫁人，年紀三十，卻生了七個兒子，不嫁固然不嫁，實在不止嫁過一次了。今先生發誓不做官，而俸祿千鐘，閣下爲人，不做官固然不做官，實在不止做過一次了。」文章寫到這裏，用了「田子辭」三字，結束全篇，田駢慚愧不過，辭謝了齊人。這「田子辭」三字實際也是一種較含蓄的點睛之筆，從田駢的行動突出全篇的諷喩意義。

夾敍夾議法　一般來說，敍事文應讓事實說話，不宜摻入議論，清代夏曾佑說：「以大段議論羼入敍事之中，最爲討厭。」但他又說：「有時不得不作，則必設法將議論之痕跡滅去始可。」（《小說原理》）可見敍事也不完全排斥議論，關鍵是要把敍事議論結合得好。張溥《五人墓碑記》採取的是夾敍夾議的方法。就全篇說，是先敍後議。第一、二段敍述五人墓的緣起和五人的奮鬥業績，是敍事部分；第三段評論五人之死的重大意義，是議論部分。再看這兩部分，第一段敍述五人墓的緣起之後，卽插入一段議論，贊揚「五人皦皦」，然後再接着敍述五人奮鬥事跡。這是敍中有議。第三段在贊揚五人「激昂大義，蹈死不顧」的英雄氣概後，又接敍「矯詔紛出，鈎黨之捕遍於天下」的事實。這是議中有敍。全文如沒有五人事迹的敍述，議論就沒有根基，如僅有敍述，沒有必要的議論，又不易顯現五人之死的意義與光輝。不論敍事與議論，都圍繞「義」這一綱領之下，敍事以顯其「義」，議論以明其「義」，敍事與議論有機結合，相輔相成，成爲血肉相聯、不可分割的整體。

烘托映襯法　烘托映襯是敍事文常用的筆法。烘托卽所謂「烘雲托月」。金聖嘆評點《西廂記》中說：「夫亦嘗觀於烘雲托月之法乎？欲畫月也，月不可畫，因而畫雲。畫雲者，意不在於雲也。意不在於雲者，意固在於月也。」清代哈斯寶關於《紅樓夢》批語中也說：「作畫之人雖能繪花，卻畫不出花香，故在花旁畫蝴蝶飛舞，以示花香。這不是畫蝴蝶，仍是畫花。雖能畫雪，但畫不出雪寒，所以要畫個雪中烤火的人，以示其寒。這不是畫火，仍就是畫雪。」這就是烘托映襯的方法。作畫如此，寫文章也是一樣。

關於烘托映襯的方法和作用，唐彪《讀書作文譜》有精彩的論述：「當襯者不襯，則匡廓狹小，意味單薄，無華贍之致矣。但襯之理不一，或以目之所見襯，或以耳之所聞襯，或以經史襯，或以古人往事襯，或以對面襯，或以旁觀襯，或牽引上文襯，或逆取下意襯，皆襯貼也。作文能知襯貼，則文章充滿光彩，何待言哉？」

烘托映襯的方法很多，歸納起來，主要有反襯、正襯兩大類。用對立相反的事物來襯托叫反襯，用性質相同的事物來烘托叫正襯。如《史記・周亞夫軍細柳》爲突出周亞夫治軍的嚴明，先寫文帝至棘門軍，是「直馳入，將以下騎送迎」，再寫「已而之細柳軍，軍士吏被甲，銳兵刃，彀弓弩持滿。天子先驅至，不得入……上至，又不得入。」把棘門軍和細柳軍相互對比，從而更襯托出細柳軍的紀律嚴明。又如《戰國策・唐雎不辱使命》寫的是秦王和唐雎兩個對立人物。開始秦王盛氣凌人，責備、威脅安陵君，唐雎作爲安陵君的全權使者，則從容鎮定據理反駁，秦王理屈詞窮，惱羞成怒，而以「天子之怒」相威脅，企圖迫使唐雎屈服，可是唐雎毫不畏懼，針鋒相對地指出「布衣之士」發怒將「伏尸二人，流血五步」，「而天下縞素」，說著便「挺劍而起」，馬上要跟秦王拼命，秦王在唐雎的脅迫下，原來的驕橫不可一世，忽而變得「色撓」，對著唐雎「長跪而謝」。秦王的驕傲、狂妄狡詐和前倨後恭，有力地反襯出唐雎的沉着、鎮定、堅強無畏的精神。這就是反襯手法。

前文提到的方苞的《左忠毅公軼事》，主要人物是左光斗，但同時又寫了史可法，作者以史可法爲正面襯托，來表現左光斗對人才的識拔與培養，及其救國的志願和捨生取義的決心。文章記敘史可法探獄中的一場，更能顯示出襯托手法的作用。請看．

一日，使史公更敝衣草屨，背筐，手長鑱，為除不潔者，引入，微指左公處，則席地倚牆而坐，面額焦爛不可辨，左膝以下，筋骨盡脫矣。史前跪，抱公膝而嗚咽。公辨其聲，而目不可開，乃奮臂以指撥眥，目光如炬，怒曰：「庸奴？此何地也，而汝來前，國家之事，靡爛至此。老夫已矣，汝復輕身而昧大義，天下事誰可支拄者？不速去，無俟奸人構陷，吾今卽撲殺汝！」因摸地上刑械，作投擊勢。史噤不敢發聲，趨而出。後常流涕述其事以語人，曰：「吾師肺肝，皆鐵石所鑄造也！」

文章讓讀者隨史可法的眼光，首先看到的是左光斗飽受酷刑摧殘而又堅強不屈的形象，然後再寫左光斗辨出史可法哭聲後的動作、神情、語言。一般說來，在生命危在旦夕的時刻，心愛的學生來探望自己，應該得到安慰，而左光斗卻給學生一番嚴厲的怒斥。但從這怒斥的言詞中，正使讀者深深感受到左公的一顆錚錚跳動的心：他怒罵甚至要撲擊史可法，正是因爲他深愛史可法，不願史可法輕蹈死地，希望他能支拄天下，收拾國家糜爛局面，眞是一息尚存，救國之心不息。可見，這裏寫史可法，仍是爲了突出左光斗在生命垂危時的剛毅果決形象和火一樣的熾熱感情。最後寫史可法忠於職守，也是爲了寫左光斗。正如史可法自己所說：「下恐愧吾師也！」不僅是史可法自己，就是讀者，也彷彿看到他的老師的影子在指導著他、督促著他，盡心全力地爲國效力。

當然，正面烘托，不單單使主要人物刻畫得更加豐滿，次要人物的思想品質也可以得到表現。相互映照，相得益彰，這也是映襯手法的作用。

二、傳記體散文

傳記體散文的源流和演變

傳記散文是一種記載人物生平事迹的散文文體。早在春秋戰國時期，《左傳》、《戰國策》、《國語》等歷史著作中，就有不少篇目記敍了人物的語言和行動，有的還注意刻劃人物的性格特徵。如《左傳·秦晉殽之戰》，通過秦師出征前蹇叔兩次哭師的言行描寫，寫出了蹇叔的老謀深算，和他的憂國愛子的複雜心情；《戰國策·蘇秦以連横說秦》寫蘇秦游說各國、謀求富貴的經過。文章通過前後對比、夾敍夾議，生動地刻劃出蘇秦這個策士忽横忽縱的政治態度和熱衷名利的性格特徵；又如《國語·句踐滅吳》圍繞勾踐十年生聚，十年敎訓，寫出了勾踐勵精圖治、發奮圖強的精神面貌，文中諷諫應對之辭也都符合人物身份和性格。

儘管如此，這類歷史著作重點還不在於描寫人物，而在於記敍歷史事件，寫人物也大多是記敍片斷的事例和言行，並不對人物的一生作全面的介紹和評價。所以，這些著作還不能眞正算作人物傳記，只能算作是人物傳記的雛形。

傳記作爲一種獨立的散文體裁，是從兩漢時期開始的。偉大的散文家司馬遷，用其畢生精力，寫出了一部「究天人之際，通古今之變，成一家之言」的歷史巨著《史記》，從而開創了我們傳記體散文的先例。

《史記》共一百三十篇，包括本紀十二，表十，書八，世家三十，列傳七十。除了「表」和「書」以外，其他基本上都是人物傳記。本紀以歷代帝王爲中心，記述各時期的大事，如《高祖本紀》、《項羽本紀》；世家記述諸侯列國和一部分重要歷史人物，如孔子、陳涉等的事迹；列傳記述各類歷史人物的事迹，如《李斯列傳》、《淮陰侯列傳》、《屈原列傳》等。一般列傳標題用所記人物姓名，事迹相關或行爲相類的合併立傳。如《廉頗藺相如列傳》、《孟子荀卿列傳》；有一些是以人物類型相同而概括定名的，如《循吏列傳》、《酷吏列傳》、《游俠列傳》、《刺客列傳》等；有的以少數民族、鄰近國家或各種專業而定名的，如《匈奴列傳》、《貨殖列傳》、《朝鮮列傳》等。但這一類以記事爲主，不屬人物傳記。

《史記》裏的人物傳記包括了各個階級、階層的各種人物，有帝王將相，也有一般平民，有傑出的政治家、軍事家、思想家、文學家；也有游俠、刺客、倡優和有一技之長的人物，也寫了揭竿起義的領袖和失敗的歷史英雄。這衆多人物，在大散文家司馬遷的筆下，大多栩栩如生，有鮮明的個性，成爲我國傳記體散文的光輝典範。

繼《史記》開創了以傳記體形式來記敍人物和事迹這一獨特散文體裁以後，歷代史學家和文學家都紛紛模倣，正如鄭樵所說：「百代以下，史官不能易其法，學者不能捨其書。」於是，傳記散文便逐漸繁榮與旺起來。首先班固的「漢書」除表、志以外，「紀」、「傳」均模倣「史記」的體例，只是把「世家」併入「傳」。以後的《後漢書》、《三國志》、《晉書》、南北朝各史書，以及《唐書》、《宋史》、《明史》無不以《史記》爲楷模。

這些都是歷史著作中的人物傳記，一般稱作爲「史傳」。除「史傳」以外，還有各家所寫的人物傳記。這類傳記在先秦諸子著作中卽已萌芽，到了漢代，史傳以外的傳記散文開始出現，如劉向《新序》、《說苑》、《列女傳》中有許多人物故事寫得生動形象，可以看作傳記散文。試以《列女傳》中《楚莊樊姬》爲例：

樊姬者，楚莊王之夫人也。莊王卽位，好狩獵，樊姬諫不止，乃不食禽獸之肉。王改過，勤於政事。

王嘗聽朝罷晏，姬下殿迎曰：「何罷晏也，得無饑倦乎？」王曰：「與賢者俱，不知饑倦也。」姬曰：「王之所謂賢者何也？」曰：「虞丘子也。」姬掩口而笑。王曰：「姬之所笑何也？」曰：「虞丘子賢則賢矣，未忠也。」王曰：「何謂之？」對曰：「……妾聞虞丘子相楚十餘年，所薦非子弟則族昆弟，未嘗進賢退不肖，是蔽君而塞賢路。知賢不進，是不忠；不知其賢，是不智也。妾之所笑，不亦可乎！」王悅。

明日，王以姬言告虞丘子，丘子避席，不知所對。於是避舍使人迎孫叔敖而進之，王以學令尹，治楚三季而莊王以霸。楚史書曰：「莊王之霸，樊姬之力也。」

文章寫樊姬輔助莊公治國的故事，短短幾百字，通過人物對話，刻劃了樊姬的聰敏和智慧，音容笑貌，躍然紙上，是一篇短小精悍的傳記散文。

從東漢至魏晉南北朝，文人學士們所寫的傳記散文逐步繁榮興旺。王充《論衡·自紀篇》首開自傳體散文先例。其他如蔡邕《范丹碑》，嵇康《聖賢高士傳》，曹操《讓縣自明本志令》，陶淵明《孟府君傳》等，都是比較有名的傳記散文。但在這以前，所有文人學士所寫的傳記，無論在數量和質量上都還不能和《四史》，特別是《史記》中的「史傳」散文媲美。自唐代以後，隨着古文運動的興起和散文形式的進一步發展，又湧現出大批優秀的傳記散文，如韓愈《柳子厚墓誌銘》，柳宗元《段太尉逸事狀》、《種樹郭橐駝傳》、《童區寄傳》，李商隱《李賀小傳》，袁宏道《徐文長傳》，徐珂《馮婉貞傳》等等。這些傳記有一個顯著特點，即作傳的已不局限於歷史人物，凡是作家所喜愛所熟悉的人物，無論是文人武卒，能工巧匠，倡優傭丐，都可以爲之作傳，如柳宗元的《種樹郭橐駝傳》、《童區寄傳》、《梓人傳》、《宋淸傳》等，主人翁都是種樹者、牧童、木工和賣藥者等社會地位低微的人物。這和正史尊重帝王將相、高官顯宦相比，大大開拓了傳記散文的領域。

傳記體散文的藝術特徵

人物傳記開始是歷史著作的一部分，後來又從歷史著作中分化出來，成爲一種獨立的文體。這種文體和一般歷史著作比較，有其顯著的不同：

㈠**不論寫歷史人物，還是寫一般的人物，都必須忠於事實**　這是寫人物的最基本要求，也是傳記散文與歷史小說的區別所在。

要做到忠於事實，就要求作者對歷史材料採取客觀的審愼的態度。司馬遷寫人物傳記所依據的材料大致有兩類：一類是依據故有的記載，一類是依據直接史料和作者自己的見聞。無論來自哪一類，他都不輕率相信，而總要經過一番爬梳剔抉和鑒別排比的工夫。對於不同的材料，寫作時儘量作適當處理。如秦國的世系，有三種不同的記載，是非無從判斷，便依照「信以傳信，疑以傳疑」的原則，分別照錄下來。

尊重歷史眞實，不僅包括所記敍的人物和事實的眞僞，還包括作者對人物善惡美醜的評價。司馬遷不讚成《春秋》「爲尊者諱」，「爲賢者諱」的「曲筆」，他對漢代從開國君主直到當朝皇帝漢武帝，在歌頌他們「文治武功」的同時，對他們的陰私和醜惡的一面也有暴露和批評，所以班固稱讚《史記》「其文直，其事核，不虛美，不隱善，故爲之實錄。」（《漢書・司馬遷傳》）

但人物傳記畢竟不同於議論文，因而對人物的善惡褒貶，一般不應由作者直接說出來，而是「於序事中寓論斷」（顧炎武《日知錄》），即把對人物的是非褒貶滲透到歷史事實的敍述之中。如寫善於阿諛取容的公孫弘，做到了丞相，而以憨直見稱的汲黯，只是一個普通的二千石官。但武帝接見公孫弘時「或不冠」，接見汲黯時則「不冠不見也」，讀者兩相對比，心中於二人自分高下。又如《陳涉世家》中有這樣一段記載：

（陳勝）王陳，其故人嘗與庸耕者聞之，之陳，扣宮門曰：「吾欲見涉。」宮門令欲縛之。自辦數，乃置，不肯為通。陳王出，遮道而呼涉。陳王聞之，乃召見，載與俱歸。入宮，見殿屋帷帳，客曰：「夥頤。涉之為王沈沈者！」……客出入愈益發舒，言陳王故情。或說陳王曰：「客愚無知，顓妄言，輕威。」陳王斬之。諸陳王故人皆自引去，由是無親陳王者。

這裏寫的是陳王與故人相見的故事，所記皆一些生活瑣事。但從這個小故事中，便可以看到：陳勝在勝利之後，開始脫離羣衆，致使「故人皆自引去」。這件事，實際上是作者對陳勝失敗原因的深刻總結。但這裏沒有一句說教，而是通過人物的言行形象地表現出來的。

司馬遷記敍人物時，有時在敍述之中或文章結尾，加上「太史公曰」，記述作者對篇內某人某事的看法或轉引別人的評語和議論。這些評語和議論，本身又是所記敍的歷史事實的不可分割的組成部分，並且能增強歷史的眞實感和文章的說服力。

㈡**作爲文學體裁的人物傳記，十分注重刻劃人物的性格**　這也是我國傳記體散文的一個最重要的特徵。《史記》近百篇人物傳記，塑造了衆多的個性鮮明的人物形象。同爲宰相：管仲、晏嬰，性格迥異；都是策士：蘇秦、張儀、李斯，面貌不同；同是謀臣：張良顯得老謀深算，陳平富於權詐多變；同爲戰將：廉頗有大將風度，樊噲有猛士面目；同是刺客：豫讓、專諸、聶政、荆軻，出一語，便覺得聲貌性格多不相同。

後代許多散文作家繼承和發揚了《史記》這一傳統，在寫作人物傳記時，都十分注重人物性格的描寫和刻劃。如李商隱的《李賀小傳》，寫的是李賀如何作詩，似乎很難表現人物性格，但作者仍舊很注意表現人物個性特徵。請看：

長吉細瘦，通眉，長指爪。能苦吟疾書，最先為昌黎韓愈所知。所與游者，王參元、楊敬之、權璩、崔植輩為密，每旦日出與諸公遊，未嘗得題然後為詩，如他人思量牽合以及程限為意。恒從小奚奴，騎距驢，背一古破錦囊，遇有所得，即書投囊中。及暮歸，太夫人使婢受囊出之，見所書多，輒曰：「是兒要當嘔出心乃已耳！」上燈，與食，長吉從婢取書，研墨疊紙足成之，投他囊中。非大醉及弔喪日，率如此，過亦不復省。王、楊輩時復來探取寫出。長吉往往獨騎往還京雒，所至或時有著，隨棄之。故沈子明家所餘，四卷而已。

文章抓住詩人「嘔心苦吟」的種種奇特之狀，極力加以刻劃和渲染。首先寫他外形奇特：「細瘦、通眉、長指爪」，給人的印象即已十分鮮明；接着寫詩人「苦吟」的奇特：白天出遊，「騎距驢」，「背一古破錦囊」，「遇有所得，即書投囊中」，晚上仍舊廢寢忘食，苦吟不止，而且日復一日，年復一年，非大醉或弔喪，從不間斷，正如他母親所說，簡直要「嘔出心」才肯罷休。寫到這裏，作者又特別交代詩人這樣勤奮，爲什麼留傳下來的詩作並不多呢？原來詩人經常隨寫隨棄，被別人取去，也毫不經意。文章不到兩百字，把李賀這樣一位終日苦吟的詩人形象和性格刻劃得有聲有色，很有個性。

㈢**我國的傳記散文，還十分注意材料的提煉和選擇**　清人劉熙載說：「人多事多難遍論，借一論之，一索引千鈞。」（《藝概》）這雖然是針對議論文說的，但對寫人物傳記同樣適用。因爲寫人物傳記不同於寫小說、戲劇：小說、戲劇主要靠生動的情節和完整的故事來刻劃人物；傳記一般不對人物作全面的交代和刻劃，常常是抓住一些足以揭示人物性格的片斷，採取畫龍點睛的手法，着力鋪陳渲染，從而起到「一索引千鈞」的作用。

司馬遷寫項羽就是運用這種手法。在《項羽本紀》中，他選取了三個感人最深，流傳最廣的故事：「鉅鹿之戰」、「鴻門宴」、「垓下之圍」。這三段故事所寫的歷史，恰是秦漢之際，劉項相爭最激烈、最關鍵的時刻，也是體現項羽這個關鍵人物一生事業成敗的三個關鍵時期。作者通過這三個故事的描述，不僅寫出了這一段歷史，而且把項羽這個人物一生的成敗始末，和他的性格特徵，鮮明地揭示出來。又如明代散文作家宋濂，他在《秦士錄》中爲了刻劃鄧弼這個英雄形象，先寫了拳折中脊和手舉石鼓這兩個事例，以顯示其勇力過人；接着便通過一次酒樓賽文和一次東門比武，進一步突現鄧弼這個文武雙全的奇人式的英雄形象。作者在敍述事例時，有意識地由簡到繁，由淺入深，把重點放在比武一場中，讓英雄人物在舞劍砍馬的高潮中大顯身手，以完成人物性格的刻劃。

㈣**傳記散文如何具體描寫人物，其技巧和方法則更是多種多樣** 可以通過敍述人物原來的出身和他們的社會地位，預示他們的性格特徵形成的歷史根源和社會基礎；可以借人物自己個性的言行或外貌來揭示人物的典型特徵；可以採取獨白的方式，讓人物自己來登臺亮相。總之，對象不同，目的不同，方法也就各不一樣。如《史記・李斯列傳》，一開頭寫李斯年少時，看到「厠中鼠」和「倉中鼠」的不同遭遇，感嘆道：「人之賢不肖，譬如鼠矣，在所自處耳！」於是去跟荀卿「學帝王之術」

通過這個小故事一開始便揭示出李斯從小胸有大志，與衆不同，所以後來才能輔佐秦王幹出一番大事業來；另一方面又揭露了他的「學帝王之術」的利己心理，預示他必然會成爲一個殘暴毒辣的執政者。這個開頭，既寫出了人物的思想，又爲下文作了伏筆；《荆軻傳》則通過一系列細節描寫和「刺秦」這一具體事件，成功地突出了荆軻豪爽不羈、深沉克制和不惜犧牲的英雄形象；《魏公子列傳》在介紹了信陵君「仁而下士」的特點以後，接着便通過一連串生動的情節發展，成功地塑造出這個愛國、仗義、禮賢下士的貴公子形象；《魏其武安侯列傳》寫了竇嬰、田蚡、灌夫三人之間錯綜複雜的矛盾衝突，而這些衝突，又是由日常一些偶然性小事促成的。粗眼看，這些矛盾似乎都可避免，仔細一想，又覺得實在無法避免，一切是那麼突然，又那麼自然，而這些都是由於人物性格決定的。

古人作畫，很講究對比、虛實，「密葉偶間枯槎，頓添生致；細幹或生剝蝕，愈見蒼顏」（《畫筌》）。作畫如此，寫人亦如此。上文提到的方苞《左忠毅公軼事》，主要是記敍明末東林黨成員左光斗生前軼事，通篇則以史可法作陪襯，來表現左光斗的高尚品質給後人的影響。全文有虛有實，通過虛實結合，正面敍述與側面描寫相結合，使左光斗的形象更加鮮明突出，光彩照人。

張溥《五人墓碑記》記敍了蘇州五位壯士激昂慷慨、大義凛然地與魏忠賢閹黨對立反抗的事迹，全文多處運用了對比手法來加強藝術效果，其中有用「富貴之子，慷慨得志之徒」的死而默默無聞和五人的身後榮盛對比；用「縉紳」的迫於閹黨淫威而改變初志和五人的「激昂大義，蹈死不顧」對比；用「高爵顯位」者的苟全性命、辱人賤門，和五人的仗義犧牲對比，處處反襯出五人的崇高和光明正大。

「聯想」和「想象」是小說、詩歌中經常採用的手法。傳記文學要求寫眞人眞事，一般不能隨意採用這種手法。但有時爲了表現人物的某些性格特徵，在尊重歷史眞實的前提下，也允許有某些想像性的描寫。如《史記・商君列傳》有這樣一段記載：

> 後五年，而秦孝公卒，太子立，公子虔之徒告商君欲反，發吏捕商君。商君亡，至關下，欲舍客舍。客舍不知其是商君也，曰：「商君之法，舍人無驗者坐之。」商君喟然嘆曰：「嗟乎，為法之敝一至此哉！」

商君在客舍中「喟然嘆曰」的一段獨白，不可能讓舍主人聽到，作者怎麼知道的呢？顯然這是一種想像性的描寫。這樣寫並非毫無根據，因爲前文已交代「商君之法，舍人無驗者坐之」。舍主人不認識商君，自然不敢冒然犯法。商君是嚴刑峻法的制定者，此時又是嚴刑峻法的受害者，在此情此景之下，自然不免要感嘆不已。這樣的聯想和想像既合情合理，又能爲表現人物性格和文章主題服務，在傳記散文中也是允許的。

傳記體散文的類別

傳記體散文根據內容和形式大致可以分爲以下幾類：

㈠列傳

由司馬遷《史記》首創。主要是記載帝王和諸侯以外的歷史人物。司馬貞《史記索隱》說：「列傳者，謂列敍人臣事迹，令可傳於後世。」張守節《正義》也說：「其人行迹可序列，故云列傳。」《史記》中的列傳，有以人物姓名定名的，如《魏公子列傳》、《田單列傳》等；有以性質相同而概括定名的，如《循吏列傳》、《酷吏列傳》、《游俠列傳》、《刺客列傳》、《滑稽列傳》等；有以專業或性質相同而概括定名的，如《儒林列傳》、《貨殖列傳》、《龜策列傳》等。除一般列傳標題用本人姓名外，事迹相關或行爲相類的都合併立傳，可稱於「合傳」。如《廉頗藺相如列傳》、《孟子荀卿列傳》。有的人物附見於其他人的傳記的後面，如《廉頗藺相如列傳》之後附有趙奢、李牧等有關事迹，稱爲「附傳」。

自《史記》以後，歷代歷史著作中均有「列傳」。但一般文人學士所寫的傳記均不稱「列傳」，而只稱「傳」。如韓愈《太學生何蕃傳》、柳宗元《童區寄傳》等。

㈡自傳

自傳是記敍自己生平事迹的傳記。自傳的寫法和形式也多種多樣。有的在著作之後作一篇自序，除記敍著作的經過外，有的也記述自己的家世、生平和思想，應屬自傳。如王充《論衡》的《自紀篇》，在自敍出身簡歷的同時，又以大量篇幅敍述了自己「爲人清重，游必擇友，不好苟交」、「性恬淡，不貪富貴」、「令進忽退，收成棄敗」等性格特徵和品行志向，可說是一篇寫法別緻的自傳。與此相類似的，如曹操《讓縣自明本志令》、曹丕《自敍》也都具有自傳性質。

自傳一般都用第一人稱，也有用第三人稱的。如陸羽《陸文學自傳》：「陸子名羽，字鴻漸，不知何許人也，或字羽，名鴻漸，未知孰是？……」

㈢別傳

古人爲人作傳，列於家譜的稱「家傳」，列於史書的稱「史傳」，這都稱「本傳」，本傳以外的傳記，或對本傳所記有所不同或補充，便稱做別傳，表示有別於本傳的意思。如《唐史》有《陳子昂傳》，後有盧藏用所寫《陳子昂別傳》。盧和陳子昂交誼很深，在這篇別傳中，對陳子昂受武后家族武攸宜的排擠，以及最後受射洪縣令段簡的迫害而死的事實，都給以如實的記載，使我們得知這一歷史寃案的始末，而這些都是「本傳」中所不載或沒有詳盡記述的。其他如《董卓別傳》（《漢書・董卓傳》注）、《趙雲別傳》（《三國志・趙雲傳》裴松之注）等等。

㈣外傳

凡人物爲正史所不載，或正史已有記載而別爲作傳，記其軼聞逸事的，稱「外傳」。這類傳記有的取材於歷史事迹而加以舖張渲染，已接近於小說。如郭湜《高力士外傳》，無名氏作《李林甫外傳》，北宋樂氏作《楊太眞外傳》等。

㈤小傳

簡明記敍人物的生平事迹。其特點一是篇幅短小，二是記敍簡明。有記敍一人事迹的，如李商隱《李賀小傳》、陸游《姚平仲小傳》等；有採輯衆人軼事而總爲一帙的，如江盈科《明十六種小傳》；又有滙印詩文總集，在全書的前後，或作者名下，略述作者字、號、籍貫、經歷及著作等，也稱「小傳」。如《全唐詩》每一作者名下皆有一篇簡短的小傳。

㈥行狀

「行狀」原是門生故舊敍述死者的世系、名字、爵里、年壽等，提供禮官爲死者議定謚號或提供史官採擇立傳的。也有爲請人寫墓誌銘碑表之類，也往往提供行狀，最早有漢代胡乾作《楊之伯行狀》。有的行狀本身就是一篇很好的傳記，如柳宗元《段太尉逸事狀》，就是行狀中的名篇。徐師曾《文體明辨》說：「逸事狀則但錄其逸者，其所已載，不必詳焉，乃狀之變體也。」正因爲「錄其逸事」，不爲正史所限，反而更有選材加工的自由。如《段太尉逸事狀》作者以寫實的手法，選取的都是一些有典型意義的軼聞逸事，刻劃出一個不畏強暴，愛護人民的英雄段太尉的形象，文章敍述淸晰，層次井然，文筆生動有力，是一篇文學性很強的傳記文。

「行狀」又稱「引述」、「行略」等。

此外「墓表」、「墓誌銘」、「神道碑」等，也以記載死者生前事迹爲主，帶有傳記性質。（參見《碑誌體散文》）

三、遊記體散文

遊記體散文的源流

以作者的遊踪爲線索，記敍旅途見聞，描述山川景物的散文作品稱爲遊記。遊記是旅遊者親自經歷的記敍。有些作品雖然描繪了優美的山川景色，但並非作者親身遊歷，一般不叫遊記，而稱山水記。

不論是山水記或遊記，反映的都是人與自然的關係。自然是人類生息與活動的環境，人在與自然的接觸與奮鬥中，逐步了解了自然，熟悉了自然，發現了存在於自然中的種種美的特徵，於是，表現人與自然的關係，抒寫人對自然的審美感受，便逐漸成爲文學創作的一個重要內容。

在我國散文發展史上，山水遊記的產生較早，如《尚書》中的《禹貢》篇：「岷山之陽，至於衡山；過九江，至於敷淺原；道弱水，至於合黎，餘波入於流沙，導黑水，至於三危，入於南海。」我國最早的地理著作《山海經》中也有不少關於地理山川的記述。此外，《莊子•逍遙遊》、《史記•河渠書》、《漢書•溝洫志》等著作中，也偶有對自然景物的描寫。《河渠書》從夏禹治水寫起，文中也引用了《禹貢》裏的話，它是《禹貢》的繼承和發展。《溝洫志》則繼承了《河渠書》的傳統，在內容和寫法上又有新的發展。但是，無論是《禹貢》、《山海經》或是《莊子》、《史記》、《漢書》，所記山水都很簡略，很少文學色彩，還不能單獨成篇。因此，這些著作只能說是我國山水遊記的濫觴，還不是眞正的遊記作品，眞正的遊記應該說起於東漢而盛於南北朝。而東漢馬弟伯的《封禪儀記》，實爲首開遊記文學之先河。

《封禪儀記》記敍光武帝封泰山事。其中有一段寫道：

至中觀，留馬，去平地二十里，南向極望無不睹。仰望天關，如從谷底；仰觀抗峰，其為高也如視浮雲，其峻也石壁窅窱，如無道徑。遙望其人，端端如杆升，或以為小白石，或以為冰雪，久之白者移過樹，乃知是人也。……其道旁山脇，大者廣八九尺，狹者五六尺。仰視岩石松樹，鬱鬱蒼蒼，若在雲中，俯視溪谷，碌碌不可見丈尺。遂至天門之下，仰視天門，窔遼如從穴中視天窗矣。……兩從者扶掖，前人相牽，後人見前人履底，前人見後人頂，如畫重累人矣。

文章採取移步換形手法，把登泰山所見一一作了生動而形象的描述。「至中觀」，已經「去平地二十里」，「向南極望無不睹」，可見這裏山勢已經既高且險，可是繼而「仰望天關」，則如同從深谷觀天，再「仰觀抗峰」，又「如視浮雲」。由此可以想見泰山是何等的高峻。尤其生動的是，從中觀「遙望其人」，動則像見到一支細竹在冉冉升起，靜則像是看到一塊小白石，或是一團耀眼的冰雪，直等那團白色的物體慢慢移過樹叢，方始恍然大悟：「乃知是人也。」這就把從遠處看人的景象寫活了。文章描繪旅遊者攀登的情景也極富情趣。但見人們魚貫而上，「後人見前人履底，前人見後人頂，如畫重累人矣。」這不僅寫出了山的陡峭，也襯現出登山的艱險。此外，文中還運用了許多比喻，給人以具體眞切的感受，難怪《石遺室論文》極力稱道這篇文章爲「古今雜記中奇偉之作」。

魏晉以前，自然景物的描寫，一般都作爲詩文的附庸，還未被視爲描寫的對象，魏晉以後，江南地區得到廣泛開發，人們在改造自然的奮鬥中提高了對自然美的認識和欣賞水平，加上當時佛道盛行，士大夫階層中出現了隱逸之風，他們一面談玄空，一面遊山玩水，在大然中寄托情懷。所謂「老莊告退，而山水方滋」（《文心雕龍・明詩》）。於是山水文學開始興盛，在山水詩大量湧現的同時，也出現了一批山水遊記作品。

晉代慧遠和尚的《廬山諸道人遊石門詩序》可稱當時遊記文學的代表作。文章記敘了作者與廬山衆道人同遊石門澗的經過。先寫石門的地理形勢，次寫遊人「乘危履石」、「援木尋葛」，歷盡艱險，一直攀登到懸崖以後，終於飽賞了「七嶙之美」：

雙闕對峙其前，重岩映帶其後；巒阜周回以為障，崇岩四營而開宇。其中則有石臺、石地、宮館之象，觸類之形，致可樂也。清泉分流而合注，淥淵鏡淨於天池。文石發彩，煥若披面，檉松芳草，蔚然光目。其為神麗，亦已備矣。斯日也，衆情奔悅，矚覽無厭。游觀未久，而天氣屢變，霄霧塵集，則萬象隱形；流光回照，則衆山倒影。開闔之際，狀有靈焉，而不可測也。

這篇文章的景物描寫不同於《封禪儀記》。《封禪儀記》採取移步換形的手法，一步步地把所見所感逐一具體描繪出來；本篇則將全部景物融會胸中，然後將山岩、清泉、文石、松樹等景物分類寫出，晴天的景色固然使人「矚覽無厭」，天氣變化時也別有一番妙不可測的景象。文章末段由寫景轉爲說理抒情，闡發世事無常的佛教哲學，帶有晉代特有的玄言風味。雖然這種說理和抒情與前面的景物描寫結合得還不夠緊密，但這種卽景抒情的方法則爲後代山水作品所宗。此外，全文語言風格趨向駢偶化，文辭典雅優美，反映出晉宋時代山水遊記受駢文影響較深。

晉宋之交的大詩人陶淵明不僅以山水田園詩見長，也善寫山水文章。他的《遊斜川詩序》就是一篇很有特色的遊記作品。而他爲《桃花源詩》作的序《桃花源記》，實際上也是一篇遊記作品，其內容雖是虛構的，但用的則是遊記的筆法。

南北朝的遊記與前期的遊記作品相比較，藝術上又有了新的提高和發展。値得注意的是，這時出現了許多書信體描摹山水的優美篇章，如鮑照的《登大雷岸與妹書》、丘遲《與陳伯之書》、吳均《與宋元思書》、陶弘景的《答謝中書書》等等，都是爲後人稱道的名篇。

這一時期，特別應該提出的是北魏酈道元的《水經注》。《水經》爲魏晉時代無名氏所著，《水經注》專爲《水經》作出注釋。作者博覽漢魏以來許多記敍山川風土、歷史典故的文獻資料，並根據自己跟隨北魏文帝巡幸和實地調查的記錄，闡明了一千多條大小水道的源頭流程，並敍述了沿途山川景物和有關傳說，在描繪山川景物上，作品取得了十分可貴的成就。其中《江水注》中「三峽」一節，一直爲後世所傳頌。

自三峽七百里中，兩岸連山，略無闕處。重岩迭嶂，隱天蔽日。自非亭午夜分，不見曦月。

至於夏水襄陵，沿泝阻絕。或王命急宣，有時朝發白帝，暮到江陵，其間千二百里，雖乘奔御風不以疾也。

春冬之時，則素湍淥潭，回清倒影。絕巘多生怪柏，懸泉瀑布，飛漱其間。清榮峻茂，良多趣味。

每至晴初霜旦，林寒澗肅，常有高猿長嘯，屬引凄異，空谷傳響，哀轉久絕。故漁者歌曰：「巴東三峽巫峽長，猿鳴三聲淚沾裳！」

全文僅幾百字，既寫出了三峽的全貌，又寫出了三峽的四時景物特色，有虛有實，有動有靜，從多方面贊美了我國江山的雄奇壯麗，爲我們展現出一幅多采多姿的山水畫卷。值得一提的是：《水經注》還善於把歷史故事、神話傳說、民歌民謠和山水景物交融在一起，因而使內容顯得深厚而有情致，增強了知識性和可讀性。這是描摹山水的文學在內容上和寫作方法上的一個明顯的提高和發展。我們熱愛自己的山川，固然愛其美麗的自然景色，但如想更了解我們祖先在這塊土地上勤苦奮鬥努力的歷史，了解我們祖先所創造的燦爛的古代文化，《水經注》在這方面正作出了傑出的貢獻。

不過《水經注》畢竟是地理著作，注文雖有一定文學性，但一般都是客觀地描寫山水，作者並不側身其間，所以只能算作山水記，而不能算作遊記，

眞正的遊記體散文是從唐代開始定型和繁榮起來的。其間，著名文學家元結起了承前啓後的作用。他的《右溪記》記敍一條小溪的景物和命名的經過，字裏行間寄托著作家遭時不遇的慨然深情。

清代古文家吳汝綸說：「次山（元結）放恣山水，實開子厚先聲。文字幽眇芳潔，亦能自成境趣。」（《桐城吳先生全書》）

所謂「開子厚先聲」，卽是說遊記體散文的眞正定型和成熟的代表人物，應該是柳宗元。在柳宗元以前的山水記，大都粗線條地勾畫山川景物，寫景畢竟比較疏略。柳宗元則不同，他的山水遊記，繼承了以往的白描手法，又能用精細的筆法，把各種山川景物的細微差別，卽各自的特點表現出來。以其代表作《永州八記》爲例：《始得西山宴遊記》著重寫「山水之怪特」；《鈷鉧潭記》著重寫小溪；《鈷鉧潭西小丘記》著重寫石；《小石潭記》著重寫潭水游魚；《袁家渴記》細微地寫水上風光；《石渠記》寫泉水的細緻；《石澗記》寫澗中石和樹的特色；《小石城山記》則描繪天然構成的小石城。總之，每篇重點不一，各具特色，個性迥異。柳宗元的山水遊記，還有一個鮮明的特點，卽作者不僅在寫山水，而總是把自己的不幸遭遇和自己的胸襟氣度寄托在山水之中，並通過描摹山水曲折地反映作者的影子。而且結構精巧，語言優美。請看他的《小石潭記》：

從小丘西行百二十步，隔篁竹，聞水聲，如鳴佩環，心樂之，伐竹取道，下見小潭，水尤清洌。全石以為底，近岸，卷石底以出，為坻，為嶼，為堪，為岩。青樹翠蔓，蒙絡搖綴，參差披拂。潭中魚可百許頭，皆若空游無所依，日光下澈，影布石上，佁然不動，俶爾遠逝，往來翕忽，似與游者相樂。

潭西南而望，斗折蛇行，明滅可見。其岸勝犬牙差互，不可知其源。

坐潭上，四面竹樹環合，寂寥無人，悄愴幽邃。以其境過清，不可久居，乃記之而去。

同游者：吳武陵、龔古、余弟宗玄；隸而從者：崔氏二小生：曰恕己、曰奉壹。

文章以簡煉的語言，引人入勝的筆調，爲我們點染出一幅意境幽邃的小石潭情趣圖。與作者的《鈷鉧潭記》不同，本文用意不在探尋潭源，而主要是寫小石潭本身。寫小石潭主要又是寫潭中之水。令人贊嘆的是，作者並沒有正面描寫潭水，而是通過對石、樹、魚三者的具體描繪和渲染，反襯出小石潭最重要的個性特徵——「水尤清冽」。這種實中寫虛，用客體突出主體的筆法，顯示出作者描摹山水的嫻熟技巧。文章末尾點明「以其境過清，不可久居，乃記之而去」，不僅進一步寫出小石潭悄愴幽邃的自然環境，也流露出作者政治上失意的抑鬱淒愴的心情。

唐代山水遊記篇幅一般都較短小，宋代出現了長篇旅行日記，使遊記文學的體裁又有了新的突破。如范成大的《吳船錄》、陸游的《入蜀記》，都生動地記敍了沿江景色。《吳船錄》重在記實，文字樸實無華；《入蜀記》用日記形式，除記敍山川勝景、民情風物外，還對古今詩文、逸史進行評論和考證。文筆簡潔生動，極富文學性。如其中一篇《小孤山遊記》，文章按作者步履行踪先從烽火磯著筆，然後寫聳立着的孤石、澎浪磯、小姑山，逐步展示一幅幅旅途畫卷，寫到小姑山時，順筆帶出「昔人詩有『舟中沽酒莫漫狂，小姑前年嫁彭郎』」之句，並考訂「傳者因爲小孤廟有彭郎像，彭郎廟有小姑像，實不然也」這一插筆，充實了文章的內容，使得全文更加生動活潑，富有文學氣味。這兩句民間傳說中的詩句也因這篇遊記而流傳開來。

宋代散文，長於議論，而欠弘麗」，這一特點，在山水遊記中也有所體現。如范仲淹《岳陽樓記》、王安石《遊褒禪山記》、蘇軾《石鐘山記》、曾鞏《墨池記》等篇，都善於以簡潔的文筆，將敍事、寫景、議論糅合在一起，這比單純寫景更能突出文章的思想性。試以曾鞏《墨池記》爲例：

臨川之城東，有地隱然而高，以臨於溪，曰新城。新城之上，有池洼然而方以長，曰王羲之之墨池者，荀伯子《臨川記》云也。羲之嘗慕張芝臨池學書，池水盡墨，此爲其故蹟，豈信然耶？

以上是文章第一段，記敍墨池的位置和王羲之「臨池學書，池水盡墨」的傳說。這段文章末尾用「豈信然耶」一句，引出以下一段議論：

方羲之之不可强以仕，而嘗極東方，出滄海，以娛其意於山水之間。豈有徜徉肆恣，而又嘗自休於此耶？羲之之書，晚乃善，則其所能，蓋亦以精力自致者，非天成也，然後世未有能及者，豈其學不如彼耶？則學固豈可以少哉！況欲深造道德者耶？

這段議論指出，王羲之書法藝術的成就是「以精力自致」，而不是「天成」的，說明了勤學苦練是學業上取得成就的重要關鍵，同時，文章特別強調，不僅治學是這樣，「欲深造道德」，即在思想品德上要提高修養，也應刻苦磨礪，毫不鬆懈。接著，文章又從議論轉入記敍：

墨池之上，今爲州學舍。教授王君盛恐其不彰也，書「晉王右軍墨池」之六字於楹間以揭之，又告於鞏曰：「願有記！」

從「願有記」三字，又推出一段議論：

推王君之心，豈愛人之善，雖一能不以廢，而因以及乎其迹耶？其亦欲推其事，以勉其學者耶？夫人之有一能，而使後人尚之如此，況仁人莊士之遺風餘思，被於來世者何如哉！

這段議論，旨在勸勉後學者應該勤奮有爲，要學有專長，做到「有一能」，方可爲後人留下有益的思念。整篇文章有記有議，記事與議論交叉進行，相互印證，寫得簡潔曉暢，發人深省。

宋人利用遊記抒發議論，寫得既巧妙而又十分自然，則莫過於王安石的《遊褒禪山記》。文章先敍褒禪山得名的由來，後敍山的主要景物，再敍遊洞經過。當寫到「方是時，予之力尚足以入，火尚足以明也。既其出，則或咎其欲出者，而予亦悔其隨之，而不得極夫遊之樂也」時，文章插入了一句「於是予有嘆焉」。通過一個「嘆」字，便自然地引出了下面一大段議論：

古人之觀於天地、山川、草木、蟲魚、鳥獸，往往有得，以其求思之深而無不在也。夫夷以近，則游者衆，險以遠，則至者少。而世之奇偉、瑰怪，非常之觀，常在於險遠，而人之所罕至焉，故非有志者不能至也。有志矣，不隨以止也，然力不足者，亦不能至也。有志與力，而又不隨以怠，至於幽暗昏惑，而無物以相之，亦不能至也。然力足以至焉，於人為可譏，而在己為有悔。盡吾志也而不能至者，可以無悔矣，其孰能譏之乎？此予之所得也。……此所以學者不可以不深思而慎取之也。

這段議論的中心意思是文章最後指出的，「此所以學者不可以不深思而愼取之也。」深思什麼？一句話，無論治學或創業都必須深入探索，百折不回，不能淺嘗輒止，半途而廢。可見，這是一篇通過遊記而發表哲理性議論的文章。正如《古文觀止》所評：「借遊華山洞，發揮學道。」可貴的是文章將記敍與議論兩個方面結合得十分緊密自然，毫無斧鑿之痕：記敍每一景物，則夾敍一段卽景生情的觀感，後文議論又緊扣觀感，順理成章。這種寓理於景，因事見理的寫法，對後來的山水遊記產生了深遠的影響。

我們說宋人遊記長於議論，但並非所有的作品都有議論，像晁補之、陸游、范成大、王質、朱熹、鄧牧等的遊記與唐人一樣，注重抒情和寫景，敍風俗，作考證，抒感慨，文學性都很強。

元明清的遊記成就也頗爲可觀，表現手法也有所發展和創新。如元代李孝光記敍雁蕩山大龍湫瀑布的《大龍湫記》就頗有特色。以往的大龍湫遊記文章，大多是客觀地描繪山水，很少寫遊人活動。這篇文章不僅生動傳神地寫出了景緻的峻奇壯美，同時還寫出了遊人的心情感受以及步履活動。請看：「水下擣大潭，轟然萬人鼓也。人相對語，但見張口，不聞作聲，則相顧大笑。先生曰：『壯哉！吾行天下，未見如此瀑布也。』」寥寥數語，便把遊人形象與山水景色一起繪入畫中。

明代的袁宏道是公安派的代表人物，他面對宦官專權的腐敗政治，既不敢彈劾又不願同流合汚，於是退守田園，寄情山水。他的遊記，如《虎丘記》、《滿井遊記》、《晚遊六橋待月記》、《靈隱》等篇，都清新活潑，記敍逼眞，獨抒性靈，別具一格。其中《滿井遊記》寫嫵媚的山光水色。敍述魚鳥的悠閑生活，都充滿生機，表現出作者對官場生活的厭倦和對山水美景的喜悅之情，向來被譽爲寫景之佳作。

這一時期，最值得注意的是我國偉大的旅遊家和遊記作家徐宏祖。他號霞客，爲人淸廉剛直，不願在頽風日下的官場生活中隨波逐流，而以在壯麗山河中尋幽覽勝爲畢生樂事。他的足迹踏遍國中名山大川，同時以日記形式，把各地的山川勝景、民情、風俗、物產、水源、地貌、岸溶等，一一加以詳細記述。他一生寫下二百餘萬字的旅遊日記，後人輯爲《徐霞客遊記》。這些遊記作品記敍詳實，文辭優美，充滿濃重的抒情性，是我國最著名的日記體遊記散文。試看他的《遊雁蕩山日記》中的一篇：

十一日，二十里，登盤山嶺，望雁山諸峰。芙蓉插天，片片撲人眉宇。又二十里，飯大荆驛。南涉一溪，見西峰上綴圓石，奴輩指為兩頭陀，余疑卽老僧巖，但不甚肖。五里，過章家樓，始見老僧真面目：袈衣禿頂，宛然兀立，高可百尺。側又一小童，傴僂於後，向為老僧所掩耳。自章樓二里，山半得石梁洞，洞門東向，門口一梁，自頂斜插於地，如飛虹下垂。由梁側隙中層級而上，高敞空豁。坐頃之，下山，由右麓逾謝公嶺，渡一澗，循澗西行，卽靈峰道也。一轉山腋，兩壁峭立亘天，危峰亂叠，如削、如攢、如駢筍、如挺芝、如筆之卓、如幞之欹。洞有口如卷幕者，潭有碧如澄靛者。雙鸞、五老，接翼聯肩。如此里許，抵靈峰寺。循寺側登靈峰洞。峰中空，特立寺後，側有隙可入。由障歷磴數十級，直至窩頂，則窅然平臺圓敞，中有羅漢諸像。坐玩至瞑色，返寺。

這一則日記，記敍遊雁蕩靈峰的經過，對靈峰各個景區的地理位置、山勢特點都交代得一清二楚。日記作者並非只是簡單地記敍景物，而是經常在記敍中插入一些生動的比喻和描寫，使人讀來饒有興味。如寫「老僧巖」，開頭當「奴輩」指出時，「余疑即老僧巖，但不甚肖」，直到過章家樓，才「始見老僧眞面目」。這種從疑到信的遊覽過程，不僅寫出了作者認識上的變化，也能吸引讀者，引人入勝。而前說「老僧巖」，後說見「老僧」眞面目，這一擬人化的寫法，也大大增強了景物描寫的形象感。接着對「老僧」眞面目的一段描寫簡直像電影鏡頭，把老僧巖的形象栩栩如生地展現在讀者面前。再如寫靈峰諸峰時，作者連用六個比喻：「如削（像被刀劈過一樣）、如攢（好像簇聚在一起）、如駢笋（二峰並列如同雙笋）、如挺芝（象挺立的靈芝）、如筆之卓（像筆一樣直立）、如幞之欹（像頭巾傾斜）」，把「危峰亂叠」的景象一一加以形象地描繪和渲染，寫得特徵鮮明，氣勢崢嶸，十分奇偉壯觀。徐霞客的遊記不同於一般地理書，他善於抓住山川景物特點，用間疏點染的手法，清麗細膩的筆調，生動地再現自然風光的美貌，或雄偉奔放，或清新秀麗，皆成「世間眞文字，大文字，奇文字」，爲「古今記遊第一」。從某種意義上說，徐霞客遊記是我國遊記體散文技法的集大成者。

明清時代的遊記作品，除徐霞客的著作外，張岱的《西湖七月半》，袁枚的《峽江寺飛泉亭記》，姚鼐的《登泰山記》，龔自珍的《天壽山說》，林紓的《記九溪十八澗》，也都負有盛名。姚鼐的《登泰山記》記敍與友人攀登泰山觀日出的全過程。文章緊緊扣住冬令特徵，圍繞風、雪、雲、霧、冰等深冬景象，抓住遊山的重要活動——頂峰觀日出，著力描繪，介紹了卽使深冬季節，泰山依然蒼勁壯麗的奇景壯觀。全文凝煉簡約，不假渲染而淸晰如見，向爲人們所傳頌。

總之，我國山水遊記散文源遠流長，《禹貢》、《山海經》是其濫觴，《史記》、《漢書》可見涓涓細流，魏晉時期，山水遊記開始獨立登上文學寶座；唐宋而後，由於元結、柳宗元、歐陽修、蘇軾、袁宏道、姚鼐等衆多優秀作家的遊記作品滙成了遊記散文的歷史長河，因而使遊記這一文學樣式成爲我國文學寶庫中具有鮮明特色的藝術珍品。

遊記體散文的藝術

關於遊記體散文的藝術技巧，上文已有所分析，這裏再概括作一些介紹。

㈠景、情、議的關係 縱觀歷代遊記作品，有沒有單純寫景之作？回答自然是肯定的。如酈道元的《水經注》中的某些篇章。《水經注》本來是一部地理著作，嚴格地說還稱不上是山水遊記。但其中許多篇章並非全屬寫景之作，它們常常因水記山，因山繪景，因景記人，同時又記故事傳說以及風土人情、歷史掌故等，終於使得這部地理專著具有較強的文學意味。如前面提到的《三峽》篇，當描述「每至晴初霜旦，林寒澗肅」景象以後，作者特意加了一句：「故漁者歌曰：『巴東三峽巫峽長，猿鳴三聲淚沾裳！』」意在提醒人們，山水雖佳，別忘了三峽人民勞苦的悲慘遭遇，這能說是單純寫景嗎？可見，卽使像《水經注》這樣的地理專著，也並不單純地寫景。而常常融情入景，表現了山水與人世的關係。

「一切景語皆情語。」（王國維《人間詞話》）這是我國山水詩、風景詩的共同特徵，也是我國山水遊記的一個重要特點。元結記敍州右小溪，景緻雖很秀麗，然而竟「無人賞愛」，作者不免「爲之悵然」；柳宗元坐小石潭上，「四面竹樹環合，寂寥無人」，由此而生「凄神寒骨，悄愴幽邃」之情；蘇軾兩次泛舟遊於赤壁之下，儘管面臨「月白風淸」的一片美景，仍免不了「悄然而悲，肅然而恐」，流露出徘徊、苦悶和超塵出世的情懷；范仲淹登岳陽樓，觀賞著「霪雨霏霏」和「春和景明」的景象，不由得發出「先天下之憂而憂，後天下之樂而樂」的「仁人之心」的感慨；其他如歐陽修臥醉翁亭，王安石褒禪山，鄒牧心憇亭觀瀑布，袁宏道虎丘賞秋月等等，都從不同角度體現出作者彼時彼地的感情和心境。

至於寫景中的議論在上文已經提及。遊記散文中的議論和一般論說文不同。因爲它不能脫離具體的景物描寫，不能離開具體的景物與環境。這樣，議論就不至變成空洞說敎，而成爲闡述思想，抒發感情，深化主題的必要組成部分。

山水遊記中的景、情、議如何統一起來，組成有機的藝術整體，前人在這方面已經探索出許多可貴的經驗。就寫景和議論而言，或先寫景，後議論，或先議論，再寫景，或夾敍夾議，景理相成，表現手法可謂多種多樣。有些作品粗看起來，似乎沒有一句抒情或議論的語句，但作者的思想感情卻蘊含在對山川景色的記敍與描寫之中。如唐代元結的《寒亭記》便是這類作品：

永寧丙午中，巡屬縣至江華，縣大夫瞿令問咨曰：「縣南水石相映，望之可愛。相傳不可登臨。俾求之，得洞穴而入。棧險以通之，始得構茅亭於石上。及亭成也，所以階檻憑空，下臨長江，軒楹雲端，上齊絕顛。若旦暮景氣，烟靄異色；蒼蒼石墉，含映水木。欲名斯亭，狀類不得，敢請名之，表示來世。」於是於亭上為商之曰：「今大暑登之，疑天時將寒。炎蒸之地而清涼可安。不合命之曰『寒亭』歟」？乃為《寒亭》作記，刻之亭背。

文章記敍江華縣「寒亭」的景色及其建成與作記經過。全文很難分辨出哪些是議論句，抑或抒情語句，但是聯繫作者當時的處境和心情來看，文章特以「大暑登之，疑天時將寒」之意來「表示來世」，不是沒有用意的，它隱含着作者對唐代社會發展的敏銳預見。可見，這篇遊記不單是寫景，也體現了作者對當時社會的剖析和內心的思慮，只不過表現得比較曲折隱晦罷了。

㈡寫實、寫意的表現特色　山水遊記的一個基本特色是它的寫實性。我國山水遊記的源頭《水經注》本來就是一部地理書。歷代遊記文都非常重視對山、水、地名、古蹟及有關歷史人物、事件的確鑿記敍和考訂。由於遊記的眞實性，許多遊記作品爲我們保存了大量珍貴的地理、歷史等科學資料。如著名遊記散文家徐霞客的作品，不但對山脈、河流、地貌、岩溶作了詳盡描述，而且對當時的農業、手工業、交通運輸、名勝古蹟以及少數民族風土人情等都有詳實的記載。可見，它不僅僅是供人們欣賞玩味的日記體遊記文學作品，同時也是一部富於創造性的具有科學價值的地理考察著作。

由於遊記記敍的眞實性、具體性，人們閱讀它時如同跟着導遊者一起遊覽中國名山大川，亭臺樓閣，並留下眞實可信的印象。

值得注意的是，我國遊記散文除了寫實的一面外，還有寫意的一面。最典型的例子就是范仲淹的《岳陽樓記》。岳陽樓在今湖南岳陽市，爲唐代張說所建。滕子京謫守岳州時，將它重加修葺，並請范仲淹作記，范當時並不在岳州，但他描繪了俯瞰洞庭的壯闊而優美的景象：

若夫霪雨霏霏，連月不開，陰風怒號，濁浪排空，日星隱耀，山岳潛形；商旅不行，檣傾楫摧，薄暮冥冥，虎嘯猿啼。登斯樓也，則有去國懷鄉，憂讒畏譏，滿目蕭然，感極而悲者矣。至若春和景明，波瀾不驚，上下天光，一碧萬頃，沙鷗翔集，錦鱗游泳，岸芷汀蘭，郁郁青青。而或長烟一空，皓月千里，浮光躍金，靜影沉璧；漁歌互答，此樂何極？登斯樓也，則有心曠神怡，寵辱皆忘，把酒臨風，其喜洋洋者矣。

這兩幅畫面是不是寫實？當然是寫實的。因爲它都是洞庭湖特有的景色。但它卻不同於一般的寫景文章，並不記敍某年某日的具體景象，而是用概括而又形象的手法描繪了「霪雨霏霏」和「春和景明」的兩幅截然不同的壯麗畫面，以及這兩幅畫面引起登臨者兩種迴然不同的「覽物之情」。這裏與其說是寫景，不如說是抒情。這裏的景固然有事實爲根據，但已經過作者的構思和改造，帶有濃厚的主觀色彩。這種「景」既是自然中的景，又是作者心目中的景，如同我國的山水畫，具有明顯的寫意特性。

山水遊記中這種寫意特點，在許多以抒情爲主的作品中體現得較爲明顯。如丘遲的《與陳伯之書》，吳均的《與宋元思書》。這些作品中的景物描寫都經過作者集中概括和創造，「一切景語皆情語」，景物只是抒情的表現形式。我國山水遊記作品中這種寫意的特點，顯然與山水詩和山水寫意畫的影響直接有關。

㈢遊者與景物的關係　既然山水遊記是作者遊途見聞的筆錄，那麼與其他文學樣式的作品相比較，它的另一個藝術特徵便是，以作者的遊踪爲貫穿線，把名山勝水的各個不同景物點，像穿珠似地連綴起來，形成一幅完整而又引人入勝的山水畫面。在現實生活中，作者是跋山涉水的旅遊者，而在遊記作品中，作者既是遊者，又是導遊者，他能充分地自由地選擇最理想的觀察點，觀賞和描摹山山水水，介紹和謳歌大自然的旖旎風貌。隨着作者遊踪的變更，不同的景象才能紛至沓來，呈現在讀者面前。由於作者觀察點的變異，自然景物才能多側面地展示自己獨特的風貌。這就是說，在山水遊記中，作者盡管處於客體地位，卻具有明顯的主動性。他在布局謀篇及闡述主題方面，能起到穿針引線抑或畫龍點睛的作用。正因爲如此，許多優秀的遊記作者，總是十分重視在作品中點明自己的遊踪，把時間、地點、遊程以及觀察點等等，都交代得一淸二楚，不但加強了作品的眞實感，也在記敍自然景物時，使作品顯得脈絡分明，構畫淸晰，體現了散文作品形散而神聚的特點。

《徐霞客遊記》稱得上是這方面的代表作品。作者每至一地，每遊一山，每探一穴，每觀一景，總把日期，氣候，時辰，行程，方向，沿途險境要地一一點明，使讀者在欣賞作者筆下的自然風光時，具有身臨其境的實體感。作者在描摹景物時，隨着觀察點的不同，景物也千姿百態，面目迥異。如遊黃山時，寫天都、蓮花兩峰，仰望則天都峰獨「巍然上挺」，「蓮花、雲門諸峰，爭奇競秀，若爲天都擁衞者」；至峰腰則見「天都、蓮花二頂，俱秀出天半」；登上玉屏峰頭，則「左天都，右蓮花，兩峰秀色，俱可手攬」；待至天都峰頂，又見「萬峰無不下伏，獨蓮花與抗耳。」可見，由於作者遊踪的變異，觀察點的轉移，同一景物到了作者筆端，便呈現出不盡相同的姿態。

應該看到，由於遊者的經歷和思想性格的不同，當他們在反映客觀景物時，往往會抹上一層主觀色彩，從而直接影響遊記作品的思想和藝術風格。例如南宋遊記作家王質，政治上很不得志，因此他的《遊東林山記》等作品，常常透露出幾分淡淡的愁思，藝術風格顯得冷峻而嚴謹；清代遊記作家袁枚則不同。他青年時代便得中進士，一生志得意滿，他眼中的自然景物，總是顯得生機勃勃，情趣盎然，因而他的許多遊記作品，明顯地表現出豪放灑脫的藝術風格。

四、筆記體散文

筆記體散文概述

筆記，又稱「漫錄」、「隨筆」，在古代文體分類中屬於「雜記」一類。它是指我國古代筆記、雜著一類作品中所收錄的各種內容、各種形式的小品、故事等。這種被稱作「雜記」的散文，即所謂筆記散文，最初並不是一種獨立的文體，因爲它與以先秦諸子和史傳爲淵源的散文有別，所以人們也並不把它稱作散文，而是稱爲「小說」或「筆記小說」。這顯然是受了莊周和班固的影響。莊周曾在《莊子・外物篇》裏把講述道理的瑣細之語稱爲「小說」，班固也曾經在《漢書・藝文志》裏把「芻蕘狂夫之議」稱爲「小說」，所以後世便把凡是瑣細記載的文字都籠而統之地稱爲「小說」。實際上，這種「小說」，大都屬於筆記散文的性質。

作爲一種文體，筆記散文本身並無特別格式，只是隨筆所記，活潑自然，體制短小，語言簡潔。但就它的種類而言，卻是洋洋大觀：有寫一代人情世態，重在品評人物的，如南朝宋劉義慶的《世說新語》，有寫一地山川風尚，重在說明介紹的，如南宋周去非的《嶺外代答》；有述物理，談技藝，講求經世致用的，如北宋沈括的《夢溪筆談》；有記遊樂，抒情懷，寄托人生哲理的，如蘇軾的《志林》；還有或記歷史瑣聞，或錄名人軼事的，這些都是筆記散文的正體。此外，搜神志怪、談異傳奇的筆記小品，廣義上也都可列入筆記散文的範圍。

筆記散文的作者，不是去刻意爲文，不是取媚於世俗，而是隨手記述生活中的所聞、所見、所思、所感，無論是寫人、敍事，還是狀物、抒情，都能信筆直書，不加藻飾，風格質樸剛健，情調眞切自然，比起正宗典雅的高文大論來，更眞實可信，富於生活情趣，故常被譽爲「質勝」之文，其認識和欣賞價值，有時並不在以文學筆法寫的作品之下。比如清朝乾隆皇帝就曾經把它稱爲治事的「良方」，至於一般人將它作爲修身齊家之箴銘或增長知識的階梯，則更是司空見慣的事。

筆記體散文的產生和流變

筆記散文的產生，發展乃至成熟、繁盛，是有其歷史的來龍去脈的。它導源於先秦兩漢，興起於魏晉南北朝，唐宋時已經成熟，至明清而極盛。

追本溯源，筆記式的文字早在先秦時代就出現了。春秋戰國時期歷史散文、諸子散文蔚爲大觀，諸如《春秋》、《左傳》、《國語》、《論語》、《孟子》、《荀子》、《墨子》、《老子》、《莊子》、《韓非子》這些史書子書，就其總體性質說是屬於學術專著，有的則是以論說爲主的散文，但在這些著作裏，各個學派及其代表人物爲使自己的言論或著述更富有挑戰性、鼓勵性或者更具有說服力，常常徵引帶有歌頌、懲戒、諷諫等性質的神話、寓言、歷史故事、社會軼聞或傳說之類。儘管這些內容有相對的完整性、穩定性，自成一格，但它們都是以歷史散文或諸子散文的有機組成部分而存在，尚未形成獨立的文體，而且種類也不很多。不過，士人和當權階層鑒於它們在興邦治國、修身齊家等方面起著毋庸置疑的誘導、警醒、勸勉或鑒戒的作用，曾給予相當的重視，因而也就在廣度和深度方面擴大了它們的流傳範圍和影響。在後起的筆記散文中常常出現的歷史故事、寓言笑話、瑣記語錄等體裁，以及雜組編集的方法，都可以從先秦散文中找到它們的影子。

兩漢正式有了筆記專書。劉向受整理古籍和有關治國安邦的論文的啓發與影響，輯錄了西漢以前經、史、子、集裏的一些言論、古事和當時的軼聞之類，編成《說苑》和《新序》二書，可以算是最早的雜史性筆記，爲後世的筆記散文集的產生奠定了基礎。不過，《說苑》和《新序》基本停留在編輯舊文的階段，還不是有意識的創作。

西漢中期，還出現過以東方朔爲代表作家的滑稽文學。這種文學顯然是春秋戰國時期滑稽之辭的延續，不僅開了魏晉南北朝時期滑稽嘲謔之風的先河，而且對這個時期滑稽嘲謔式的小品故事也產生了直接的影響。三國時邯鄲淳的《笑林》、西晉陸雲的《笑林》，都是在這種風氣影響下出現的嘲謔性小品、故事集。

受《說苑》、《新序》的影響，晉代又出現葛洪托名西漢劉歆撰的《西京雜記》。這是一部記錄西漢逸聞瑣事、間及宮室苑囿、衣飾器皿、風俗習慣的雜史瑣記類筆記。比起《說苑》、《新序》來，被周樹人稱爲「意緒秀異，文筆可觀」的《西京雜記》更多了一些文學的味道。比如人們習見習聞的《匡衡穿壁引光》、《王嬙不賂畫工》、《卓文君賣酒》等篇，記事寫人，文筆簡潔而生動，筆法也多變化，頗有文學色彩。《西京雜記》的出現，對於後世寫逸聞軼事爲主的綜合雜組型筆記，產生過積極的影響。

魏晉南北朝期間，筆記體散文才漸趨獨立，著作也相繼問世。其中以記述鬼神怪異之類的筆記最有代表性，如托名班固作的《漢武故事》、題名曹丕（一作張華）作的《列異傳》以及張華《博物志》、王嘉《拾遺記》、干寶《搜神記》等。這些筆記的內容大多荒誕無稽，但其中也存在有民間優秀的傳說，在怪誕的外衣下，包孕著百姓一般的善惡觀念，以及他們反對強權、嚮往自由的社會理想。另外，還有一類筆記如裴啓的《語林》、郭頒的《魏晉世說》、郭澄之的《郭子》等，主要是記述士大夫「淸議」之風和名流們的奇行雋語。除這兩類筆記之外，還第一次出現三國魏邯鄲淳的《笑林》等笑話專集。

南朝宋劉義慶《世說新語》的出現，標誌著古代筆記文的一次質的飛躍。

《世說新語》，唐以前稱《世說》，唐人稱作《世說新書》，今本三卷（各分上下）。書中所記僅有五則是東漢以前的事，其餘均爲漢末至東晉的軼聞逸事，尤以魏晉名流的言行居多。它將內容分成《德行》、《言語》、《政事》、《文學》等三十六門，按類繫事。它衝破了侈言鬼神的窠臼，專寫現實的人事，比較集中而又生動地反映出一個時代上流社會的精神風貌。下面引錄《世說新語》筆記兩則，以見一斑：

孔文舉年十歲，隨父到洛。時李元禮有盛名，爲司隸校尉。詣門者皆儁才淸稱及中表親戚，乃通。文舉至門，謂吏曰：「我是李府君親。」既通，前坐。元禮問曰：「君與僕有何親？」對曰：「昔先君仲尼與君先人伯陽有師資之尊，是僕與君奕世為通好也。」元禮及賓客莫不奇之。太中大夫陳韙後至，人以其語語之，韙曰：「小時了了，大未必佳。」文舉曰：「想君小時，必當了了。」韙大踧踖。（《孔文舉應對》）

石崇與王愷爭豪，並窮綺麗以飾輿服。武帝，愷之甥也，每助愷。嘗以一珊瑚樹高二尺許賜愷，枝柯扶疏，世罕其比。愷以示崇，崇視訖，以鐵如意擊之，應手而碎。愷既惋惜，又以為疾己之寶，聲色甚厲。崇曰：「不足恨，今還卿。」乃命左右悉取珊瑚樹，有三尺四尺、條幹絕世、光采溢目者六七枚，如愷許比甚衆。愷惘然自失。（《石、王爭豪》）

這類記述人事的筆記，不僅情節具體、完整，人物性格比較鮮明，而且描寫筆法也因題材不同而有所變化。《孔文舉應對》用的是簡潔而傳神的對話描寫，《石、王爭豪》則是巧用陪襯的手法。可見，《世說新語》的藝術成就是比較高的。它長於截取生活和人物性情的片斷而求其神似，運用速寫式的筆法突現人物的個性；語言簡約雋永、生動活潑，富有個性色彩。周樹人說它「記言則玄遠冷雋，記行則高簡瑰麗」。所有這些，比較集中地顯示了它的文學特徵。

到了唐宋期間，筆記體散文進入了成熟階段。成熟的標誌之一是：記述的範圍在漢魏六朝側重記述歷史故事、社會風貌和人情瑣語之類的基礎上進一步擴展，而且數量也大大增加。比如，有側重記歷史事實、典章制度的《大唐新語》、《因話錄》，有側重記傳說故事、典故習俗的《朝野僉載》、

《唐國史補》，有側重記文人生活和詩歌創作的《雲溪友議》、《唐摭言》。另外，還有側重考辨典章風俗的《封氏聞見記》等。至於兩宋的《歸田錄》（歐陽修撰）、《涑水紀聞》（司馬光撰）、《夢溪筆談》（沈括撰）、《志林》（蘇軾撰）、《夷堅志》、《容齋隨筆》（洪邁撰）、《老學庵筆記》（陸游撰）、《揮塵錄》（王明清撰）、《武林舊事》（周密撰）等，都是筆記著述中的佼佼者，素負盛名。其二，是增加了寫實成分和增強了文學性。唐宋筆記在不同程度上摒除了六朝志怪的神異色彩，比較可靠地記載了人物史事、典章制度和種種社會狀況，因而常被正史編纂者所擷取。比如北宋正統史學家司馬光著《資治通鑑》時，爲了考核事實，曾取材於南唐尉遲偓《中朝故事》、劉崇遠《金華子》等書；元修《金史》，則以金劉祁《歸潛志》爲藍本。而且，隨着文學藝術創作的普遍高漲，特別是古文運動的直接推動，筆記的辭章水平相應地得到提高，把樸拙的記敍文字變成了文藝性的短章，其中不乏膾炙人口的妙筆佳篇。特別值得一提的是唐宋八大家的散文創作，以及宋理學家的語錄體著述，爲筆記作者提供了有益的借鑑。其中尤以蘇軾的筆記小品《志林》一書，不僅題材廣泛、體裁多樣，而且文采斐然，融敍事、寫景、狀物、抒情、議論於一爐，似不經意，卻天趣盎然，不愧是《世說新語》之後筆記散文史上的又一豐碑。衆口皆碑的《承天寺夜遊》等篇自不待言，卽便是有感於待人處世、抒發人生哲理的短論，寫來也是娓娓動人：

《南史》：劉凝之為人認所著履，卽與之。此人後得所失履，送還，不肯復取。又沈驎士亦為鄰人認所著履，驎士笑曰：「是卿履耶？」卽與之。鄰人得所失履，送還，驎士曰：「非卿履

耶！」笑而受之。此雖小事，然處世當如驎士，不當如凝之也。（《劉、沈處世》）

自己穿的鞋子被別人認作是他丢失的而討還時，劉凝之與沈驎士雖然都能「卽與之」，但沈的態度顯得和藹可親；而當討還鞋子的人找到了自己的鞋又物歸原主時，劉、沈的態度就截然不同了：劉是「不肯復取」，而沈則「笑而受之」。一件微不足道的生活瑣事，作者卻借題發揮，具體而形象地議論了深奥的處世哲理：「然處世當如驎士（意卽能寬以待人，又允許人家改正錯誤），不當如凝之也。」至於沈括的《夢溪筆談》，在內容的廣泛性上，在學術價值上，當爲唐宋筆記之「最」。全書二十六卷，《補筆談》三卷，《續筆談》一卷，共三十卷，計六百零九條。所記內容涉及政治、經濟、哲學、文學、藝術、歷史、軍事和科學技術等各個領域、各個方面。全書以考據辨證爲主，兼記雜事，敍事精確，文筆流暢，是我國和世界科學技術史上的一部重要文獻，受到中外學者的高度重視，被譽爲「中國科學史上的坐標」。

從上述提到的若干著述中，人們不難理解，唐宋時期筆記文日趨成熟、繁榮的一個重要因素，就是有不少著名的文學藝術家、政治家、科家家都曾從事筆記的寫作，有的甚至爲一部筆記體的著述耗費了數以千計的時日和大量的心血。

筆記體散文發展到明、清，就進入到它的全面繁榮的黃金時期。無論從著作的種類、數量之多，還是從著作所涉及的範圍之廣，也無論從一部分著作的格局、規模之大，還是從它的學術價值之高來比較，都是歷代筆記文所無法企及的。這固然同前朝、特別是唐宋筆記文的影響有關，而明、清本身諸如哲學、史學、考據學及文學的發達，也都給筆記文的撰寫創造了多方面的，十分有利的條件。此外，朝廷組織大批文人編輯大型類書和叢書，又使大量散失在社會上的筆記小品得以收錄和保存，這不僅給舊筆記文的整理提供了方便，也給新筆記文的撰寫提供了借鑑。所以，光從內容方面歸類略述其大概，明、清筆記文也足以稱得上豐富多姿、洋洋大觀的了。比如：

以記述農業生產爲主的，如徐光啓的《農政全書》、鄺璠的《便民圖纂》、佚名的《沈氏農書》；以記述手工業、商業的發達以及社會經濟和風俗爲主的，前者如宋應星的《天工開物》、張瀚的《松窗夢語》，後者如范濂的《雲間據目鈔》、錢泳的《履圓叢話》、葉夢珠的《閱世編》；有記述明清兩代政治制度、朝章典故以及社會經濟土風民俗的，如王世貞的《弇州山人別集》、胡應麟的《少室山房筆叢》、沈德符的《萬曆野獲編》、謝肇淛的《五雜俎》、朱國禎的《湧憧小品》、昭槤的《嘯亭雜錄》、法式善的《陶廬雜錄》、吳振棫的《養吉齋叢錄》、王慶餘的《石渠餘記》；有記載明清平民起義的，如毛奇齡的《後鑑錄》、李世熊的《寇變記》、戴笠的《懷陵流寇始終錄》、吳偉業的《綏寇紀略》、徐從治《平秋紀事》、梁清標《雕丘雜錄》、黃育梗《破邪詳辨》；有記載歷史地理及自然地理的，如王士性的《廣志繹》、顧炎武的《天下郡國利病書》、顧祖禹的《讀史方輿紀要》、徐宏祖的《徐霞客遊記》；有記述明清歷史文獻和人物傳記的，如何喬遠的《名山藏》、李樂的《見聞雜記》、焦竑的《獻徵錄》、《玉堂叢語》、王世貞的《弇州山人四部稿》、《弇州山人史料前後集》、李恒的《國（清）朝獻類徵》、錢儀吉的《碑傳集》、李元度的《先正事略》；有記述清明兩代文史哲學家、人物傳記的，如黃宗羲的《明儒學案》、錢謙益的《列朝詩集小傳》、周亮工的《面人傳》、《印人傳》、蔣之翹的《堯山堂外紀》、江藩的《漢學師承記》、《宋學淵源記》、錢林的《文獻徵存錄》、鄭方坤的《本朝（清）詩鈔小傳》等。此外，還有記述少數民族情況的、記載對外關係和對外貿易的、記述科學技術及工藝美術的，等等。

明清筆記還有新的特點，就是考據的多，滙總的多，大型的多。一些收錄小品較多的筆記作品多半出在明清兩代，如《古今說海》、《廣百川學海》、《國朝紀錄滙編》、《古今譚概》、《堅瓠集》等。另外，如《日知錄》、《陔餘叢考》、《十駕齋養新錄》等大型筆記，堪稱學術史上的力作。

縱觀筆記體散文產生和流變的歷史，不難看出，筆記作爲一種文體和著述體制，愈益被廣泛採用，其題材範圍日見擴大，文章樣式也更趨繁多，在數量愈來愈增多的同時，增添了文采及史料性、學術性，終於從幼苗成長爲挺拔的大樹，每條枝幹上都結滿了纍纍碩果。

筆記體散文的主要特色

筆記一體從萌芽到成熟到鼎盛，經歷了漫長的歷史，其題材又是十分地龐雜，加之出自不同時代、不同階層、不同流派作者之手，並受到各個方面的影響，所以造成它的內容極爲廣博、極爲浩繁。然而，就在這千姿百態、龐雜浩繁之中，它們依然具有共通的特色。也正是這些特色使筆記爲人們所喜聞樂見，久傳不衰。

首先，衆多的筆記是隨意不拘的。就是說，它的形式是不拘一格的，作者寫作時也不受拘束，遇有可寫時就隨筆寫去。加之這一種文體本不爲廊廟公卿所重，借稗官野史之名，避免當時在位者的文網，自然也就比較方便，一些經世著作不敢寫或不屑於寫的，筆記作者並不嫌棄。因而在反映歷史的眞相上，有時比正史或官樣文章眞實、生動、具體。比如，《明史·世宗紀》載：

冬十月丁酉，宮人謀逆伏誅，磔端妃曹氏、寧嬪王氏於市。

對於事件的內情、過程，全避而不錄；這樣的記載使局外人猶如進入迷宮，連個略知梗概也很困難。而《萬曆野獲編》則以不拘一格的筆記形式將那驚心動魄的一幕揭示了出來：

嘉靖壬寅年，宮婢相結行弒，用繩繫上（世宗）喉，翻布塞上口，以數人踞上腹絞之，已垂絕矣，幸諸婢不諳綰結之法，繩股緩不收，戶外聞咯咯聲，孝烈皇后率衆入解之，立縛行弒者赴法。時上作蘇，未省人事，一時處分，盡出孝烈，其中不無平日所憎，乘機濫入者。又，寧嬪王氏，首謀弒逆。端妃曹氏，時雖不與，然始亦有謀，俱載《實錄》（世宗實錄）中。故老相傳：曹妃爲上所嬖，孝烈妒而竄入之，實不與逆謀。然而宮禁事秘，莫能明也。

文中揭露了皇宮裏複雜矛盾：宮女弒君，而引起的皇后借機殺戮妃嬪事件，是皇室宮廷內部爭權奪寵的反映。更有許多筆記小品，敢於呈現事實，保存了正史以外的史料。這其中的道理，正如周樹人所揭示的：史官的記載「塗飾太厚，廢話太多，所以很不容易察出底細來。……但如看野史和雜記，可更容易了然了，因爲他們究竟不必太擺史官的架子」（《華蓋集·忽然想到（四）》）。又說：「

野史和雜說自然也免不了有訛傳，挾恩怨，但看往事卻可以較分明，因爲它究竟不像正史那樣裝腔作勢。」（華蓋集・這個與那個》）

思想上的束縛較少，筆下也隨之而自由輕鬆，所以在這類筆記體散文中，作者也就更容易表現出歷史的眞實來。這就使相當一部分的筆記不但是珍貴的史料，而且藝術地、有力地表現了人民的心聲。例如宋張端義的《貴耳集》中就曾有這麼一段：「《貴耳》二集續成。余謫八年，強自卓立，惟恐與草木俱腐，著書垂世，又犯大不韙，志非抑鬱而怨於書也，又非臧否而諷於書也，又非譎怪而誕於書也，隨所聞而筆焉，微有以寓感慨之意。」筆記的歷史眞實性可以想見。

其次，多數的筆記篇制短小，質樸自然。儘管筆記這種體裁不是規格化了的文章，可以不受嚴格的體裁的局限，然而這種充分「自由化」了的形式在某種意義上說，也是一種規格，就是說，它要求體制上的濃縮化。所以筆記的內容往往比較單一，不會作過分的鋪陳和穿插，即使所記事件比較複雜，它也往往捨枝去蔓，只記下最精粹的部分。比如：

州縣中差役之擾鄉民，其術百端。同年程次坡御史條陳川省積弊，有「賊開花」等名目。言民間遇有竊案，呈報之後，差役將被竊鄰近之家財殷實而無頂帶者扳出，指為窩戶，拘押索錢，每報一案，牽連數家，名曰「賊開花」。鄉曲無所，懼干法網，出錢七八千至十數千不等，胥役欲壑既盈，始釋之，謂之「洗賊名」。一家被賊，即數家受累，如此數次，殷實者亦空矣。有魯典史者，刻一聯榜於堂楹云：「若要子孫能結果，除非賊案不開花。」此川省之弊盡，正

恐不獨川省為然也。（清・姚元之：《竹葉亭雜記・賊開花》）

二百字左右的一段短文，就把清末貪官酷吏盤剝百姓的凶殘手段揭露得如此歷歷如在眼前，確是省儉、精粹的筆墨！

筆記沒有什麼獨特的寫作技巧，一般文章的寫法，它都可以使用，所以它是充分「自由化」了的。不過，衆多的筆記文字逐漸形成了它們的共有特色，就是以單純、明快見長。敍事，簡明清晰，《賊開花》就是一例；說理，多爲因事觸發，片言破的；抒情，那感情是經過昇華的；說明，則條理井然，考據文字，力求理充辭暢，如此而已。在筆記小品一類中，故事情節也總是以平實爲重，不過分追求情節的曲折離奇、添枝加葉。塑造人物形象，慣常的手法是白描，亦卽選擇具有典型意義的材料，通過人物富有特徵的片言隻語、行動細節，去表現其性格、心理和神韻。比如清代鄒弢的《三借廬筆談》，有一則記載民末楊廷樞誓死抗清的事迹，可謂是一幅精妙的人物速寫畫：

楊維斗，為復社巨擘。國變時，匿迹深山，為邏兵縛去，備極慘掠，而仍罵不絕口。裂其襟衫，得血書《絕命詞》十二首。志氣浩然，擬迹文文山（文天祥）。後跋云：「後人念我，當思忠孝。」臨刑時，仰天長嘯，連呼「大明」。頭已落地，而「大」字尚有聲可聽。亦烈矣哉！

這種白描筆法，卽使在以記敍、抒情爲主的筆記中，也往往頗見功力：

景修與吾同為郎，夜宿尚書新省之祠曹廳，步月庭下，為吾言往嘗以九月望夜道錢塘，與寺僧可久泛西湖，至孤山已夜分。是歲早寒，月色正中，湖面渺然如熔銀。傍山松檜參天。露下葉間，嶷嶷皆有光。微風動，湖水晃漾，與林葉相射。可久清癯苦吟，坐中淒然不勝寒。牽衣無所有，空米囊覆其背，為平生得此無幾。（葉夢得《避暑錄話》）

我們不難看出，筆記作者無意刻爲文，只是隨意成章，因此題材是因小見大，結構是不作大開大合，語言是平易淺近、羅羅清疏。當然，優秀的筆記文，在作者毫不經意的背後，卻有著深厚的功底——生活的功底和寫作的功底。唯其如此，才能隨意揮灑，落筆生花。「清水出芙蓉，天然去雕飾」，恰是成熟的標誌。

筆記散文的再一個特色就是它的知識性、趣味性。許多人閱讀筆記是爲了獲取知識。比如魏晉乃至唐宋時期裏有相當多的史書內容都是採錄筆記；至於唐宋傳奇小說、宋元話本、明清短篇小說，甚至長篇小說不少篇章的情節或寫作技巧更是直接或間接借鑑於筆記。顯然唐宋傳奇、志怪話本等是六朝志怪筆記小品的演化。宋元乃至明清的寫人情世態的小說也往往是筆記小品的整篇改寫或部分錄用。甚至歷代口頭或書面語言都受到筆記的影響，如「一往深情」、「乘興而來，興盡而返」、「只許州官放火，不許百姓點燈」、「廬山眞面」、「應聲蟲」、「推敲」等警句、成語都出自筆記。

筆記的內容十分繁雜，因此它所蘊含的知識也必然是各個方面的：有史實的本末，事件的眞相，名人的軼聞，各地的風習，制度的沿革，生產的技藝，科技的介紹，以至典故的出處，詞語的來源，等等。有時，在作者的一得之見中，透露了他的才學，讀來不禁爲之讚嘆。

黃魯直詩：「歸燕略無三月事，高蟬正用一枝鳴。」「用」字初曰「抱」，又改曰「占」，曰

「在」，曰「帶」，曰「要」，至「用」字始定，予聞於錢伸申大夫如此。今豫章所刻本，乃作「殘蟬猶占一枝鳴」。（宋・洪邁《容齋隨筆・詩詞改字》）

蘇虛谷（廷煜）工指頭畫，每以巨擘為大筆，食指中指為中筆，無名指小指為細筆，相其機宜，運以神氣，高古之致，超出恒蹊，似管城君（毛筆）反讓一頭也。前於白門（南京）相晤，見示短幅，上自題識，書法蒼勁可愛，洵稱雙絕。

近約庵亦善此法，東橋有題指墨《漁翁》云：「本朝高侍郎專長指頭畫，人物花鳥，信手而成，皆有奇趣。……」

俗傳：「一人遇呂師，指石成金。師問汝欲金否？其人曰：『不要師金，只要師一指』。」我亦不願得約庵畫，只願得約庵一指。（清・諸聯《明齋小識・指頭畫》）

至於故事性筆記，常寓理於事，寓莊於諧。它的語言不僅是質樸、簡潔的，而且是幽默、諷刺的。無論是入木三分的形容，燭幽發隱的揭露，精警透闢的譬喻，充滿智慧的雋語，還是嬉笑怒罵，揶揄嘲諷，大多使讀者產生輕鬆之感，以至發笑，獲得美的享受。

筆記的特色當然不止於這三個方面，而且就是這三個方面也只能述其大概，無法概括其筆記之全部。但窺一斑而能見全豹，這些特色表明筆記體散文是一份珍貴的文化遺產，值得我們珍惜。

五、論辨體散文

論辨體散文的發展

論辨體散文，是指那些以分析事理和辨明是非爲主，而又帶有一定文學性的文章。那些雖以議論爲主，但在語言章法等方面都很少有文學價值的文章，不應劃爲論辨體散文的範圍。這是區別文學和非文學論辨文的一條大致界限。

我國古代的論辨文起源很早。《尚書》中的某些篇章，如《商書・盤庚》、《周書・無逸》等都已具備論辨的因素。《無逸》篇據說是周公所作，他怕成王「淫逸」誤國，勸成王要懂得「稼穡之艱難」，才能了解「小人的疾苦」。文章還以殷中宗、高宗祖甲爲正面榜樣，後來的某些君王爲反面典型，論述了力戒「淫逸」的重要性。文章立論鮮明，有理有據，已具有論辨體散文的某些特徵。但《尚書》畢竟是一些政府文告和誓詞，從整體上看，只能說是論辨體散文的濫觴，不能算是眞正的論辨體散文。

到了「百家爭鳴」、「處士橫議」的春秋戰國時代，由於社會的大變動和各派政治力量的激烈鬪爭，先後產生了《論語》、《墨子》、《孟子》、《莊子》、《荀子》、《韓非子》等諸子散文。這些散文對我國論辨體散文的形成和發展有開創性和典範性的作用。

我國古代最早以「論」作書名的是《論語》，「自《論語》以前，經無『論』字。」（《文心雕龍・諸子》）《論語》是語錄體散文，它同《尚書》相比，增加了不少文學色彩，其中有許多精闢動人的警句。如「歲寒，然後知松柏之後凋也」（《子罕》），「三軍可奪帥也，匹夫不可奪志也」（《子罕》），「知之爲知之，不知爲不知，是知也」（《爲政》），「工欲善其事，必先利其器」（《衞靈公》），「不以言舉人，不以人廢言」（《衞靈公》）等等，這些語句涉及的內容廣泛，在一定程度上反映了人類認識事物的客觀規律，具有普遍意義。《論語》基本上記言，大都很簡短，最短只有幾個字，最長也不過兩三百字。從整體看，固然有較強的理論色彩，但就單篇而言，還不能算是完整的論辯體散文。

眞正的有組織有結構的論辯體散文是從春秋戰國之交的《墨子》開始的。《墨子》雖無華麗的詞采，但說理立論大都採取首尾一貫的論理形式，且條理謹嚴，很講究論證的方法和技巧。如《非攻》從「入人園圃，竊其桃李」等具體事例入手，由小到大，由近及遠，層層推論，有很強的說服力。這裏値得一提的是，墨子所提出的著名的「三表」法，對於論辯體散文的發展有重要意義。

> 何謂三表？子墨子言曰：有本之者，有原之者，有用之者。於何本之？上本之於古者聖王之事；於何原之？下原察百姓耳目之實；於何用之？廢以為刑政，觀其中國家百姓人民之利。此所謂言有三表也。（《墨子・非命上》）

這裏所謂「三表」，卽強調論辯文必須注意三點：一是說話要有根據，要求證於古代帝王之事；二是要了解民情，即考察現實情況；三是注意實用，即要有益於「刑政」，有益於國家百姓的利益。墨子從「兼愛」思想出發，提出了這樣明確、具體的立論標準，是有其進步意義的。

隨後戰國中期的《孟子》和《莊子》，對論辯體散文的形成和發展也有突出貢獻。孟子的文章說理透切，比喻生動，感情強烈，具有「若決江河，沛然莫之能御」的氣勢。在表現形式方面，《孟子》已由《論語》的單純語錄體發展爲對話式的論戰性的文章，且規模也已經相當宏大。

孟子不僅在實踐上對論辨文，特別是駁論文的寫作提供了許多經驗，而且在理論上也有重要貢獻。他的「知言」說，即是有關駁論的精闢見解：

何如知言？曰：詖詞知其所蔽，淫詞知其所陷，邪詞知其所離，遁詞知其所窮。（《公孫丑上》）

這裏，孟子從各個角度論述了駁論的要求和方法，即對於片面的言詞（詖詞），要揭示其隱蔽之處；對於虛誇不實的言詞（淫詞），要揭露其陷溺之心，不受其誘惑；對於錯誤的言詞（邪詞），要提出其與事實不符，與常理不合之處，不要信其謬說；對躲躲閃閃的言詞（遁詞），要知道其理屈詞窮之處，不要讓其逃脫。孟子的這些主張，都是針對當時一些遊說之士善於巧言詭辯的特點而指出的。針對這些特點，孟子經常使用以子之矛攻子之盾，抓住論敵自語相違之處進行反駁，常常在不知不覺中把對方引導到自己否定自己的結論上去，從而使對方沒有任何反駁的餘地。他的這些理論和經驗對後世論辨文的發展都有深遠影響。

與孟子同時而稍後的是莊子。他的文章汪洋恣肆、縱橫排宕，光怪陸離，雄偉奇麗，具有長江大河浩蕩奔騰的氣勢。莊子的文章對後世影響是巨大的。他的論辨文，已不單是議論，他善於把議論、敍事和抒情糅合在一起，善於運用寓言和譬喻，善於把抽象的思想用具體形象的語言表述出來，這些對後世論辨文的寫作提供了寶貴的經驗。莊子論辨文在形式上雖然也有對話，但已擺脫了語錄體的限制，主要的已是結構較爲完整的單篇論辨文。譬如《養生主》旨在闡明養生的關鍵。文章首先從正面闡明養生的原則，正如王先謙說：「從正意說入，一篇綱要。下設五喻以明之。」第一，以庖丁解牛爲喻，說明人類應該找出一個規律來適應複雜的生活環境，做到「游刃有餘」；第二，以獨脚人爲喻，說明形體的殘疾對人並無決定性的影響；第三，以草澤中的雉鳥爲喻，說明精神如果受到桎梏，則是養生之大害；第四，以老子的好友弔老子之喪爲喻，說明人之生死乃自然現象，不必感情過分激動；第五，以薪火爲喻，說明形滅神存之理，從而證明養生之道應注重精神生活，而置生死於度外。全文圍繞一個中心，前後呼應，形成一個整體。

戰國後期的《荀子》和《韓非子》在論辨文的文體結構和論辨技巧方面，更有傑出貢獻。《荀子》的論辨文內容精博，善於用比，長於說理，有渾厚樸實的風格，世稱「學者之文」。在形式上，他的論辨文雖多爲長篇大論，但每篇都具有一個一致的中心，一個結構整體，還有一個能概括內容的題目，如《勸學》、《天論》等，而在他以前，似乎都不重視標題（《論語》、《孟子》都是截取開篇的幾個字爲題目，《墨子》、《莊子》的題目雖與內容相關，但標題和內容不相一致的地方也時常出現，《莊子》中的有些題目是後人補加的）。有概括內容的標題，有相對完整的結構，這才形成了後世觀念中一篇文章的概念。

韓非是荀子的弟子。他的論辨文是荀子文章的繼承與發展，其突出之點是善於發長篇議論，旁徵博引，縱貫古今，很有氣勢。如《五蠹》長達五千多字；一篇論「難」的長文因篇幅過長而分爲四篇，其內容包舉之多，結構規模之大，均非其他諸子可比。在論辨方法上，無論是駁難、問答和引述故事、進行說理等方面都豐富和發展了古代論辨文的表現技巧。尤其他那種嚴峻峭刻，字挾風霜，文氣森嚴的語言風格對後世論辨文的影響更深。

總之，到了春秋戰國時代，由於紛爭形勢的需要，論辨文已經得到充分發展，不僅出現了衆多的作家，而且出現了不同的風格，產生了典範的作品，並確定了論辨文的一些最基本的形式。後世的論辨文，雖有許多發展，但無不以先秦諸子爲出發點和楷模。

兩漢以後，「罷黜百家，獨尊儒術」，於是像先秦時期能比較自由地發表不同政見和不同學說觀點的論戰性文章逐漸減少了。論辨文的地位漸漸讓給了詞藻華美的辭賦。唯兩漢初期，由於「百家爭鳴」的餘波尚存，一些熱心於社會改革的政治家，仍舊寫出了一批言辭激切，感情深厚的政論文。如賈誼的《過秦論》、《治安策》，鼂錯的《賢良對策》、《論貴粟疏》，劉向的《新序》，東漢王充的《論衡》等，也都是較優秀的政論文或哲理文。這些政論文，大都針對當時政治上的重大問題而發表的議論，有很強的實用性。因而，在形式上，大多是奏疏、對策之類，且多爲鴻篇巨制；在語言上受辭賦影響，多用排比對偶，具有鋪張揚厲的特點。

漢末魏晉，社會混亂，戰爭頻繁，儒學衰落，老莊盛行。隨之政論性的文章漸趨衰落。但是，由於人們對文學的特點和價值的認識，各種文藝性論文和專著，如曹丕《典論論文》，陸機《文賦》，劉勰《文心雕龍》等文藝論著相繼問世。論辨體散文從先秦兩漢的史論、政論、哲理性論文發展到文藝性論文，說明論辨題材擴大了，形式也有了發展。

唐宋兩代，是論辨體散文由衰落到復興，到進一步發展的重要時代。

齊梁以後，由於窒息人們思想的艷麗文風的影響，論辨文曾一度出現蕭條景象。唐宋兩代，由於古文運動的崛起，論辨文的創作在「唐宋八大家」的影響和推動下，又出現了一個朝氣蓬勃、法度完備的鼎盛局面。這一時期論辨文以唐宋八大家爲代表，其特點是：內容充實，有爲而發，言之有物；語言流暢生動，明白易曉。在論辨文風格上，更是多種多樣，如韓文雄健渾厚、氣勢磅礴，《原毀》、《師說》、《答李翊書》等，都具有這種特色；柳文精闢深刻，含蓄凝煉，如《封建論》、《捕蛇者說》等，都是針對時事，對現實的深刻批判；歐陽修的論辨文語言比韓文明白流暢，疏朗自然，有很強的論戰性，如《朋黨論》、《與高司諫書》，言詞鋒利，嬉笑怒罵，皆成文章；蘇洵也是善於議論的高手，他的論辨文雄奇堅勁，有戰國縱橫家的色彩；曾鞏在當時僅次於歐陽修，風格也與歐文相近；王安石的論辨文則識見高超，鋒利勁峭，有很強的說服力，他的《答司馬諫議書》就具有這種特色；蘇軾深受《孟子》、《莊子》、《戰國策》等書的影響，因此，他長於議論，語言明快犀利，說理透闢，所以南宋的葉適曾稱他是「古今議論之傑」。

此時，在論辨文的文體形式方面，也有了新的發展，除了「議」、「論」、「辨」以外，「說」「解」、「原」等文體也正式獨立了，如韓愈就有《師說》、《進學解》、《原毀》等等。駁論，在諸子散文中主要是是作爲一種修辭手段，正式成篇是漢代司馬相如《難蜀父老》，而最後定型是在唐代古文運動興起以後。

元明以後，論辨文沒有多大發展。明清兩代，實行文字獄和八股取士，自由議論和爭論的空氣消竭，文人遭到殺戮。明初有少數作家，運用比較曲折的手法，寫過一些帶有議論性的諷刺小品，如劉基的《賣柑者言》。中葉以後，論辨文有所復興，如李贄《焚書》中的一些「史論」，文筆辛辣、痛快淋漓。

清代在八股文和桐城派「義法」理論束縛下，論辨文也受到很大制約。只是到晚清時期，隨着社會政治變革，康有爲、梁啓超等爲宣傳維新，寫出了一批有思想有活力的議論文。如梁啓超的《少年中國說》，語言流暢，氣勢雄健，行文浩蕩奔騰，若決江河，有極大感染力和號召力。不過，像《少年中國說》這一類論辨文，無論內容、形式都受到近代新思潮、新文化的深刻影響，體現著傳統論辨文向現代論辨形式的轉化。

論辯體散文的氣勢

古人常說：「文以氣爲主。」論辯文的寫作，更講究氣勢。劉大櫆《論文偶記》說：「文章最要氣盛。」又說：「論氣不論勢，文法總不備。」

什麼叫「氣勢」呢？古人有種種比喻。元代劉將孫《譚西村詩文序》云：「文之盛也，如風雨驟至，山川草木皆爲之變；如江河浩渺，波濤平駭，各一其勢。」宋王十朋《蔡端明文集序》在評論孟子、韓非子文章的氣勢時說：《孟子以浩然充實天地之氣，而發爲七篇仁義之書；韓子以忠犯逆鱗、勇叱三軍之氣，發爲日光玉潔表裏六經之文。故孟子辟楊墨之功，不在禹下；而韓子抵排異端，攘斥佛老之功，又不在孟子下，皆氣使之然也。若二子者，非天下之至剛者歟？」可見，氣勢是一種居高臨下，奔騰不息，勢不可擋的力量。文章有了這種力量就會有一種懾服人心的藝術魅力。

那麼，論辨文怎樣才有氣勢呢？

唐代李翺說：「理辯則氣直，氣直則辭盛。」（《答朱載言書》）明代劉基也指出：「文以理爲主，而氣以抒之。理不明，爲虛文。氣不足，則理無所駕。」（《蘇平仲文稿序》）這都說明，文章的氣勢關鍵在「理」，理直，才能氣壯；義正，才能辭嚴。論辨文是說理的，只有眞理在手，才能勢如破竹，所向披靡。

「理」和「情」又是密不可分的，劉勰說：「情與氣偕。」（《文心雕龍・風骨》）氣勢和感情往往相伴而生。一篇論辨文，如果不僅說理透闢、深刻，而且帶上強烈的感情色彩，必然大大增加文章的感染力。

氣勢和語言關係又十分密切。韓愈《答李翊書》說：「氣，水也；言，浮物也；水大而物之浮者大小畢浮。文之與言猶是也。氣盛則言之短長與聲之高下者皆宜。」韓愈用「水」與「浮物」來比喻「氣」與「語言」的關係。氣勢駕馭語言，「氣盛」則語言、音節就有了憑借。關於這個問題，清人劉大櫆說得更明白。他說：「音節高則神氣必高，音節下則神氣必下，故音節爲神氣之迹。一句之中，或多一字，或少一字；一句之中，或用平聲或用仄聲；同一平字、仄字，或用陰平、陽平、上聲、去聲、入聲，則音節迥異，故字句爲音節之矩。積字成句，積句成章，積章成篇，合而讀之音節見矣。歌而咏之，神氣出矣。」（《論文偶記》）這是說，音節的抑揚、高低，產生氣勢的高低、疾徐。語言的音節同文章氣勢相輔相成。

爲了增強語言的氣勢，寫作時可以靈活地運用長短句以及對偶、排比句。或靈活地調整詞語，使音節和諧、勻稱，以增強文章的節奏感。

總之，論辨文的氣勢不是脫離文章而存在的，而是蘊含於文章之中，同文章的思想內容、感情以至語言、音節相輔相成，相互促進。

那麼怎樣的文章才算是有氣勢了呢？試以賈誼的《過秦論（上）》爲例：

秦孝公據殽函之固，擁雍州之地，君臣固守，以窺周室，有席卷天下，包舉宇內，囊括四海之意，幷吞八荒之心。當是時也，商君佐之，內立法度，務耕織，修守戰之具；外連衡而鬥諸侯，於是秦人拱手而取西河之外。

孝公既沒，惠文、武王蒙故業，因遺策，南取漢中，西舉巴、蜀，東割膏腴之地，收要害之郡。諸侯恐懼，會盟而謀弱秦，不愛珍器重寶肥饒之地，以致天下之士，合從締交，相與為一。當此之時，齊有孟嘗，趙有平原，楚有春申，魏有信陵。此四君者，皆明知而忠信，寬厚而愛人，尊賢重士，約從離橫，兼韓、魏、燕、趙、齊、楚、宋、衛、中山之衆。於是六國之士，有甯越、徐尚、蘇秦、杜赫之屬為之謀；齊明、周最、陳軫、昭滑、樓緩、翟景、蘇厲、樂毅之徒通其意；吳起、孫臏、帶佗、兒良、王廖、田忌、廉頗、趙奢之倫制其兵。嘗以十倍之地，百萬之衆，叩關而攻秦。秦人開關而延敵，九國之師，逡巡遁逃而不敢進。秦無亡矢遺鏃之費，而天下諸侯已困矣。於是從散約解，爭割地而賂秦。秦有餘力而制其敝，追亡逐北，伏尸百萬，流血漂櫓，因利乘便，宰割天下，分裂河山，彊國請服，弱國入朝。

施及孝文王、莊襄王，享國之日淺，國家無事。

及至秦王，續六世之餘烈，振長策而御宇內，吞二周而亡諸侯，履至尊而制六合，執捶拊以鞭笞天下，威振四海。南取百越之地，以為桂林、象郡；百越之君，俛首繫頸，委命下吏。乃使蒙恬北築長城而守藩籬，卻匈奴七百餘里；胡人不敢南下而牧馬，士不敢彎弓而報怨。於是廢先王之道，燔百家之言，以愚黔首；墮名城，殺豪俊，收天下之兵，聚之咸陽，銷鋒鍉，鑄以為金人十二，以弱天下之民。然後踐華為城，因河為池，據億丈之城，臨不測之谿以為固；良將勁弩，守要害之處；信臣精卒，陳利兵而誰何！天下已定，秦王之心，自以為關中之固，金城千里，子孫帝王萬世之業也。

秦王既沒，餘威震于殊俗。然而陳涉，甕牖繩樞之子，甿隸之人，而遷徙之徒也。才能不及中人，非有仲尼、墨翟之賢，陶朱、猗頓之富。躡足行伍之間，而倔起阡陌之中，率罷散之卒，將數百之衆，轉而攻秦。斬木為兵，揭竿為旗，天下雲集而響應，贏糧而景從，山東豪俊，遂並起而亡秦族矣。

且夫天下非小弱也，雍州之地，殽函之固，自若也。陳涉之位，非尊於齊、楚、燕、趙、韓、魏、宋、衞、中山之君也；鉏耰棘矜，非銛於鉤戟長鎩也；謫戍之衆，非抗於九國之師也；深謀遠慮，行軍用兵之道，非及曩時之士也。然而成敗異變，功業相反。試使山東之國，與陳涉度長絜大，比權量力，則不可同年而語矣。然秦以區區之地，致萬乘之權，招八州而朝同列，百有餘年矣。然後以六合為家，殽函為宮，一夫作難而七廟墮，身死人手，為天下笑者，何也？仁義不施，而攻守之勢異也。

本篇的主旨在於批評秦國的過失，說明秦滅亡的原因。文章議論暢達，氣勢磅礴，力量雄渾，有極大的藝術感染力。

文章一開頭就奇峰突起，氣勢不凡。先用一個長句寫秦孝公據險要之地，懷併吞天下之心；再用一個長句寫秦孝公的內外政策；第三句寫實施上述政策的效果。僅僅三句就寫得氣勢咄咄逼人，爲下文寫秦國的強大和統一，奠定了高昂的基調。

接著文章寫秦國如何走向強盛。作者沒有從正面多著筆，而是極力鋪敍九國如何不惜用高價收羅人才，調動十倍的兵力來攻打秦國。文章運用了排比錯綜的句式，把人名、地名、國名一一羅列，造成一種地廣人衆的浩大聲勢。然而，一旦秦國「開關而延敵」，九國之師便「逡巡遁逃而不敢進」，落得個「伏尸百萬，流血漂櫓」的可悲下場。前後對比，眞是大起大落，跌宕多姿。

論辨文要寫得有氣勢，並不意味著自始至終都必須是最強音，都必須用最高昂的基調。正如劉大櫆所說：「氣雖盛大，一片行去，不可謂奇。奇者，於一氣行走之中，時時提起。」（《論文偶記》）這就是說，文章要騰挪跌宕，波瀾起伏，還要有張有弛，有放有收。《過秦論》在描述了九國慘敗，秦國強大以後，特意插寫一句「施及孝文王、莊襄王，享國之日淺，國家無事」，行文到此稍稍鬆弛、舒緩一下。這一舒緩，實際上爲下面再次出現高潮起到「蓄勢」的作用。

當文章寫到秦國由極盛而徹底崩潰時，運用了鋪張手法，通過大量比喻和排比句式，極力渲染秦始皇奪取天下時的威力之猛和守住天下的防範之嚴。文章從「然而陳涉」句陡然一轉，再敍寫陳涉如何弱小，平凡，不足道。然則，「斬木爲兵，揭竿爲旗」，一舉把強大的秦國推翻。這又與前面形成強烈對照：秦國面對強大的九國聯盟，卻由弱而強；面對弱小的陳涉，則一敗塗地。原因何在？文章自然得出結論：「仁義不施，而攻守之勢異也。」

本篇有明顯的辭賦的特點。全文感情充沛，敍事極力鋪張揚厲，波瀾起伏，大量運用長短句、排比句、對偶句和同義詞，造成生動活潑、短促、奔放的節奏，這一切都增強了文章的氣勢和藝術表現力。

論辯體散文的藝術技巧

講究論辯的藝術技巧，是我國古代論辯體散文的優良傳統。孔子說：「言之無文，行而不遠。」論辯文是說理的文章，如沒有文采，更加不能遠行了。再說，論辯文從《尙書》到諸子，到唐宋八大家，向來都很重視實用性。寫作論辯文，都是爲了表達自己的理想、抱負或某種政治學術觀點。因此在寫作中，一般都要反複琢磨，精益求精。李斯憑借一篇《諫逐客書》，終於打動了秦王的心，讓他放棄了逐客的主張，李斯再度得到重用。這固然與當時政治形勢有關，難道同李斯文章的藝術效果沒有關係嗎？

古代論辯文的技巧，表現在哪些方面呢？

㈠立意　古人一再強調，寫文章必須「以意爲主」。「意猶帥也。無帥之兵，謂之烏合。」（王夫之《姜齋詩話》）寫詩，固然要立意，寫論辯文更要立意。因爲論辯文是直接說理的，立意的高下，直接關係到文章說理效果。例如，北宋著名散文家蘇洵父子三人都各寫了一篇《六國論》，同屬於論史一類文章。蘇軾和他的弟弟蘇轍的《六國論》，就史論史，不觸及現實。蘇軾的文章，分析六國能夠久存的原因是諸侯卿相皆爭「養士」，秦的崩潰是由於不重視「養士」。很明顯，這個結論是很片面的。蘇轍《六國論》說，「擁有五倍之衆」的山東六國，最後滅亡，是由於不能團結禦敵。這跟蘇軾文章相比，還說明了一些道理。但總的來說，均立意不高。而蘇洵的《六國論》則別出新意，尤其能與現實相結合，論述六國破滅「弊在賂秦」，同時針對當時北宋所奉行的「斥地與敵，守內虛外」的既定國策，提出了「爲國者無使爲積威之所刦」的忠告，這是多麼精闢的論述！歷代評論家對蘇洵《六國論》給以很高評價，同賈誼《過秦論》相媲美。蘇軾兄弟的《六國論》與之相比，由於立意不同，自見高下。

再如，古代論「封建」的文章也不少，但都不及柳宗元的《封建論》。柳宗元文章針對當時主張復辟分封制的保守勢力，鮮明地提出了「封建非聖人之意，勢也」的觀點，根據這一觀點，以大量史實論證了郡縣制代替分封制是歷史的必然，從而批駁了企圖爲分封制辯護的種種謬論。由於柳氏立論超卓，識見奇偉，使得其他議「封建」的文章黯然失色。正如蘇軾所說：「昔之論封建者，曹元首、陸機、劉頌，及唐太宗時魏徵、李百藥、顏師古，其後有劉秩、杜佑、柳宗元。宗元之論出，而諸子之論廢矣，雖聖人復起，不能易也。」（《東坡志林·奏廢封建》）

㈡**破理**　劉勰《文心雕龍》說：「論如析薪，貴能破理。」意思是說，寫好論辨文，關鍵在善不善於「破理」。所謂破理，就像用斧頭劈柴（薪）一樣，劈柴不能亂砍，必須劈在紋理上。

善不善於破理，首先看有沒有理。有理，還要看作者認識水平的高下。這些都涉及作者思想修養問題。其次，還要講究「破理」的技巧和方法。劉勰說：「論之爲體，所以辨正然否，窮於有數，追於無形，鑽堅求通，鉤深取極。」意思是說，論辨文要達到辨正然否的目的，就必須深入探索，從具體到抽象，作全面的分析；還要抓住其中的關鍵加以突破，以期「鑽堅求通」，從而找到最正確的結論。試以上面提到的蘇洵《六國論》爲例。文章一開頭即提出六國破滅原因：「非兵不利，戰不善，弊在賂秦。」這是全文的中心論點。但文章有沒有說服力，不只看論點是不是明確，更要看「破理」是不是細致、深刻，有沒有說服力。這篇文章怎樣「破理」的呢？

首先從受賂與送賂說。秦國由於接受賄賂所得到的土地比打仗得到的土地要多出百倍；從送賂的國家說，喪失的土地比打仗丟失的土地也要多出百倍。可見「弊在賂秦」。然後從賂秦與不賂秦說。賂秦的國家「以地事秦，猶抱薪救火」，越向敵人屈服，敵人氣焰越加囂張，越要加緊侵略。由此可證：「賂秦而力虧」。從不賂秦的國家說，齊國對其他國家遭受侵略，採取袖手旁觀態度，最後也成了秦國併吞的對象；燕、趙「能守其土，義不賂秦」，並且取得了一些勝利，但終因「不賂秦以賂秦喪」，進一步證明「弊在賂秦」。

再從反面分析。假若六國不賂秦，堅持反抗，恐怕就會出現另一種局面。這就從反面證明「賂秦」的危害性。

最後，作者針對現實，指出，宋王朝如若向遼和西夏一味妥協退讓，最後必將重蹈六國「賂秦」的結局。

文章緊扣「弊在賂秦」這一論點，層層剖析。由於當時國與國之間關係極爲複雜，爲了剖析得細緻深入，作者圍繞六國對秦國態度問題，從中區別出兩種類型：「賂秦」和「不賂秦」。三種情況：第一種是韓、魏、楚「以地賂秦」；第二種齊國附和秦國，袖手旁觀；第三種是燕、趙「用武而不終」。不論哪一種類型，都同「賂秦」問題有關。因爲不僅「賂秦」的韓、魏、楚三國首先滅亡，幻想保持互不侵犯局面的齊國也不能保全，卽使能跟秦較量一下的燕、趙也因「不賂者以賂者喪」。文章就是這樣從正面、反面，從各個不同角度像剖笋一樣，一層一層剖析，最後揭示出問題的實質：「賂秦而力虧，破滅之道也。」

㊂**事類**　什麼叫「事類」呢？劉勰《文心雕龍》說：「事類者，蓋文章之外，據事以類義，援古以證今者也。」又說：「明理引乎成辭，徵義舉乎人事，乃聖賢之鴻謨，經籍之通矩也。」這是說，在說明道理的時候，爲了避免抽象、空談，還要徵引同類的事例來說明意義，引用古事成辭來證明當今的道理。他把引用分成兩類，一類是引用古人古事來證明要表達的意義；一類是引用古人格言、成語來說明道理。

中國自古以來卽重視道統的觀念，帝王攝政，總希望從先聖先哲那裏找到根據。因此，古代凡是論及政治、時事的論辨文，總喜歡大量引用古人古事。例如韓愈《論佛學表》，是「表文」，也是「論文」。文章爲了證明「佛不足事」，正反對比地列舉了大量史實：

昔者黃帝在位百年，年百一十歲；少昊在位八十年，年百歲；顓頊在位七十九年，年九十八歲；帝嚳在位七十年，年百五歲；帝堯在位九十八年，年百一十八歲；帝舜及禹，年皆百歲，此時天下太平，百姓安樂壽考，然而中國未有佛也。……漢明帝時，始有佛法，明帝在位，才十八年耳。其後亂亡相繼，運祚不長。宋、齊、梁、陳、元魏已下，事佛漸謹，年代尤促。……

前後兩類史實（當然帝、堯等均爲傳說）對照，說明無佛，天下太平；求佛，均爲短命，從而有力地證明：「事佛求佛，乃更得禍。」由於對比如此鮮明，結論又是怵目驚心，無怪乎憲宗看了這篇文章，不禁勃然大怒，簡直要把韓愈置之死地而後快。由此也可反證運用史實進行對比論證的力量和效果。

引用古事成辭方法多種多樣。劉永濟《文心雕龍校釋》說，「用古事以證今情」，有四端：直用（明用）、渾用（暗用）、綜合、假設；「用成辭以明此義」也有四端：全句、隱括、引證、保守。如歐陽修《朋黨論》舉「堯」和「共工、驩兜」各爲「朋黨」是「明用」；「唐之晚年，漸起朋黨之論」，「後漢獻帝時，盡取天下名士囚禁之」是「綜合」引用；《書》曰：「紂有臣億萬，惟億萬心」是引用成辭；「此輩清流，可投濁流」是引用語句；「夫前世之主，能使人人異心不爲朋，莫如紂；能禁絕善人爲朋，莫如漢獻帝；能誅戮清流之朋，莫如唐昭宗之世……」是把所引人事、成辭和論證分析溶爲一體，以加強論證的力量。

㈣**形象**　文學的本質特徵在形象性。論辨散文是說理的，說理也重視形象性，是我國論辨散文的優良傳統。但論辨散文的形象不像傳記文那樣描寫人物外貌、性格，而是著重於語言的形象性，包括引用故事、寓言來說明道理。其中最經常採用的是善於運用比喻。先秦諸子是善於運用比喻或類比方法來說明道理的典範。《孟子》全書凡二百六十一章，其中有九十一章一百五十九處用了比喻或類比。《莊子》幾乎任何情況任何事物都可以用比喻，也可容納比喻。它不僅比喻多，而且運用靈活。《荀子》長於說理，質樸而凝煉，但也很善於用比喻。請看，《勸學》開頭一段，爲了強調學習的重要性，從「青，取之於藍而青於藍」，到「金就礪則利」，短短五十多字，就運用了六個比喻。

劉勰《文心雕龍》說：「喻巧而理至」，有時一個恰當的比喻比一番長篇大論還要深刻形象得多。漢代劉向《說苑》記載了這樣一則故事：

客謂梁王曰：「惠子之言事也，善譬。王使無譬，則不能言矣。」王曰：「諾。」明日見，謂惠子曰：「願先生言事，則直言耳，無譬也。」惠子曰：「今有人於此而不知彈者，曰『彈之狀何若』？應曰：『彈之狀如彈』，則諭乎？」王曰：「未諭也。」於是更應曰：「彈之狀如弓，而以竹為弦，則知乎？」王曰：「可知矣。」惠子曰：「夫說者固以其所知諭其所不知，而使人知之；今王曰無譬，則可矣。」王曰：「善。」

這個故事說明了比喻的重要，「以其所知諭其所不知」，正是比喻的作用。平時說話如此，論辨文要使抽象的道理具體化，形象化，簡直缺少不了比喻。

⑤**周密**　古人寫論辨文，強調謹愼佈置，著意安排，「使衆理雖繁，而無倒置之乖；羣言雖多，

而無棼絲之亂。扶陽而出條，順陰而藏跡；首尾周密，表裏一體。」（劉勰《文心雕龍‧附會》）

論辨文的周密，主要表現爲內在的邏輯性。無論是立論，還是駁論都要有層次有照應，有關聯，環環相接，句句相連，不能露出破綻，即陸機《文賦》所說的，論辨文一定要「精微而暢朗」，也即劉勰《文心雕龍》所說的要前後「圓通」。「通」即首尾一致，「圓」即要全面，要構成嚴密的整體。即使是一篇很短的論辨文，在內容上也要做到細針密線，不露痕迹。試以王安石著名的短篇文章《讀孟嘗君傳》爲例：

世皆稱孟嘗君能得士，士以故歸之，而卒賴其力以脫於虎豹之秦。嗟乎！孟嘗君特鷄鳴狗盜之雄耳，豈足以言得士？不然，擅齊之强，得一士焉，宜可以南面而制秦，尚何取鷄鳴狗盜之力哉？夫鷄鳴狗盜之出其門，此士之所以不至也。

這篇短文一共只四句。第一句揭出世人論點，以下三句針對這些論點一一加以擊破：「嗟乎」句破「能得士」；「不然」句破「卒賴其力以脫於虎豹之秦」；「夫鷄鳴狗盜」句破「士以故歸之」。一句緊追一句，論證周密，圓通，令人折服。清沈德潛評論道：「語語轉，筆筆緊，千秋絕調。」（《唐宋八家文讀本》）

短篇文章要周密圓通，長篇文章更要如此。正如宋代姜夔所說：「作大篇，尤當佈置：首尾勻停，腰腹肥滿。」不能「前面有餘，後面不足；前面極工，後面草草。」（《白石道人詩話》）像柳宗元《封建論》全文十四個小節，四個大段落，二千三百餘字，可算是長篇巨制。然而文章結構絲絲相扣，有條不紊。文章從論述自然界、人類有無原始階段入手，提出「封建非聖人意，勢也」的觀點；然後列舉周、秦、漢、唐盛衰興亡的歷史事實，論證分封制的弊端和郡縣制的優越；接着批駁爲分封制辯護的種種論調，繼而從國家人民利益出發，點明賢、不肖倒置，是分封制「繼世而理」造成的惡果，最後又歸結到實行郡縣制是「勢」的根本命題。總觀全篇，先是擺出論點，立起主腦，然後據古驗今，正反論證，繼而批駁諸家，掃盡謬說，最後回扣中心，首尾照應。文章大開大合，有破有立，結構謹嚴，無懈可擊。

論辨體散文的類別

論辨文既然是分析事理，判明是非的文章，一般都是以議論爲主。根據議論的方式和側重點，還可以分以下一些類別：

㈠**論**　即所謂正面論述的文章。劉勰《文心雕龍》說：「聖哲彝訓曰經，述經敍理曰論。」意思是說，聖人的經文、不變的教訓叫經典，闡發經義、論述道理的叫「論」。劉勰還說，論的種類、流變甚多。「詳觀論體，條流多品。陳政，則與議說合契；釋經，則與傳注參體；辨史，則與贊評齊行；論文，則與敍引共紀。」他把議、說、傳、注、贊、評、序、引這八種文體都歸入「論」這一類。這是由於在魏晉南北朝時，這些概念是相同或相近的。從客觀上說，這些文章也確有類似之處，它們都是以說明和議論爲主要表現手法，內容高度概括，邏輯性強，條理清楚。所以，劉勰進一步指出，「論」的總的特點是：「論也者，彌綸羣言，而研精一理者也。」彌綸羣言，即包舉羣言。寫論文必須先收集各方面的意見來進行研究，然後提出自己的觀點，即所謂「研精一理」。離開了羣言不容易言精，離開了一理不成爲論文。

「論」體散文按照內容分，還可以分爲「哲理性論文」，如王安石《禮論》；「史論」，如賈誼《過秦論》；「政論」，如柳宗元《封建論》；「文論」，如曹丕《典論論文》等。

㈡辨　辨，有判別言行是非眞僞的意思。古代「辨」與「辯」通用，大致唐以前多用「辨」，唐以後多用「辯」。

辨，是一種駁論性文章。其源出於孟子與楊、朱辨，以及公孫龍堅白異同之辨。宋玉有《九辨》（賦體），晉陸機有《辨亡論》。但這些都是一般辨別事理的文章。漢以前，無眞正駁論性文章。徐師曾《文體明辨·序說》曰：「（辨文）漢以前，初無作者，故《文選》莫載，而劉勰不著其說。至唐韓柳乃始作焉。」這是說，稱爲一種獨立的論辨體裁，是從唐代開始的。韓愈有《諱辨》，柳宗元《辨〈論語〉》、《辨〈列子〉》、《辨〈鬼谷子〉》、《桐葉封弟辨》等，都是眞正的駁論性文章。試以柳宗元《桐葉封弟辨》爲例：

古之傳者（指《呂氏春秋》和《說苑》）有言，成王以桐葉與小弱弟（指把桐葉當作珪送給弱小的弟弟，作為封賞的憑證），戲曰：「以封汝。」周公入賀。王曰：「戲也。」周公曰：「天子不可戲。」乃封小弱弟于唐。

> 吾意不然。王之弟當封耶，周公宜以時言於王，不待其戲而賀以成之也；不當封耶，周公乃成其不中之戲，以地以人與小弱者為之主，其得為聖乎？且周公以王之言，不可苟焉而已。必從而成之耶？設有不幸，王以桐葉戲婦寺，亦將舉而從之乎？……

這篇文章針對《呂氏春秋》和《說苑》所載「桐葉封弟」一事進行辨正。批駁了「天子不可戲」的謬說。文章先立起駁難的靶子——「天子無戲言」，然後抓住一「戲」字反覆進行辨論。先態度鮮明地總提一筆「吾意不然」。再用正反辨駁的方法，就周成王之弟「當封」、「不當封」反覆辨正。如果「當封」，那麼周公早應該對成王提出，不應等到周成王開玩笑才變成事實。如果「不當封」，那麼周公逢場作戲，「逢其失而爲之辭」，就算不得「聖人」。接著又用歸謬法，咬住周公「天子無戲言」的說法，加以引申——假如君主用桐葉作珪與妻妾宦官開玩笑，也打算照辦嗎？這一反問，使其陷入荒謬的境地。作者就是抓住「桐葉封弟」一事，層層反駁，最後證明，不能把皇帝神聖化，「凡先王之德，在行之若何。設未得其當，雖十易之不爲病。」如果實行起來不得當，即使十次改變它也不算錯。

㊂原　始於韓愈的「五原」：《原道》、《原性》、《原毀》、《原人》、《原鬼》。韓愈以後，以「原」爲文體的作品不少。所謂「原」，即推論事理本原的意思。如韓愈的《原毀》，即推原當時士大夫之所以要毀謗別人的緣故。文章以「古之君子」與「今之君子」作對比：認爲「古之君子」對自己要求很嚴格，對別人則寬大爲懷；而「今之君子」則相反，對自己極寬恕，而對別人則百

般挑剔非難，從而指出他們一定要打擊別人的原因是「怠」和「忌」兩個字。文章最後呼籲大人先生同來轉變這種壞風氣。韓愈的「原」，寫得曲折抑揚，實際與「論」相爲表裏。清代黃宗羲有一篇《原君》。文章以古史上堯舜禪讓的傳說爲依據，推論古代君位的設立，本來是給人民興利除害的，可後世的君主卻把天下當作子孫萬世的產業，於是造成無數的罪惡。這也是一篇著名的推本溯源的文章。

㈣**解、釋** 《文體明辨・序說》說：「按字書云：「解者，釋也，因人有疑而解釋之也。揚雄始作《解嘲》，世遂效之其文以辨釋疑惑，解剝紛難爲主，與論、說、議、辯，蓋相通焉。」可見，「解」的特點就是對事物進行解說，從中闡明某些道理。自揚雄以後，唐韓愈有《獲麟解》、《進學解》，王安石有《復仇解》等。韓愈的《獲麟解》是一篇典型的「解」體論辨文。文章針對《春秋》關於魯哀公時捕獲麟獸是吉是凶的問題進行解說，借此暗喻賢人出世既需要世人的了解，還要生逢其時才行。

「釋」，也即「解」。《文體明辨・序說》說：「按字書云：『釋，解也』，文既有解，又復有釋，則釋者，解之別名也。蓋自蔡邕作《釋海》，而郤正《釋譏》，皇甫謐《釋勸》，束晳《玄居釋》，相繼有作，然其詞旨不過遞相祖述而已。至唐韓愈作《釋言》，別出新意，乃能追配邕文，而免於蹈襲之陋。即此二篇，亦可以備一體矣。」

㈤**說** 《文體明辨・序說》認爲：「說，解也，述也，解釋義理而以己意述之也。」「說之名起於《說卦》，漢許愼作《說文》，亦祖其名以命篇。而魏晉以來，作者絕少，獨《曹植集》中有二首，而《文選》不載，故其體缺焉。」至韓愈作《師說》、《雜說》，柳宗元作《捕蛇者說》，「說」體方又興盛。後人又有「字說」、「名說」等，類似於告誡性的箴銘文，如蘇洵《名二子說》，歸有光《二子字說》。後又有贈人之「說」，與「贈序」體類似，如蘇軾《贈張琥作稼說》等。

屬於論辨體的還有「議」。「議」始於廷議。即朝廷有事，集合臣下商議。於是臣下有「奏議」文上奏朝廷。這類文章也屬論辨文（另見《奏議體散文》）。除「奏議」以外，以後又有私議，如韓愈《改葬服議》。這類「議」，和「論」、「說」類似。

論辨體散文與其他文章往往有交叉，如「表」、「章」、「書」、「序」、「記」等文體中，均有一部分是論辨文。

六、諷諭體散文

諷諭體散文概述

所謂「諷諭」，按照字面的解釋，「諷」，就是「不用正言，託辭婉言勸說」（見《辭源》「諷」條）；或「用委婉的語言暗示、勸告或指責」（見《辭海》「諷」條）。「諭」，就是「比喻」。《辭源》「諷諭」條謂：

> 用委婉的話進行勸說。《文選・漢班孟堅（固）・兩都賦序》：「或以抒下情而通諷諭，或以宣上德而盡忠孝。」也作「諷諭」。《三國志・吳闞澤傳》：「（孫）權嘗問：『書傳篇賦，何者為美？』澤欲諷諭以明治亂，因對《賈誼・過秦論》最善。」

《辭海》「諷諭」條說得就更明確：

> 修辭學上辭格之一。通常在本意不便明說或為求說得形象、明白的情況下，借用故事來寄托作者諷刺教導的意思。如《韓非子・五蠹》所記「守株待兔」，《列子・湯問》所記「愚公移山」等寓言故事。

顯然，作為古代散文的支脈的諷諭體，其著眼點首先是內容上的劃分。也就是說，那些形象地針砭時弊而又抒發憤世嫉俗的感情的雜體文，如韓愈的《雜說》、柳宗元的《蝜蝂傳》等；那些敍事生動，說理形象，善於推理，長於比喩的小品文，如紀昀的《閱微草堂筆記》中的《田不滿》、《丁一士》，錢大昕的《鏡喩》等；以及以鮮明突出的形象（故事）和犀利簡潔的說理（點明寓意），同時作用於人的感情和理智的古代寓言，都是諷諭體散文。換言之，諷諭散文，可以看作是一部分雜體文和小品文、數量衆多的古代寓言、笑話的總體概念。

正是因爲諷諭散文首先是從內容上劃分和歸類的，所以它就會同筆記體散文中的某些內容產生交叉現象。比如上文提到的《閱微草堂筆記》，它當然是筆記體散文，但其中的某些篇章如《田不滿》、《丁一士》等，無疑又可視作諷諭體散文。這種交叉現象，在各種文體的分類中都可能產生。孫梅在《四六叢話》中說：「竊原記之爲體，似賦而不侈，如論而不斷，擬序則不事揄揚，比碑則初無誦美。」這句話的意思是說：雜記文這種文體有時同賦體相似，但它卻不像賦體那樣鋪陳誇張；有時同論說文相近，但它又不加論斷；有時同序文相像，但它又不進行稱讚表揚；有時又同簡煉的碑文一樣，但它卻不具有歌頌的內容。孫梅通過比較，來說明雜記文這種文體往往與其他文體相近，但雖相近而又有不同，也正說明雜記文還是有其獨立的特點的。由此可見，作爲一種文體，諷諭散文也不能沒有自己的特點。誠如《辭源》、《辭海》「諷諭」條所述，諷諭體散文的基本特點是：它需要有「諷」，即要求把話說得委婉些，或者說得形象些；也不能沒有「諭」，即需要有動人的故事，或者生動的敍述、描摹。

例如唐代的文章大家柳宗元的《捕蛇者說》，通過永州一位蔣姓的百姓敍述他寧可冒生命危險去捕毒蛇，也不願交納繁重的賦稅的事實，揭露古代王朝的苛政給人民造成的災難。作者用「毒蛇」和「賦」、「役」做對比，得出類似「苛政猛於虎」的結論。但作者並不是空發議論，文章敍事生動，「因事說理」，既有說服力，又有感染力，可以說是一篇寓意深刻的諷諭性雜文。又如元末明初劉基的《賣柑者言》，也是一篇很精彩的諷諭性雜文。作者用烘藏後的柑桔，徒有外表，比喻那些佩掛著兵符，坐在虎皮交椅上，頭戴高帽子，拖着長帶子的舊時士大夫，都是些「金玉其外，敗絮其中」的敗類，揭露了當時社會存在的政治問題。文章短小精悍，構思精巧，筆鋒犀利，言簡意深，體現了諷諭散文富於社會性、戰鬥性的特點。

我國古代的諷諭散文，歷史悠久，源遠流長，作者輩出，風格多樣，寓意深遠，題材寬廣。在長期的歷史發展過程中，諷諭體散文的內涵既深且廣，它可以是哲理性的，也可以是勸戒性的；可以是諷刺性的，也可以是詼諧性的，等等。而且，藝術經驗也十分豐富，從而構築成了一條宏偉絢麗、曲折變化的藝術長廊。它們不僅在當時具有扼吭拊背、振聾發聵的積極作用，即使在今天也仍然能夠新人耳目，啓迪心智，可資借鑒。

諷諭體散文的產生和流變

諷諭體散文，歷史悠久。它大概萌芽於公元前六世紀。如果說《春秋》還只是歷史而沒有文學的因素，那麼到了演述《春秋》的《左傳》，就是兼跨歷史、文學兩個領域的文章了。《左傳》宣公十一年（前五九八年）記載，當時陳國內亂，楚莊王借平亂滅陳，把陳劃爲楚國的縣。他的大夫申叔時對他說：「牽牛以蹊人之田，而奪之牛。牽牛以蹊者信有罪矣，而奪之牛，罰已重矣。」申叔時用這個比喻勸楚莊王恢復陳國，以免諸侯非議，庄王聽從了他的規勸。文章雖然沒有故事情節，但有諭（蹊田奪牛），也有諷（規勸楚莊王復陳），可以說，它已經是諷諭體散文的雛型了。《左傳》也有情節完整、富有寓言色彩的文章，如《左傳》昭公二十二年（前五二〇年）「雄鷄斷尾」的故事：

> 賓孟適郊，見雄鷄自斷其尾。問之，侍者曰：「自憚其犧也」。遽歸告王，且曰：「鷄其憚為人用乎？……」

賓孟是周景王的寵臣，又是子朝（周景王之子）的師傅。當時王位繼承問題紛爭激烈，賓孟感到很危險，勸周景王早立子朝爲太子，要當機立斷（「雄鷄斷尾」有雙關含義），以免被人利用，便講這了個故事。這個故事用雄鷄斷尾的舉動暗示周景王應採取果斷行動，雖然還很簡樸、幼稚，但比之「蹊田奪牛」來，諷諭的特色就更明顯。《左傳》還有《唇亡齒寒》、《魏顆嫁父妾》、《籍談數典忘祖》、《懿公好鶴》、《晏嬰諫繁刑》等寓言故事，都是很好的諷諭體文章。

諷諭散文在兩千多年的漫長歷史時期中，經歷了不同的發展階段。春秋戰國時代是學術思想和文學創作空前繁榮的時代，也是寓言這種諷諭體散文蓬勃發展、成績卓著的黃金時代。無論以論說爲主的諸子散文，還是以記述爲主的歷史散文，在哲學上、史學上、文學上都成了後世散文的典範。儘管這些散文主要是屬於哲學、歷史學範疇而不是藝術散文的專著，但它們中間，有不少篇章寓理於事，寓諷於諭，用形象的方法來闡明觀點，既有故事的生動性，又有事理的邏輯力量。特別是《孟子》和《莊子》，既有哲理的深刻性，又有藝術的生動性，可以說是兼跨哲學和文學兩種領域的文章。《孟子》的寓言數量雖不多，常見的不過十幾則，如《五十步笑百步》、《揠苗助長》、《學弈》、《校人欺子產》、《攘鷄》、《逢蒙殺羿》等，但形象性強，生動透闢，印證論理充分，而且比喻同論理結合，絲絲入扣，例如在《梁惠王上》中，從「有牽牛而過堂下者」的比喻開始，一連串地講到不忍見牛的慘象，以至「見牛未見羊」。這些比喻不是偶一出現就寂然無踪，而是把道理溶和到一個人看到牛將被殺而不忍的具體形象的畫幅之中，諷和諭的結合可謂水乳交融。莊子的散文，形象性比孟子還要更強些。由於作者富有藝術天才，想像力很豐富，因之，用以印證理論的寓言不但在數量上出現得更多，而且更具有一定的情節，規模更爲擴大，而氣氛的變化也就更極盡波譎雲詭的能事了。司馬遷說莊子「著書十餘萬言，大抵率寓言也」。可見莊子的寓言比起其他諸子是更加突出的，它以瑰麗豐富的想像，出人意表的誇張，細膩傳神的描寫，充滿筆端，溢於言表的激情，來宣揚莊子任自然、齊生死、絕聖棄智、避世養生等一系列哲學政治主張。如《庖丁解牛》、《鯤鵬與斥鷃》、《埳井之蛙》、《痀僂承蜩》、《匠石運斤》、《望洋興嘆》、《醜婦效顰》等都是膾炙人口的精妙之作。

然而，先秦寓言並非是獨立的文學創作，它是隨着諸子百家的興起而繁榮起來的，是諸子闡理說教的手段。《孟子》用它宣揚「仁政」；《莊子》用它宣揚「順應自然」、「齊生死、等得失」；《尹文子》用它闡述「名」、「實」關係；《墨子》用它闡述「兼愛」、「非攻」；《呂氏春秋》雜取道、儒、墨、法、名等各家學說，其寓言的主旨也具有雜家色彩；《韓非子》用它全面講述法、術、勢相結合的法家學說，它搜集三百多則寓言，其目的無不是諷諭人主。雖屬史書，但實爲縱橫家言行記錄的《戰國策》，更記載了這方面一些成功例子。如《齊策》第一：

靖郭君將城薛。客多以諫，靖郭君謂謁者：「無為客通。」齊人有請者曰：「臣請三言而已矣。益一言，臣請烹。」靖郭君因見之。客趨而進曰：「海大魚。」因反走。君曰：「客有於此。」客曰：「鄙臣不敢以死為戲。」君曰：「無，更言之。」對曰：「君不聞大魚乎？网不能止，鈎不能牽，蕩而失水，則螻蟻得意焉。今夫齊亦君之水也。君長有齊，奚以薛為？失齊，雖隆薛之城到於天，猶之無益也。」君曰：「善。」乃輟城薛。

靖郭君於薛地築新城在政治上是一件愚蠢舉動，但勸說他又很難，弄不好還要冒一定的政治風險。在大多數勸說者失敗碰壁的情況下，這個門客用「海大魚」的寓言故事進行諷諭，卻收到了意外的效果。

綜上所述，先秦的諷諭散文，主要是散見於諸子散文，爲諸子散文中最富於魅力的藝術精華——寓言故事。它以淺喻深，以此喻彼，以古喻今，爲闡述不同學派的哲理和政治主張服務，因此，就其總體而言，可以稱爲哲理寓言。

兩漢諷諭散文，不僅在上述史傳文學與理論著作中有部分寓言作品，而且首次出現了以寓言爲主體的勸戒性很強的故事專集《說苑》、《新序》。

《說苑》和《新序》是劉向所編輯的兩本故事集。兩書合併將近有六百則故事，其中諷諭性的寓言佔有相當的數量。儘管這兩本故事集同漢人的很多理論著作一樣，喜歡模仿沿襲前人著作中的東西，難免有陳陳相因、缺少創新的精神，但它畢竟是兩漢最大的故事專集，保留了很多古老的故事傳說，而且經過精心的組織，並作了某些加工，敍事簡約，說理通暢，使每則故事都富有教育意義，比如《以秕喂鳥》、《莊周貸粟》、《葉公好龍》、《螳螂捕蟬》、《反裘負芻》等都是短小雋永、發人深省的精品。而且，作爲一個博覽羣書的有遠見的知識分子，劉向在認眞總結歷史上的經驗教訓的基礎上，提出了不少可貴的政治見解。比如《新序・雜事四》《郭氏之墟》篇：

昔者，齊桓公出遊於野，見亡國故城郭氏之墟。問於野人曰：「是為何墟？」野人曰：「是為郭氏之墟。」桓公曰：「郭氏者曷為墟？」野人曰：「郭氏善善而惡惡。」桓公曰：「善善而惡惡，人之善行也；其所以為墟者何也？」野人曰：「善善而不能行，惡惡而不能去，是以為墟也。」

「善善而不能行，惡惡而不能去」，這就深刻地揭示了虛假的言行代替不了實實在在的行動，說得再漂亮卻不能付諸實踐，其後果甚至比不說更壞。在古代政治中，卽使是亡國之君也會有一些漂亮幌子，甚至主觀上想長治久安，但是他們在實際活動中卻因循苟且或倒行逆施，終於逃不脫歷史的懲罰。西漢末年的幾個皇帝正是這樣。可以想見，這則寓言的現實性和政治傾向是很強烈的。劉向正是通過這些以歷史上的逸聞軼事爲題材的寓言故事，來宣傳古代的政治道德主張，希望當代人士特別是當權者能夠效法好的，警戒壞的。誠如爲這兩部書作過整理並分別寫了序言的唐宋八大家之一的曾鞏所說：「採傳記百家所載行事之迹，以爲此書，奏之，欲以爲法戒。」（曾鞏：《〈說苑〉序》）

如果說《說苑》、《新序》是兩漢勸戒性寓言的代表作品，那麼，在史傳文學與理論著作中的寓言，其基本傾向也是服務於總結前代歷史教訓，爲帝王政權尋求長治久安之道這個大目標的，是兩漢勸戒性寓言的重要組成部分，儘管這些著作中的寓言在數量上遠遠不能同先秦諸子相比。人們比較熟知的如《塞翁失馬》、《螳螂搏輪》（《淮南子·人間訓》）、《苛政猛於虎》、《嗟來之食》（《禮紀·檀弓下》）、《指鹿爲馬》（《史記·秦始皇本紀》）、《禳田者》（《史記·滑稽列傳》）、《趙括將兵》（《史記·廉頗藺相如列傳》）、《曲突徙薪》（《漢書·霍光傳》）等，都不失爲寓言故事的佳品。

特別值得一提的是，在史傳文學與理論著作中還有一類文章或片斷，它們雖不是寓言故事，卻有着鮮明的諷諭特色。比如《史記·呂太后本紀》有關「呂后發喪」一節，通過擔任侍中的留侯張良的兒子張辟彊同丞相陳平的一段對話，揭露了呂后陰謀篡權的內心世界，著筆不多，卻情景逼眞，抒發了鋒利的譏嘲。此外，如「陳涉忘舊」（《陳涉世家》）、「劉章諷呂后」（《齊悼惠王世家》）、「張釋之執法」（《張釋之馮唐列傳》）等章節，通過對事件或人物的形象描述，較好地發揮了諷諭體的諷刺、譏嘲、抨擊的特色。

魏晉南北朝是一個思想比較活躍的時代。這一時期也出現了不少帶有諷諭性的散文，如南齊孔稚珪的《北山移文》就是篇用駢體文寫成的譏諷僞隱士的佳作。所謂「移文」，實際近於檄文，是一種用於譴責、抗議、聲討的文體。據說南齊周顒（ㄩㄥˊ，字彥倫）曾隱居北山（指鍾山），後又應詔任海鹽令，任期滿後入京（今南京），將道過鍾山，孔稚珪便寫了這篇文章。作者假托北山神靈譴責周顒，對當時「身在江海之上，心居魏闕之下」，僞作淸高而醉心於功名利祿的假隱士的醜態作了淋漓盡致的刻劃和辛辣的嘲諷。與《北山移文》同樣性質的優秀諷諭散文，是「竹林七賢」之一的阮籍的名作《大人先生傳》。阮籍假托「大人先生」這樣一個超塵絕俗，蔑視禮法，自由馳騁於無限時空之中的人物，抒發自己的理想；譏誚世俗所謂「君子」之流的庸俗、虛僞、迂拙行徑，和熱衷功名利祿的醜態。文章還運用「褌中之虱」這則寓言，對循規蹈矩的禮法之士進行了辛辣的諷刺和嘲笑：

汝獨不見夫虱之處於褌（ㄎㄨㄣ，古時稱褲子）之中乎？逃乎深縫，匿乎壞絮，自以為吉宅也。行不敢離縫際，動不敢出褌襠，自以為得繩墨也。飢則嚙人，自以為無窮食也。然炎丘火流，焦邑滅都，羣虱處於褌中而不能出也。汝君子之處於區內，亦何異夫虱之處褌中乎！

……

與駢體散文並存的，是散體文，北魏酈道元的《水經注》和楊衒之的《洛陽伽藍記》是其代表作。《洛陽伽藍記》不僅描寫了寺廟和園林的景物，記載了洛陽市各里巷的風土人情，文筆優美；而且對僧尼的醜惡面目和達官貴人的腐化墮落，也有一些揭露和譏嘲。魏晉南北朝散文著作中寓言較多的作品有《笑林》、《苻子》、《劉子》、《金樓子》、《世說新語》、《搜神記》等，但是數量大大趕不上先秦諸子，也趕不上兩漢，而且題材上往往因襲先秦著作。因此，從整體來說，魏晉南北朝寓言創作的成績是不大的。這跟當時的社會風氣和文學思潮不無關係。不過，也有兩個突出現象值得注意：一是以《笑林》爲代表的笑話專集的出現，開了後世諷刺寓言和詼諧寓言的先河；二是以《百喻經》爲代表的印度寓言的傳入，爲中國古代寓言創作注入了新鮮血液，爲唐宋寓言的繁榮打下了基礎。可以這樣說，這一個時期的寓言，也同這個時代的詩文一樣，具有爲後代文學繁榮奠定基礎的過渡性質。

《苻子》、《劉子》、《金樓子》都是理論著作，《世說新語》、《搜神記》爲筆記小說，這些著作中的某些寓言，諷嘲的特色是頗爲鮮明的。如「與狐謀皮」（《苻子》），說明要辦的事情如果與對方利益根本衝突時，是無法彼此協商的；「富者乞羊」（《金樓子》），說明貪婪者欲壑難塡；「公輸刻鳳」（《劉子》），說明一個人的才能還沒有充分顯露出來時便發現他，培養他，才算得上眞正知人；「桑中生李」（《搜神記》），生動地描繪了一個迷信事件的始末，卻有破除迷信的作用。至於《周處》、《望梅止渴》（《世說新語》）等，則是人們熟知的寓言了。

寓言集中而又不乏精美之作的是邯鄲淳的《笑林》和印度僧迦斯那編著的《百喻經》（或稱《百譬經》、《百句譬喻經》、《痴華鬘》）。其中「長竿入城」、「食筝煮簀」、「膠柱鼓瑟」、「門人鑽火」（《笑林》）、「三重樓喩」、「愚人食鹽喩」、「殺羣牛喩」、「欲食半餅喩」（《百喩經》）等，讀來不僅詼諧有趣，而且寓意發人深省，使人們在笑聲中獲得教益。

魯有執長竿入城門者，初豎執之，不可入；橫執之，亦不可入。計無所出。俄有老父至，曰：「吾非聖人，但見事多矣，何不以鋸中截而入。」遂依而截之。（《笑林・長竿入城》）

漢人有適吳。吳人設筍，問是何物。語曰：「竹也」。歸，煮其床簀而不熟。乃謂其妻曰：「吳人轣轆（ㄌㄧˋ ㄌㄨˋ，狡詐圓滑），欺我如此！」（《笑林・食筍煮簀》）

昔有愚人，至於他家。主人與食，嫌淡無味。主人聞已，更為益鹽。既得鹽美，便自念言：「所以美者，緣有鹽故。況復多也？」愚人無智，便空食鹽。食已口爽，返為其患。（《百喻經・愚人食鹽喻》）

昔有一人，有二百五十頭牛。常驅逐水草隨時餧食，時一虎噉食一牛，爾時牛主即作念言：「已失一牛，俱不全足，用是牛為？」卽便驅至深坑高岸，排著坑底，盡皆殺之。（《百喻經・殺羣牛喻》）

這些故事用放大了的人物思想言行的某些細節來突現事物的本質，用辛辣的嘲諷來焚燒生活中的醜惡庸俗現象，藝術和思想的結合比較完美，因而也就具有較強的藝術生命力。《笑林》和《百喻經》對後世的笑話和寓言的創作所產生的巨大影響，同樣是不可忽視的。

唐宋是詩詞創作的黃金時代，也是諷諭散文創作的繁盛時期。不過，這個繁盛時期並不出現在唐王朝的全盛時期，而是出現在它的衰敗時期——中唐與晚唐。因爲這個時期的社會混亂更形白熱，內則宦官專權、藩鎭割據、官僚黨爭，外則不斷受到吐蕃、回鶻的威脅，內憂外患接踵而至。而諷諭散文，旨在揭露社會問題，諷刺不良現象，抨擊種種惡習。

唐宋諷諭散文創作進入繁盛時期的標誌，一是數量衆多的作家從事諷諭散文的創作，其創作成就超過了兩漢和魏晉南北朝。二是如柳宗元、蘇軾等人創作的諷諭散文，別具一格，自成一家，成就突出。「唐宋八大家」幾乎都從事過形式不同的諷諭文的寫作。此外，如元結、皇甫湜、李翺、劉禹錫、李德裕、羅隱、皮日休、陸龜蒙、宋祁、石介、秦觀、陳師道、張耒、羅大經、姚鎔、許棐等詩人、散文家，也都寫作過諷諭體作品。其中有以議論爲主的，也有以敍事爲主的，而更多的則是以寓言形式出現的諷刺小品。至於唐宋傳奇、筆記、類書中的寓言，數量也很可觀。儘管衆多的諷諭散文反映著迥異的思想內容，煥發出多姿的藝術色彩，然而它們共同的特點卻是反映時代的面貌，揭露朝政的日趨衰敗。誠如周樹人所說：「唐末詩風衰落，而小品放了光輝。但羅隱的《讒書》，幾乎全部是抗爭和憤激之談；皮日休和陸龜蒙，自以爲隱士，別人也稱之爲隱士，而看他們在《皮子文藪》和《笠澤叢書》中的小品文，並沒有忘記天下，正是一塌糊塗的泥塘裏的光彩和鋒鋩。」（《南腔北調集·小品文的危機》）

比如，元結的《丐論》，借乞丐的議論，對那些奴顏卑膝、苟且偷生，毫無道德人格的人物進行了尖銳的嘲諷；又如皇甫湜的《明分》，作者在這篇短文裏，對是與非只取決於人而不取決於事的不合理現象，進行了無情的揭露和譏刺。是非因人而異的問題，是專制制度下普遍存在的社會風氣，對它進行揭露，具有深刻的思想意義。《明分》開宗明義指出：如今社會上判定是與非，只看人而不看事，歸結於人的名分而不決定於所作所爲(《天下之是非，繫於人不懸於迹，一於分不定於所爲」)。接著，作者通過對比，把是非混淆的社會現實揭示於衆：那些眞的被認作君子的，做事情沒有不對的；那些眞的被認作小人的，一動就是錯的。因此，君子指責人的過錯叫做憎恨惡人，贊揚人的好處叫做喜愛賢才；……至於小人就不是這樣了，他們批評人的過錯叫做詆譭，他們稱讚人的好處叫做朋比爲奸（「彼誠君子矣，爲之無不是；彼誠小人矣，動之而非。故君子指人之過爲嫉惡，譽人之善爲樂賢；……小人者不然，其過人爲毀訾，其譽人爲比周」）全文不到三百字，但內容充實，揭露有力，是一篇寓有現實意義的社會諷諭文。羅隱的《秋蟲賦》，寫在黃巢起義的前七年，作者在時代風雲的變幻中，預見到李唐王朝覆滅的命運不可避免，因而以蜘蛛與蛛網爲喻，譏諷專制法網只可「繩其小而不繩其大」，一旦人民起義形成巨大的衝決力量，就難逃「兼網而逝」、專制者國覆身喪的厄運。這確是極爲可貴的思想，是諷諭散文中的佼佼者：

> 秋蟲，蜘蛛也。致身網羅間，實腹亦網羅間。愚感其理有得喪，因以言賦之曰：
>
> 物之小兮，迎網而斃；物之大兮，兼網而逝。而網也者，繩其小而不繩其大。吾不知爾身之危兮？腹之餒兮？吁！

至於宋朝宋祁的《舞熊說》、石介的《責素餐》、歐陽脩的《養魚記》、陳師道的《熊說》、楊時的《言默戒》、鄭剛中的《人面竹說》、姚鎔的《蜂蟹說》、《猩猩嗜酒》等諷諭文，都把諷刺、揭露的筆觸伸向社會，指向種種陋習和黑暗世風。張耒的《諱言說》，就是這樣一篇短小精悍的諷諭文：它以諱言可使病危身死爲喻，說明諱言是國家敗亡的徵兆，全文不到百字，卻對統治者好犯忌諱的醜惡行徑作了有力的嘲諷。榮肇的《論鬼》，更是用辛辣的語言對那些「人而鬼」的人進行了尖銳的諷刺。作者說：所謂鬼，有什麼可怕的？有什麼可惡的呢？但我非常害怕厭惡世間像鬼一樣的人。因爲那些像鬼一樣的人，「其形則人也，其心則鬼也」，他們依仗機詐權變的心智，自以爲能夠和他們的同類打交道，「以詐御詐，以詐濟詐，朋比互售其奸，而玩弄忠厚長者於股掌之上」。在文章結尾處，作者悲嘆道：世上的人沒有不知道害怕和厭惡眞正的鬼的，但像鬼一樣的人，「於青天白日之下，肆行其鬼魅之伎倆，以迷人而害人，其可畏可惡爲更甚」，可是竟然沒有人覺察的，甚至還有去親近他們的，這不是太沒有頭腦了嗎！

以上列舉的諷諭文，無例外地都把諷刺的矛頭指向社會現實，指向各種反動腐朽勢力的倒行逆施的行爲，它既別於先秦政治哲理性的嘲諷，也不同於兩漢勸戒性的譏刺，它是實實在在的社會諷刺。誠然，創作以社會諷刺爲其主要特徵的諷散文的傑出代表，當是散文大家柳宗元。

柳宗元創作的諷諭散文，公認是寓言作品的有：《三戒》、《羆說》、《蝜蝂傳》、《哀溺文》、《罵尸蟲文》、《鞭賈》、《鶻說》、《謫龍說》、《東海若》、《憎王孫文》等十數篇。至於《種樹郭橐駝傳》、《梓人傳》、《永州鐵爐步志》、《設漁者對智伯》、《李赤傳》、《序棋》等十餘篇是否歸屬於寓言，尚有不同看法，但把它們視作諷諭體散文，則是不會有疑義的。綜合起來看，柳宗元創作諷諭文的數量不能算多，然而，它們卻是諷諭體中思想與藝術完美結合的瑰寶，在我國古代諷諭體散文的發展歷史上有著傑出的地位。

由《臨江之麋》、《黔之驢》、《永某氏之鼠》三則各自獨立而又彼此呼應的短篇組成的《三戒》，是柳宗元最享盛名的寓言體諷諭文。在這些文章中，作者憑着政治的敏感和對社會生活的精微觀察，塑造了麋、驢、鼠等色彩鮮明的諷刺形象：它們旣具有該生物的特點，又與社會上某種類型的人相似。而且，在作者筆下，這些形象已不再像先秦、兩漢那樣往往是粗線條的勾勒，而是發展爲精細的藝術描繪。比如《黔之驢》中描寫老虎對驢的步步試探，步步升級的行動和神態，是多麼細膩、眞實！如果說，用鮮明的藝術形象諷刺種種黑暗腐朽勢力，是柳宗元諷諭文的一大特色，那麼，强烈的現實性和深刻的思想性則是柳宗元諷諭文的又一大特色。《三戒》也罷，其他諷諭文也罷，無不是把諷刺的矛頭指向社會的病態、指向黑暗腐朽勢力的代表人物的。陰險的宦官，跋扈的藩鎭，無能的官僚，糊塗的皇帝……都在柳宗元的諷諭文中留下了自己的影象。柳宗元的諷諭文是中唐那個時期的現實的藝術結晶。

受柳宗元諷諭文影響較深的，是蘇東坡的諷諭文創作。他的《二說》（卽：《河豚魚說》、《烏賊魚說》），從小序到正文，都是有意模擬《三戒》而成的。只是《二說》反映了蘇軾「知足保和」的消極態度，缺乏《三戒》那種積極戰鬪精神。儘管蘇東坡的諷諭散文創作還受到《莊子》、佛法寓言等多方面的影響，但是他在藝術上的獨創性還是十分鮮明的：嬉笑怒罵，詼諧幽默。這是蘇東坡諷諭文的獨特風格，也是不同於前代諷諭文的重要藝術特色。這方面最突出的作品當是傳爲蘇東坡創作的《艾子雜說》了。

《艾子雜說》是中國最早的一本寓言專集，也是笑話與寓言相結合的一本成功作品。它抨擊專制暴政（如《蝦蟆夜哭》），諷刺腐朽無能的文臣武將（如《以鳧爲鶻》），對社會的種種弊端，《艾子雜說》的嘲諷也十分辛辣（如《鬼怕惡人》）。全書雖只有故事三十九則，但頗多創新之作，語言幽默詼諧。這對明清詼諧寓言的影響頗深。

諷諭體散文發展到衆口詛咒的文字獄愈演愈烈的元明清階段，知識分子往往因爲一字一句之累而遭飛來橫禍，因而深知「天下不可與莊語」，不得不借笑聲以鳴其不平之氣。於是，諷諭散文中詼諧幽默的成分顯著增加，笑話的創作空前繁榮，有些作品集甚至以「詼諧」或「笑」來命名。如江盈科的《雪濤諧史》，沈起鳳的《諧鐸》，趙南星的《笑贊》，馮夢龍的《笑府》，石成金的《笑得好》，程世爵的《笑林廣記》等。這些以詼諧寓言、笑話爲形式的諷諭作品的共同特點，就是「人以笑話爲笑，我以笑話醒人」（石成金語），表面看來只是嘲笑生活中的瑣事和微不足道的人物，骨子裏卻是從不同的角度揭露社會問題，針砭時弊，矛頭指向古代專制的種種罪惡。

元末明初傑出的政治家劉基（伯溫），是這個時期裏最有成就的諷諭文作家之一。他的寓言集《鬱離子》，在比較全面地揭露與針砭元末的種種社會弊端的同時，還較系統地闡述自己的政治主張與哲學觀點。比如《千里馬》、《蜀賈賣藥》、《靈丘丈人》、《官舟》、《公孫無人》、《楚人養猴》、《瞽聵》、《狙公失狙》等篇，都是抨擊現實社會政治的或軍事的弊端的形象記錄，有著鮮明的針對性。又如《麋虎》、《唐蒙與薛荔》、《蛇蝎》、《枸櫞》、《中山貓》、《虞孚》、《若石備虎》等，則從不同的角度表現著作者的政治見解和哲學觀點，其中像《中山貓》等名篇更閃耀着辯證法的光輝。在這種意義上說，劉基的《鬱離子》有著先秦哲理寓言與柳宗元社會諷刺寓言的思想特色；而在藝術表現形式上，又繼承並發展了《艾子雜說》的傳統，不僅結構上用《鬱離子》這個中心人物貫串始終，而且進一步使寓言與笑話融合一體，從而開創了以寓言為主體的諷諭散文創作的嶄新局面。

與劉基同時代人、被明太祖朱元璋譽爲「開國文臣之首」、劉基稱作「當今文章第一」的宋濂，也是諷諭文創作的傑出代表。宋濂寓言中寫得最精彩的是那些揭露統治者陰謀手段的篇章。《燕書》中的《鳥鵒同啄》、《具區白雁》、《越人陷鼠》等都是其中的代表。此外，像陶宗儀的《輟耕錄·寒號蟲》，薛瑄的《猫說》、《河崖之蛇》，歸有光的《甌喻》，劉元卿的《猱與虎》等，都是諷諭文中的優秀之作。至於明清期間衆多的笑話作品，作爲諷諭文的一種藝術樣式，同樣發揮著它的積極效用。誠如周樹人所指出的：「用玩笑來對付敵人，自然也是一種好戰法，但觸著之處，須是對手的致命傷，否則，玩笑終不過是一個單單的玩笑而已。」（《玩笑只當它玩笑（上）》）可見優秀的笑話作品，是能發揮匕首作用的。

諷諭體散文的文體特色

上文說過，諷諭體散文是一個複雜的總體概念。它所包括的一部分雜體文和小品文，同數量衆多的寓言、笑話，在藝術形式上顯然是各有其特點的，就如一篇諷諭體雜文同一篇寓言故事比較，藝術形式上的區別是明顯不過的。然而，作爲諷諭體的組成部分，它們有沒有共同的文體特色呢？回答是肯定的。

形象性與說理性的結合，是諷諭體散文的主要特色。寓言和笑話，其形象（故事）性是不言而喻的，先秦諸子在宣傳自己的哲學政治主張的時候，戰國縱橫家們在游說諸侯的時候，釋迦牟尼及其弟子們在宣傳佛教教義的時候，都十分看重寓言，不正是需要借助寓言形象的威力？那麼諷諭體雜文有沒有形象性呢？試看羅隱的《英雄之言》：

> 救彼塗炭者，則宜以百姓心為心。而西劉則曰：「居宜如是！」楚籍則曰：「可取而代之！」意彼未必無退遜之心，正廉之節，蓋以視其靡曼驕崇，然後生其謀耳。為英雄者猶若是，況常人乎？是以峻宇逸游，不為人所窺者，鮮也。

這是一篇僅二百字的議論性諷諭文，同寓言故事明顯不同的是，在這篇短文裏作者直接發表議論，直接表達觀點和主張。然而，這篇短文又不同於一般意義的議論文。如果說，一般意義的議論文主要是以嚴密的邏輯性論證問題，用抽象的概念闡述觀點，那麼，在這篇短文裏，作者仍然憑借文學筆調，用一連串形象而又具體生動的事實來說明觀點。所以說，要求有形象性，有文學味，要求形象性與說理性融合一體，應是諷諭體散文的基本特色。

諷刺與幽默，是諷諭體散文的又一鮮明特徵，也是諷諭體散文的藝術生命。諷諭散文植根於生活，矛頭指向社會的種種病態。所以，它所選取的題材，往往都是常人司空見慣的事物；所諷刺的對象，大抵也都是常人似曾相識的角色；所用的比喻，更是常人習聞習見的東西。只是作者有廣博的知識，對生活有深刻的觀察和獨到的見解，能抓准諷刺對象的特徵，經過精巧的構思，或巧妙的比喻，或啓人心智的暗示，嫻熟地調動比喻、象徵、誇張、烘托、反譏等多種藝術手段，給以嘲笑和鞭撻。這不僅使文章銳利、潑辣，而且生動有力，使讀者在會心的微笑中，感受到深刻的諷諭精神，使人們在多種形式的笑聲中深思、清醒、奮起，收到振聾發聵的社會效果！

七、書信體散文

書信體散文的源流

書信是人們借助文字以互通信息的一種應用文體。「書」這一名稱，在古代含義較廣。許慎《說文解字・敍》說「著於竹帛謂之書」，卽凡是用文字記錄下來的都可以叫做「書」。這是廣義的「書」。劉勰說：「書者，舒也，舒布其言，陳之簡牘」。（《文心雕龍・書記》）這也是說的廣義的「書」。

從「書」的對象上說，有對君王的，有對親朋故舊的。吳訥《文章辨體》說：「昔臣僚敷奏，朋舊往復，皆總曰書。近世臣僚上言，名爲表奏，惟明舊之間，則曰書而已。」我們這裏所說的「書」不是廣義的「書」，也不是給君王的「表奏」和「上書」，而是專指人們日常交往的信函（「信」這個名稱起源更晚，大約起於近代）。

書信體散文起於何時？《文心雕龍・書記》篇有一段說明：「三代政暇，文翰頗疏。春秋聘繁，書介彌盛：……及七國獻書，詭麗輻輳；漢來筆札，辭氣紛紜。」意思是說，夏商周三代政事不多，所以包括書信在內的「書記」文很少；春秋時代，列國紛爭，政務日繁，往來使節增多，還時常行聘問之禮，往來書信也漸趨頻繁。如《左傳》記載，文公十七年，晉靈公認爲鄭穆公在晉楚之間有二心，不願見鄭穆公。鄭卿公子歸生便派出通訊問的使者，並攜帶了一封書信給晉卿趙盾，就鄭、楚關係進行了一番解釋，於是晉和鄭結爲盟好。又如，《左傳》襄公二十四年，晉范宣子當政，向各國諸侯加重徵收財物。鄭人很不高興。二月，鄭穆公去晉國，鄭子產托子西帶信，告訴宣子：「子爲晉國，四鄰諸侯不聞令（美）德而聞重幣，僑（子產名）也惑之。……夫諸侯之賄（財物），聚於公室（晉君家），則諸侯貳（離心），若吾子賴之（把財物據爲己有），則晉國貳（晉國人要離開他）。諸侯貳則晉國壞，晉國貳則子之家壞，何沒沒也（爲什麼沉迷於財物），將焉用賄！」這封信指明利害，分析得體，終於使范宣子折服，決定減輕徵收的財物。春秋時代的信件多以政治事務爲主要內容，與後來的「私信」不同，多爲往來公用文書。

戰國時代，往來書信，詭譎華麗，無所不有。著名的書信有樂毅《報燕惠王書》、魯仲連《遺燕將書》、范蠡《遺大夫種書》、荀卿《與春申君書》、張儀《與楚相書》、范雎《獻秦昭王書》等。這些書信內容雖仍以陳述政務爲目的，以論辨形式爲主流，但也有一點不同，即常把國家興亡與個人禍福聯繫起來，已不是單純公用文書，而帶有一些個人感情色彩。如范雎《獻秦昭王書》，實是一封自薦信，當王稽把范雎介紹給秦昭王時，昭王並不對他發生興趣，不相信他的才能，遲遲不召見。范雎勇敢地寫了這封自薦信。這封信所以能打動昭王的一個原因，即善於抓住昭王信與不信的矛盾心理，充分闡述個人的政治主張，把用不用自己與昭王事業的成敗緊緊連結起來。尤其末尾一段，很能顯示范雎爲人的聰敏與勇敢：

語之至者（指昭王奪政的秘密），臣不敢載之於書，其淺者又不足聽也。意者臣愚而不概於王心（不合於王心）耶？亡其臣者（無乃薦臣的人，指王稽）賤而不可用乎？自非然者（如不是這樣），臣願得少賜遊觀之間（抽出點遊覽觀賞的空閑時間），望見顏色（希望當面見到您）。一語無效，請伏斧質（刑罰）。

字裏行間，對昭王一切，對國家大事，了如指掌，成竹在胸，且充滿自信和魄力。難怪昭王讀後大悅，立即接見，再三問教，拜他爲相，封他爲應侯。

兩漢時期，書信體散文又有了顯著的發展，其主要特點，即已由單純公務文書轉爲交流個人思想感情的工具，帶有更多的個人抒情述志的特點。這時期的主要代表作有鄒陽《獄中上梁王書》、司馬遷《報任安書》、楊惲《報孫會宗書》馬援《誡兄子嚴敦書》、李固《與黃瓊書》等。這些書信，辨白沉冤，進諫君主，訴述悲憤，辨解委屈，告誡後生，勸說友人，均寫得酣暢淋漓，辭令紛飛，富有濃烈的個人感情色彩。其中以司馬遷《報任安書》最有代表性。

魏晉南北朝時期，隨着文學的自覺，書信體散文也開始成熟。東漢以後由於紙筆的發明，書寫工具大大普及而且方便了。書信不僅是上層階級的交往工具，一般文人學士也廣泛應用，於是書信的作者大大增多。許多人已把書信作爲文學作品來創作，來欣賞了。打開這一時期書信散文的畫廊，我們可以看到，無論題材、內容都有許多發展和創造。孔融《與曹公論盛孝章書》是一篇充滿友情的人物論、求賢論；曹丕的《與吳質書》和曹植的《與楊德祖書》則是兩篇情采並茂的文學評論名篇；稽康

《與山巨源絕交書》，名義是與朋友山濤斷絕交往的私人信件，實質是與司馬氏政權堅決對抗到底的公開宣言；吳均的《與宋元思書》、陶弘景的《答謝中書書》，與其說是朋友間相互交流情感的信件，不如說是一幅幅精心制作的山水小品。總之，這一時期的書信，反映人們社會生活的各個方面。在書信的形式上也重視修辭和技巧。加之這一時期駢文盛行，一些優秀書信都寫得詞采雋永，音節鏗鏘，語言富於音樂性。這個時期，書法藝術盛行，許多書信，如王羲之等人的雜帖，不僅文辭優美，書法也很精妙，文采書法相映生輝，成為我國古代不可多得的藝術珍品。

唐宋時期是我國散文史上的輝煌時代。書信和其他散文形式一樣都得到了了充分的發展。唐宋時期的書信與前代相比有其顯著的特點：

①**書信的內容大大擴張了**　從議論軍國大事，政治主張，到論道，論師，求引薦，評詩文，談學術，談醫藥，方士，技藝百工等等，可以說是無所不包，無所不有。值得一提的是，這一時期出現了許多「文藝書簡」，許多精闢詩話、詞話、文話都散見於簡牘之中，像韓愈的《答李翊書》、白居易的《與元九書》、柳宗元的《與友人論為文書》、歐陽脩的《答吳充秀才書》、蘇洵的《上歐陽內翰第一書》等都是以書信形式談論文藝學習、創作、鑒賞的名篇，在我國古代文論中有很高的價值。

②**書信的技巧更加靈活多樣**　書信作者都能根據不同對像，不同內容採取適當的表現方式，如柳宗元有一位朋友叫王參元，家中失火。柳宗元知道以後，竟寫去一封「賀信」，說：「知足下遇火災，家無餘儲。僕始聞而駭，繼而疑，終乃大喜，蓋將弔而更以賀也。」（《賀進士王參元失火

書》）朋友失火，有什麼值得慶賀呢？因爲京城裏人都講王家有錢，引起許多人的畏忌嫌疑，對王的才能倒反而不屑議論了。現在失了火。「家無餘儲」，反而「顯白而不汚」，不是可以得到施展才能的機會了嗎？這篇書信完全擺脫俗套，立論奇特，構思新穎，讀之令人拍案叫絶。

③書信體散文作者衆多，名篇林立，風格多樣　首先「唐宋八大家」差不多每人都有幾篇書信體散文傳頌於後世。除前面提到韓愈、柳宗元、歐陽脩、蘇洵以外，如曾鞏的《寄歐陽舍人書》，王安石的《答司馬諫議書》、《答曾子鞏書》，《與馬運判書》蘇軾的《上梅直講書》、《答謝民師書》，蘇轍的《上樞密韓太尉書》等都是思想精粹、風格各異，久傳不衰的名篇。除「八大家」之外，如駱賓王、王維、李白、劉禹錫、杜牧、皇甫湜、陳亮等在書信散文的寫作上也都有成就。像王維的《山中與裴秀才迪書》，文中有畫，富有詩意，與作者山水詩有異曲同工之妙；李白的《與韓荆州書》，爲求得賞識和提攜，雖免不了與一般求薦書信一樣，有某些頌揚權勢之辭，但毫無寒酸乞憐之狀，字裏行間一股豪情壯志充塞其間，讀之給人一種不可遏止的精神力量；從歐陽脩的《答高司諫書》，我們可以明顯看到書信體散文可貴的現實精神；從王安石的《答司馬諫議書》，可看到書信體散文也可以作爲短小精悍，靈活自如的論辯武器。總之，唐宋書信，內容繁富，藝術手法多樣，具有較強的個性特徵，爲後世留下了許多珍貴的書信精品。

明清兩代，由於文學的禁錮，散文創作受到嚴重束縛。但作爲朋友間交往的工具書信，有時倒可比較自由地抒發憤世嫉俗的情懷，因而也產生了少許佳作。如明代方孝孺，其父因故被寃殺，滿腹悲憤，無處發泄，便借《答廷愼書》表現出來；明代宗臣，面對嚴嵩專政，官僚紛紛奔走鑽營之風，便借《報劉一丈書》，把鑽營者阿諛逢迎的種種醜態，淋漓盡致地刻劃出來；其他如魏學洢控訴殘害賢良的權宦魏忠賢，侯方域揭露品質惡劣的閹黨餘孽阮大鋮等，都是通過給友人的書信表現出來的。更值得注意的是，在民族歧視、人民極其不平的時代，一些具有熱烈愛國之心的民族英雄、仁人志士，他們在慷慨就義之前寫下的遺書，更是這一時期書信體散文最激動人心的代表作品。如夏完淳抗清失敗後，被捕入獄。臨刑前，他給母親寫了訣別信。面對死亡，作者滿懷以身許國的激情寫道：「人生孰無死，貴得死所耳！父得爲忠臣，子得爲孝子，含笑歸太虛，了我分內事」。（《獄中上母書》）這封信，慷慨悲壯，感人肺腑，是用血和淚交織寫成的光輝篇章。至於清末爲推翻帝制而獻身的「黃花岡七十二烈士」之一的林覺民的《寄妻絕筆書》，那更是凄惻婉轉，感情深厚，大義凜然，讀之令人感奮不已。尤爲難能可貴的是，作者面對個人幸福與民族意識的激盪，表現出義無反顧的獻身精神。他對妻子說：

> 吾至愛汝，即此愛汝一念，使吾勇於就死也。吾自遇汝以來，常願天下有情人都成眷屬；然遍地腥雲，滿街狼犬，稱心如意，幾家能彀？司馬春衫，吾不能學太上之忘情也。語云：仁者「老吾老以及人之老，幼吾幼以及人之幼」。吾充吾愛汝之心，助天下人愛其所愛，所以敢先汝而死，不顧汝也。汝體吾此心，於啼泣之餘，亦以天下人為念，當亦樂犧牲吾身與汝身之福利，為天下人謀永福也。汝其勿悲！

作者認爲，沒有全民族的存在，就沒有個人的存在；沒有廣大人民的幸福，就沒有小家庭的幸福。這種先公後私，先人後己、個人服從革命的精神，多麼難能可貴！

綜上所述，古代書信經過漫長的發展道路，無論內容還是形式，都有許多可取之處，只要我們堅持歷史繼承的原則，從中仍可以得到很多豐富的養料。

書信體散文的特徵

書信，作爲散文的一種，在藝術形式上和其他體散文有什麼區別？它本身有哪些特徵呢？

㈠**個體性**　書信是寫給個人的，是爲各種特定的目的而寫成的，因而與其他體散文相比，必然更有針對性，更有個人的特點。古人寫信常喜歡用「見字如面」一類的話，卽是說，寫信如同彼此面對面地交談，從書信中，一般較其他文章能更清楚地看到作者本人的思想、個性、氣質和音容笑貌。正如周樹人先生所說，從書信上「往往能得到比看他的作品更清晰的意見，也就是他自己的簡潔的注釋」。我們閱讀《史記》，固然從中可以窺探司馬遷的思想和個性，但總沒有《報任安書》來得直接和明白；我們對民族英雄夏完淳的了解，除了他的英雄事迹以外，從他的《獄中上母書》不是更能直接感受到英雄的思想、品質和崇高的自我犧牲精神嗎？由於書信更帶有個人特點，這就不僅可以作爲優秀的文學遺產供後人學習、鑒賞，而且也是我們了解作者生平、思想和個性特徵的重要資料。

㈡**眞實性**　由於書信是寫給親朋至友和熟悉的人的，除特殊情況外，內容一般都比較眞實可靠，帶有眞情實感，從而也就有眞實的反映生活的價值。因此，我們從書信體散文中，常常可以較其他文體更多的了解社會面貌和作家生平、生活和思想。譬如，我們研究曹植、曹丕，固然要研究他們的詩文，但他們的書信，不是給我們提供了更多的有關他們的文學觀點和創作思想的資料嗎？

㈢**抒情性**　由於書信是直接寫給親朋至友或自己比較崇敬、比較熟悉的人的，因而總免不了帶有個人感情的因素。許多書信體散文無論敍事、議論、說明都有很強的抒情性。如曹丕《與吳質書》開頭一段：

> 二月三日，丕白：歲月易得，別來行復四年。三年不見，《東山》猶嘆其遠，況乃過之？思何可支！雖書疏往返，未足解其勞結。昔年疾疫，親故多離其災，徐、陳、應、劉，一時俱逝，痛可言邪！
>
> 昔日游處，行則連輿，止則接席，何曾須臾相失？每至觴酌流行，絲竹並奏，酒酣耳熱，仰而賦詩，當此之時，忽然不自知樂也。謂百年己分，可長共相保，何圖數年之間，零落略盡，言之傷心！頃撰其遺文，都為一集，觀其姓名，已為鬼錄；追思昔游，猶在心目，而此諸子，化為糞壤，可復道哉！

這是曹丕給他的朋友吳質的一封評論文學的信。公元二一七年，魏地瘟疫流行，曹氏文學集團中的徐幹、陳琳、劉楨、應瑒等人一時病逝，吳質也出任外官而遠行了。所以信的一開頭就表示了與吳質分離的痛苦和久別的思念。接著追憶往日與他們的文學交游、宴飲時的歡樂生活和對逝世朋友的深切悼念。作者撫今追昔，無限感慨，信中充滿強烈的抒情氣氛。這封信是一篇著名的文藝論文，也是一篇優美的抒情散文。

其他，如孔融《與曹公論盛孝章書》、曹植《與楊德祖書》以至嵇康《與山巨源絕交書》，或則薦舉、或則論文，或則「絕交」，都帶有濃烈的感情色彩，都是作者感情的直接流露。

㈣**表達方式的特殊性**　書信很重視立言的得體。由於信是寫給個人的，由於彼此之間身份、地位、關係或書信內容的不同，信中表達方式以及語言風格都必須根據不同情況作不同的對待。試略舉數例：

馬援《誡兄子嚴敦書》是東漢名將馬援給侄兒馬嚴、馬敦的信，信中針對馬嚴兄弟好譏議別人，並和一些輕狂任俠的人相交等缺點，提出批評和告誡。信中說：「吾欲汝曹聞人過失，如聞父母之名，耳可得聞，口不可言也。好議論人長短，妄是非正法，此吾所大惡也。寧死不願聞子孫有此行也。汝曹知吾惡之甚矣，所以復言者，施衿結褵，申父母之戒（所以要再說一遍的原因，就像女孩出嫁，父母叮嚀告誡她一樣），欲使汝曹不忘之耳。」這是長輩給晚輩的信，信中語言樸質，態度懇切，但語辭嚴峻決絕，以示這種訓誡必須遵守，但嚴厲中又含蘊著慈祥的撫愛。

李白的《與韓荊州書》是李白寫給當時荊州長史韓朝宗的求薦信。我們知道，李白是一位胸懷大志、自視甚高的人。寫求薦信，一般總免不了吹捧和乞求，而李白這封信雖向人請求推薦，但全文並無奴顏婢膝的乞求之狀。文章先從「天下談士」的話，借別人的口（「生不願封萬戶侯，但願一識韓荆州」）表達了對韓朝宗的贊頌，避免了對對方的直接稱頌。進而以毛遂自比，不亢不卑地表明了自己的心願和態度。文章在敘述自己經歷和才能以後，提出了「請日試萬言」的要求，以顯示自己有眞才實學，正「待價而沽」。當說到「君侯何惜階前盈尺之地」一句時，似有某種乞憐之態，但緊接着又以鏗鏘有力的語言說道，「不使白揚眉吐氣，激昂青雲耶」，一股豪情壯志又昂揚而起。最後，文章又借助古人薦賢的事例，希望韓朝宗也負起推賢薦士的責任，這樣就把不便直說的意思，委婉而豪邁地表達出來。總之，通篇筆力雄健，氣勢豪俊，其間雖有某些揄揚權勢的迂腐之詞，但與一般乞憐哀傷的書信有顯著不同。

歐陽脩《與高司諫書》是作者在范仲淹貶官之後給高若訥的一封信。信中對高若訥爲官失職，陷害忠良的可耻行爲進行了憤怒的譴責。作者痛罵高若訥的這種卑劣行爲簡直是「不復知人間有羞耻事」。文辭雖然如此尖利，感情如此激越，但統觀全文，並無目裂髮指、箭拔弩張之勢。因考慮到高若訥雖靈魂醜惡，但仍身居要職，作者自己也身爲朝廷命官，同時，爲了使對方讀得下去，爲了以理服人，作者在行文中時時抑制住自己感情，同高從容不迫地進行辯論、說理。試以開頭一段爲例：

修頓首再拜白司諫足下：某年十七時，家隨州，見天聖二年進士及第榜，始識足下姓名。是時予年少，未與人接，又居遠方，但聞今宋舍人兄弟，與葉道卿、鄭天休數人者，以文學大有名，號稱得人。而足下廁其間，獨無卓卓可道說者，予固疑足下不知何如人也。其後更十一年，予再至京師，足下已為御史裏行，然又未暇一識足下之面。但時時於予友尹師魯問足下之賢否，而師魯說足下正直有學問，君子人也。予猶疑之。夫正直者不可屈曲，有學問者必能辨是非。以不可屈之節，有能辨是非之明，又為言事之官，而俯仰默默，無異衆人，是果賢者耶？此不得使予之不疑也。自足下為諫官來，始得相識，侃然正色，論前世事，歷歷可聽，褒貶是非，無一謬說。噫！持此辯以示人，孰不愛之？雖予亦疑足下真君子也。是予自聞足下之名及相識，凡十有四年而三疑之。今者推其實迹而較之，然後決知足下非君子也。

文章從十七歲看到高若訥的名字說起，寫了「十四年中」「三疑之」的認識過程，一疑高若訥進士及第卻「無卓卓可道說者」；二疑身爲言事之官卻「俯仰默默，無異衆人」；三疑一副道貌岸然的樣子並非「眞君子也」。通過這「三疑」，再「推其實迹而較之」，一步步，一層層地揭示出高若訥「非君子」的眞實面目。總之，全篇行文婉轉曲折，從容不迫，在怒罵中毫無刀砍斧削之迹。這是歐陽脩這篇著名書信的一大特色。

八、序跋體散文

序的起源和特徵

《爾雅》說：「序，諸也。」「序」又作「敍」。凡說話、敍事如絲之抽緒，有條有理，都可叫作「序」。後來，人們給書籍、文章所寫的介紹性文字，或介紹作者的生平、事迹，說明寫作動機，寫作經過，或對其內容、體例加以闡述和評價等等，就叫做「序」。梁代任昉《文章緣起》說：「序者，所以序作者之意，謂其言次第有序，故曰序也。」「序」，最初多放在書籍或文章的後邊，後來一般都放在前邊。

關於「序」的起源，徐師曾《文體明辨》認爲：「序之體，始於《詩》之大序，首言六義，次言風雅之變，又次言二南王化之自。其言次第有序，故謂之序也。」《詩序》有大序、小序之分。解釋各篇主題的爲「小序」；在首篇《關雎》的「小序」之後，有大段文字概述全部詩經內容特徵的，爲「大序」。「大序」的作者，鄭玄認爲是子夏作，小序爲子夏、毛亨作。宋以後學者，有認爲大序是東漢衞宏作。不管是誰作，「序」作爲一種文體始於漢代，大概是不會錯的。

除《詩序》以外，漢代司馬遷有《太史公自序》、《十二諸侯年表序》、《高祖功臣表序》，劉向《戰國策序》，班固《兩都賦序》，晉杜預有《春秋序》，皇甫謐《三都賦序》。唐以後，「序」

體文章逐漸流行。

「序」有自作和別人所作兩種。《太史公自序》是作者爲自己所寫的《史記》一書作的序言。在這篇序言中，敍述了作者自己的家世生平，寫作《史記》的時代條件，個人動機，以及受刑後忍辱著書的毅力，還介紹了《史記》一書的規模體例，以及其中各篇的基本內容。這篇序言，不僅是了解司馬遷生平思想以及《史記》一書的重要資料，也是一篇悲慨沈摯、情文並茂的優秀文學作品。正如李景星《四史評議》所說：「凡全部《史記》之大綱細目，莫不於是粲然明白。未讀《史記》以前，須將此篇熟讀之；既讀《史記》以後，尤其以此篇精參之。文辭高古莊重，精理微旨更奧衍宏深，是史遷一生出格大文字。」

求別人作序起於左思。據說，左思《三都賦》成，自認爲名氣不大，求當時著名學者皇甫謐爲他寫序，皇甫謐便寫了《三都賦序》。於是後人文集，求人作序逐成風氣。有的是編集以後請人作序，也有的爲人編集同時作序。除序詩文集外，還有序古書，序府縣志，序政書，序奏議，序族譜、年譜、年表，序人唱和詩等。有時一本書有兩序或三序、四序的。

爲人作序，唐代有韓愈《張中丞傳後敍》，宋代有歐陽脩《蘇氏文集序》、《梅聖俞詩集序》、《釋秘演詩集序》，曾鞏《戰國策·目錄序》等篇頗爲著名。

這裏附帶提及，「書序」與「贈序」不同：「書序」是爲詩文寫的序，重在評介詩文；「贈序」是唐宋以後，在「書序」、「詩序」基礎上發展形成的一種送別贈言之文。（參見《贈序體散文》）

「序」的名稱，有的稱「序錄」或「序略」。此體發軔於西漢劉向父子。劉向校書天祿閣，每上一書，撮其大要及其得失之所在，名曰《敍錄》。其子繼劉向任校，綜合羣書，區分爲《七略》，「略」卽撮舉大要之意，後世便有「序略」之名。先前「序」沒有稱作「引」的。「引」本屬詩歌，取其引音合節，如《箜篌引》、《太常引》等。宋三蘇集中，改「序」爲「引」，是因爲蘇氏祖先有名「序」的，爲避諱而改稱「引」。於是以後「序」也有稱作「引」的。

前面說到，「序」列於卷首爲多。有時卷首既有「序」如再寫篇序放在書後，則稱「後序」。

序的寫作技巧

「序」體散文既是有關作者的介紹和詩文的評介性文章，除了「說明」性文字以外，還常常兼有敍事、議論和抒情。有時一篇之中幾種手法兼而有之。

以議論爲主的可以歐陽脩《五代史伶官傳序》爲例：

嗚呼！盛衰之理，雖曰天命，豈非人事哉！原莊宗之所以得天下，與其所以失之者，可以知之矣。

世言晉王之將終也，以三矢賜莊宗而告之曰：「梁吾仇也；燕王，吾所立；契丹，與吾約爲兄弟，而皆背晉以歸梁。此三者，吾遺恨也。與爾三矢，爾其無忘乃父之志！」莊宗受而藏之於廟。其後用兵，則遣從事以一少牢告廟，請其矢，盛以錦囊，負而前驅，及凱旋而納之。

方其係燕父子以組，函梁君臣之首，入於太廟，還矢先王，而告以成功，其意氣之盛，可謂壯哉！及仇讎已滅，天下已定，一夫夜呼，亂者四應，倉皇東出，未及見賊，而士卒離散，君臣相顧，不知所歸。至於誓天斷髮，泣下沾襟，何其衰也！豈得之難而失之易歟？抑本其成敗之迹，而皆自於人歟？

《書》曰：「滿招損，謙受益。」憂勞可以興國，逸豫可以亡身，自然之理也。故方其盛也，舉天下之豪傑，莫能與之爭；及其衰也，數十伶人困之，而身死國滅，為天下笑。夫禍患常積於忽微，而智勇多困於所溺，豈獨伶人也哉！作《伶官傳》。

《伶官傳序》是作者所作《新五代史·伶官傳》前的序論。這篇序論借莊宗政權得而復失的歷史教訓，闡明國家興亡在於人事的道理，爲後世君王提供歷史的借鑒。

文章首段以強烈的感嘆起筆，開門見山地揭示出全文的主旨：「盛衰之理，雖曰天命，豈非人事哉！」「雖曰……豈非……」這一反詰，撇開了當時流行的「天命」說，把國家盛衰歸結爲人事作用；以此綰攝全篇。接著便從「人事」着筆，詳細記述莊宗由盛而衰的史實；莊宗受矢還矢，滅燕破梁，叱咤風雲，所向無敵，「其意氣之盛，可謂壯哉」！可是，等到「天下已定，一夫夜呼，亂者四應」，君臣相泣，不知所歸，又「何其衰也」！一盛一衰，一興一亡，前後正反對照，格外鮮明突出。於是文章自然地推出結論：「憂勞可以興國，逸豫可以亡身。」至此文章主旨已明，似可結束。但作者又宕開一筆，從「方其盛也」到「及其衰也」，再一次反覆論證，從而揭示出帶有更普遍意義的教訓：「禍患常積於忽微，而智勇多困於所溺。」這不僅回顧了首段的論點，又擴大和深化了主題。

綜觀全文，結構嚴謹，主旨鮮明，從頭至尾緊扣「盛衰」二字，夾敍夾議，史論結合，一層比一層深入，一層比一層酣暢。通篇多用感嘆詞語，句式長短交錯，音調低昂，氣勢旺盛，飽含作者無限激情。文中一些名言警句，發人深省，多爲後世輾轉傳頌。歷代古文家對此篇都極力推崇。明代詩文評論家茅坤說：「此等文章，千古絕調。」清代詩人沈德潛亦稱贊：「抑揚頓挫，得《史記》神髓，《五代史》中第一篇文字。」

這篇「序」，實際是史論，以議論爲主。韓愈的《張中丞傳後敍》是一篇以記敍爲主的序文。作者讀了李翰的《張巡傳》之後，有所感，補記了一些有關張巡、許遠與安祿山叛軍的對抗事實，對張、許的功績和氣節進行了熱情的贊揚。文章採取夾敍夾議的寫法。前半篇針對當時有人指責許遠怕死，又說張巡、許遠不該死守睢陽孤城等謬說，一一加以申辯。指出：許遠的後死不是怕死；睢陽的陷落是由於糧源和兵源俱竭，又得不到外援所致；死守睢陽是保障江淮，阻扼敵勢，雖是一城，卻關係全局。後半篇補敍南霽雲的事迹得之於汴、徐老人之口。寫得極有聲色：

南霽雲之乞救於賀蘭也，賀蘭嫉巡、遠之聲威功績出己上，不肯出師救。愛霽雲之勇且壯，不聽其語，强留之，具食與樂，延霽雲坐，霽雲慷慨語曰：「雲來時，睢陽之人，不食月餘日矣，雲雖欲獨食，義不忍，雖食，且不下咽！」因拔所佩刀斷一指，血淋漓，以示賀蘭。一座大驚，皆感激為雲泣下。雲知賀蘭終無為雲出師意，即馳去。將出城，抽矢射佛寺浮圖，矢著其上磚半箭，曰：「吾歸破賊，必滅賀蘭，此矢所以志也。」愈貞元中，過泗州，船上猶指以相語。

這一段敍述僅一百餘字，把南霽雲的言語、情狀極爲生動地刻劃出來。尤其在賀蘭利誘之下的慷慨陳詞和斷指明志的言行極爲感人。末尾又加入一句「船上猶指以相語」，更爲生色。其他記敍張巡就義前言行也極悲壯。這篇後序是韓愈的代表作之一。歷來對此文評價很高，有說其風格與司馬遷相近。

關於「序」體文的寫作，作者必須對所序之書和所序之人有深切的了解，否則很難寫得好。正如林紓所說：「書序最難工，人不能奄有衆長。以書求序者，各有專家之學。譬如長於經者，請序史學，長於史者，請序經學。惟既名爲文家，又不能拒人之請，故宜平時博覽，運以精思。求序之書，尤必加以詳閱。果能得其精處，出數語中其要害，則求者亦必饜心而去。王介甫序經義甚精，曾子鞏爲目錄之序，至有條理，歐陽永叔長於序詩文集。此外政書奏議一門，多官中文字，尤不易序。能者爲之，不能者謝去，不可強也。」

跋和序的異同

跋（ㄅㄚˊ），《爾雅・釋言》：「跋，躐也。」《漢書》注：「躐也。」本從足取義，有「跺」「踏」等意義，引申之，凡處後皆爲「跋」。「跋」作爲一種文體，同「序」實爲一類，「跋」是寫在書後或文後的「序」。

前面說到，在唐以前，序既可以放在書前，也可以放在書後，放在書後稱後序。自宋開始，「跋」才開始出現。歐陽脩有《集古錄跋尾》二百四十餘篇。自從「跋」出現以後，一般「序」均放在書前，「跋」放在書後，亦稱作「書後」、「題後」等名稱。

「跋」和「序」類似，但也略有差別。一般序詳而跋簡。正如徐師曾說：「凡經傳子史詩文圖書之類，前有序引，後有後序，可謂盡矣。其後覽者，或因人之請求，或因感而有得，則復撰詞以綴於末簡，而是謂之題跋。」（《文體明辨》）「跋」因爲是對「序」的補充，寫作要求也就有所不同。「其詞考古證今，釋疑訂謬，褒善貶惡，立法垂戒，各有所爲，而專以簡勁爲主。」（同上）試以歐陽脩《唐韓愈〈盤谷詩序〉跋尾》爲例：

> 有《送李愿歸盤谷序》，韓愈撰。盤谷在孟州濟源縣，正元中，縣令刻石於其側，今姓崔，其名浹，今已磨滅。其後書云：昌黎韓愈，知名士也。當時退之尚未顯，其道未爲當世所宗師，故但云知名士也。然當時送愿者爲不少，而獨刻此序，蓋其文字已著於時也，以余家集本校之，或小不同，疑刻石誤，集本世已大行，刻石乃當時物。存之以爲佳玩爾，其小失，不足較也。

這就是一段考古性質的跋尾。主考訂文物的眞僞、文物內容的價值等。行文簡短，意在內容的切實，不求文字的華美，這則「跋」體現了一般跋文的特點。

九、贈序體散文

贈序體散文的產生和功用

贈序爲臨別贈言之作。老子曰：「君子贈人以言。」可見，「臨別贈言」古已有之。但一般的「贈言」還不能稱作「贈序」。

「序」原指書的序言。

「贈序」是由「書序」發展而來的一種獨立的文體。它發端於晉代，而形成並盛行於唐宋。晉傅玄作有《贈扶風馬鈞序》，潘尼作有《贈二李郎詩序》等。

唐初文壇，親朋故舊在臨別之際，常常設宴餞別，飲酒賦詩。積成卷帙後，由某人爲這些詩作「序」，說明其作者、由來等，這種「序」叫「詩序」。這類「序」和一般「書序」性質甚相近。後來，並無詩歌唱和，只是寫一篇文章贈人也叫做「序」。這就是「贈序」了。

唐宋「贈序」，如韓愈《送孟東野序》、《送李愿歸盤谷序》、《送董邵南序》；柳宗元《送薛存義序》、《送寧國范明府詩序》；歐陽脩《送楊置序》、《送曾鞏秀才序》、《送徐無黨南歸序》；李白《早春於江夏送蔡十還家雲夢序》；曾鞏《送江任序》；王安石《送孫正之序》等，都是傳世的名篇。其他如明代宋濂《送東陽馬生序》，方苞《送王箬林南歸序》等也都有名。

贈序的內容一般都要寫到作者和被贈者的關係、友誼，對於對方的期望、勸勉和關心等等。但也不只限於這些，如韓愈、柳宗元的許多贈序，除了一般的道別、敍情以外，還常常借以抒發理想、抱負，議論朝政，抨擊時弊，內容廣泛，形式多樣。試舉韓愈的《送孟東野序》爲例：

大凡物不得其平則鳴。草木之無聲，風撓之鳴。水之無聲，風蕩之鳴。其躍也，或激之；其趨也，或梗之；其沸也，或炙之；金石之無聲，或擊之鳴。人之於言也亦然，有不得已者而後言，其歌也有思，其哭也有懷。凡出乎口而為聲者，其皆有弗平者乎！

樂也者，鬱於中而泄於外者也，擇其善鳴者而假之鳴。金、石、絲、竹、匏、土、革、木八者，物之善鳴者也。維天之於時也亦然，擇其善鳴者而假之鳴。是故以鳥鳴春，以雷鳴夏，以蟲鳴秋，以風鳴冬。四時之相推奪，其必有不得其平者乎！

其於人也亦然，人聲之精者為言。文辭之於言，又其精也，尤擇其善鳴者而假之鳴。

其在唐虞，咎陶、禹，其善鳴者也，而假以鳴。夔弗能以文辭鳴，又自假於韶以鳴。夏之時，五子以其歌鳴。伊尹鳴殷。周公鳴周。凡載於《詩》、《書》六藝，皆鳴之善者也。周之衰，孔子之徒鳴之，其聲大而遠。傳曰：「天將以夫子為木鐸。」其弗信矣乎？其末也，莊周以其荒唐之辭鳴。楚，大國也，其亡也，以屈原鳴。臧孫辰、孟軻、荀卿，以道鳴者也。楊朱、墨翟、管夷吾、晏嬰、老聃、申不害、韓非、慎到、田駢、鄒衍、尸佼、孫武、張儀、蘇秦之屬，皆以其術鳴。秦之興，李斯鳴之。漢之時，司馬遷、相如、揚雄，最其善鳴者也。其下

> 魏、晉氏，鳴者不及於古，然亦未嘗絕也。就其善者，其聲清以浮，其節數以急，其辭淫以哀，其志弛以肆。其為言也，亂雜而無章。將天醜其德莫之顧邪？何為乎不鳴其善鳴者也？唐之有天下，陳子昂、蘇源明、元結、李白、杜甫、李觀，皆以其所能鳴。其存而在下者，孟郊東野始以其詩鳴。其高出魏、晉，不懈而及於古，其他浸淫乎漢氏矣。從吾游者，李翺、張籍其尤也。三子者之鳴信善矣。抑不知天將和其聲而使鳴國家之盛邪？抑將窮餓其身，思愁其心腸，而使自鳴其不幸邪？三子者之命，則懸乎天矣。其在上也，奚以喜？其在下也，奚以悲？東野之役於江南也，有若不釋然也，故吾道其命於天者以解之。

這是作者送給詩人孟郊（字東野）的一篇「序」。孟郊少年隱居嵩山，近五十才中進士，任溧陽縣尉。仕途不得志，其詩作大多表現抑鬱不滿的心情。他與韓愈交往甚密。韓愈在這篇「贈序」中，一方面表達了爲孟郊鳴不平的憤懣之情，另一方面又以歷史上大量「不平則鳴」的事例來勸解、寬慰和激勵孟郊，以使他振作精神，擺脫愁苦和煩悶。

姚鼐說：「宋人作序，前多有冒頭，序其原由，惟昌黎不然，劈頭湧來，是其雄才獨出處。」（《古文辭類纂》）試看這篇序文劈頭一句卽說：「物不得其平則鳴」。通篇以一「鳴」字貫串始終。從自然界「物不得其平則鳴」，推論到人世間也是「不得已者而後言」。文章列舉歷史上的許多著名政治家、思想家、文學家都是以其言辭、學術、文章爭鳴於世，且多爲不平則鳴的產物。孟郊和許多著名文學家一樣，都希望以其詩「鳴國家之盛」。然而「鳴」到最後，都「窮餓其身」，落得個「自鳴其不幸」。文章最後把孟郊等人「不平」的命運歸結爲天命，這是作者「天命論」思想的反映，但其間也隱含著作者對現實的不滿與憤慨之情。全文一氣貫注，議論縱橫，層層推論，實際上是一篇著名的論辯文，其思想價值遠遠超出一般「臨別贈言」的範圍。

贈序體散文的特徵

贈序既然是贈人之作，必須具有寫作對象的特定性，也卽是說，文章內容必須從被贈的對象具體情況出發。如宋濂《送東陽馬生序》是作者送給東陽馬生（卽南京國子學的學生馬君則）的一篇「序」。文章針對對方是太學生這一特點，先從自己幼年好學寫起，著重寫得書、求師和求學的艱苦；接著又列舉太學生求學條件之優越，與自己求學時的艱苦情況形成對照；最後得出結論：「業有不精，德有不成者，非天質之卑，則心不若余之專耳。」文章先賓後主，但字字句句都在勸勉和推獎馬生，有很強的針對性。又如明代金實《送職方郎中王君赴任序》，是作者送王源赴任職方郎中（兵部官職）的一篇贈序。文章前半部列舉王源的政績，贊揚王源是人民愛戴的官吏；後半部著重在勸勉王源，希望他在任職方郎中時要更加努力，切莫讓人說升了官，反而不如以前。文章旣頌揚，又勸勉，體現了朋友間眞摯的感情。

贈序既然是贈人之作，因此就不像上疏、奏章那樣做「官樣文章」，也不像頌贊文那樣講究詞藻的華美、句式的整齊、音調的和諧等等，而可較多地向摯友促膝交談，比較自由、隨便，文章可以議論，可以敍事，可以抒情，表現手法也比較靈活。如前面舉到的韓愈的《送孟東野序》，採用自然界和人類社會類比手法，對「不平則鳴」加以引申、發揮；而他的《送李愿歸盤谷序》則採用對話形式，即借李愿的話把當時仕宦者的殘酷、腐化、卑鄙和可憐一一加以揭露，接着又將這些人和隱居盤谷的人「起居安適」、「無毀無憂」的情狀加以對照，從而顯出隱居者的可貴可樂。再看他的《送石處士序》寫石洪原本無求於人，一旦應報國之聘，就不告於妻子，不謀於朋友，立即應聘。文章上篇用對話，下篇也用對話。上篇對話贊揚石洪的廉潔正直，有勇有謀；下篇的對話則告誡石洪應「以道自任」，「唯義之歸」。兩段對話，相互補充，毫無雷同重複之感。

柳宗元也是寫贈序的能手。他寫有贈序近三十篇。他的贈序，立意高遠，敍事簡明，議論深刻，有很強的藝術性。試舉一例。

柳宗元在永州時，他的同鄉薛存義曾任代理縣令。離任時柳宗元送給薛一篇贈序，這就是著名的《送薛存義序》。文中寫道：

河東薛存義將行，柳子載肉於俎，崇酒於觴，追而送之江之滸，飲食之。且告曰：「凡吏於土者，若知其職乎？蓋民之役，非以役民而已也。凡民之食於土者，出其十一傭乎吏，使司平於我也。今我受其直，怠其事者，天下皆然。豈惟怠之，又從而盜之。向使傭一夫於家，受若直，怠若事，又盜若貨器，則必甚怒而黜罰之矣。今天下多類此，而民莫敢肆其怒與黜罰者，何哉？勢不同也。勢不同而理同，如吾民何？有達於理者，得不恐而畏乎！

存義假令零陵二年矣。早作而夜思，勤力而勞心，訟者平，賦者均，老弱無懷詐暴憎，其爲不虛取直也的矣，其知恐而畏也審矣。

吾賤且辱，不得與考績幽明之說。於其往也，故賞以酒肉而重之以辭。

文章前段由江邊餞行而引入正題；中間兩段先規後頌。前一段提出「官爲民役」的觀點，規勸薛存義要公平地爲百姓辦事，不要做那種怠於民事、竊其民財的貪官；後一段則頌贊薛存義「勤力而勞心」的政績。這不僅是對薛存義的讚揚，也體現了柳宗元的政治思想；最後自述作序的原因，照應全篇。全文語意連貫，布局十分嚴謹。正如明代鍾惺評論說：「此篇文勢圓轉，如珠走盤，略無滯礙。」（《山曉閣選唐大家柳州全集》卷一）清代劉熙載也讚揚說：「柳州《送薛存義序》，可謂精能之至。」（《藝概・文概》）

贈序一般均爲散句，唐初也有少數贈序用駢儷句式的，如陳子昂《別中岳二三眞人序》，李白《金陵與諸賢送權十一序》、《送張祖監丞之東都序》等。

贈序體散文的名稱與類別

「贈序」通常只稱爲「序」。爲區別於「序跋」之「序」，標題一般都寫作「送×××序」、「贈×××序」。如有贈詩，再爲詩作「序」，即稱「送×××詩序」。如柳宗元《送寧國范明府詩序》，卽柳宗元爲送范傳眞的贈詩所作的序。

還有一種爲祝壽而寫的「壽序」。壽序始於元，盛於明，而以歸有光制作最多。如歸有光作《戴素庵先生七十壽序》、《周弘齋壽序》等。這類壽序，皆朋友相知祝其長壽，大都是酬應諛頌之詞。

古人文集中，時有「某說贈某」，如蘇軾《稼說送張琥》，歸有光《二石說》。這類「說」與論辯文中的「說」不同，實爲贈人之作，與「贈序」一體。

宋代蘇洵的父親名序，故蘇氏諱「序」字，把贈序稱作「引」或「說」，此後也有稱「序」爲「引」的。

還有一種類似「贈序」的文章，實際不是「贈序」。如王羲之《蘭亭集序》、王勃《滕王閣序》、李白《春夜宴諸從弟桃李園序》、柳宗元《陪永崔使君遊宴南池序》。這些序都提到飲宴賦詩，但不是贈人之作，而是記事之文。所以姚鼐說：「柳子厚記事之文，或謂之序，然實記之類。」（《古文辭類纂》）林紓也說：「右軍之《蘭亭》、李白之《春夜宴桃李園》，雖序亦記。」這類「序」應歸入一般記事文。

十、箴銘體散文

箴文的名稱與源流

箴文是一種規戒性的文體。箴，即古「針」字。《說文》：「箴，綴衣箴也。」箴，是縫衣的「針」，因古代的「針」是用竹製的，故寫作「箴」。後來，「針」用金屬製成，故又寫作「鍼」。劉勰《文心雕龍》說：「箴者，針也。所以攻疾防患，喻鍼石也。」古代用石針治病，稱砭或針砭。針砭也用來比喻指出別人的過錯，勸他改正。於是古人便把這種以規戒他人或自己爲目的的文體叫做箴文。

箴文很早就出現，如古書中提到的《夏箴》、《商箴》就是最早的「箴文」。全文已散失，只在《逸周書》和《呂氏春秋》中有幾句引文。

周武王時，太史辛甲爲糾正和防止武王的過失，號令百官獻箴，於是每官各作一篇箴辭。《左傳·襄公四年》保存有一篇《虞人之箴》（簡稱《虞箴》）。全文如下：

> 芒芒禹迹，畫爲九州，經啓九道，民有寢廟，獸有茂草，各有攸（所）處，德用（因）不擾。在帝夷羿，冒（貪）於原獸，忘其國恤，而思其牝牡。武不可重，用不恢於夏家。獸臣司原，敢告僕夫。

這篇箴文的大意是：大禹踏遍遼闊的大地，把天下劃分爲九州，同時開闢了通往九州的道路，使得百姓有自己的居處，野獸也有茂盛的草原。從此，人獸各得其所，故人們的道德規範一點也不紊亂。可是夏朝的后羿貪戀於田獵，不恤國事，整日想着各種野獸。須知武事是不可過分的，后羿因爲貪於田獵，雖有夏朝的天下，也不能發揚光大。我作爲一個掌管原野的獸官，有責任把這個道理敬告大王。這篇箴文是「虞人」寫的，「虞人」是掌管田獵的官，因此，文章從虞人的職責出發，用后羿迷於田獵而不恤國事、「不恢於夏家」的歷史教訓來勸戒武王，文辭娓婉，含有諷諫之意。因虞人不能直接向武王進言，故最後說「獸臣司原，敢告僕夫」，意卽通過武王左右的僕夫向武王轉告。

這篇《虞箴》是我們現在能見到的最早、最完整的箴文。後漢揚雄好古，他模倣《虞箴》作十二州箴、二十五官箴。州箴如《冀州箴》、《青州箴》、《兗州箴》、《徐州箴》、《揚州箴》、《荆州箴》等；官箴如《司空箴》、《尚書箴》、《大司農箴》、《侍中箴》、《光祿勛箴》、《大鴻臚箴》等。二十五官箴亡缺九篇，後漢崔駰及其子崔瑗等人又增補十六篇，胡廣繼作四篇，共四十八篇，統稱「百官箴」。這並箴文的形式都是模倣《虞箴》，內容也多是借鑒古代的缺失以警戒各州郡和朝廷中的各種屬官。如《荆州牧箴》：

幽幽巫山，在荆之陽，江漢朝宗，其流湯湯。夏君遭洚，荆衡是調，雲夢塗泥，包匭青茅。金玉砥礪，象齒元龜，貢篚百物，世世以饒。戰戰慄慄，至桀荒溢，曰我在帝位，若天有日，不順庶國，孰敢余奪，亦有成湯，果秉其鉞，放之南巢，號之以桀。南巢茫茫，包楚與荆，風飄以悍，氣鋭以剛，有道後服，無道先強，世雖安平，無敢逸豫。牧民司荊，敢告執御。

這篇箴文先寫荊州之地，地大物博，世世富饒。可是夏桀荒淫無道，最後被商湯放逐到南巢。由南巢聯繫到荊州，那裏「風栗以悍，氣鋭以剛，有道後服，無道先強。」因此，告誡荊州牧「世雖安平，無敢逸豫。」這篇箴文從內容到形式和《虞箴》都較相似。

自揚雄之後，東漢潘勗也作過《符節箴》，已亡佚。晉代張華、溫嶠、王濟、潘尼都有箴文。張華《女史箴》引用樊姬衞姬的故事來警戒後宮「女史」（女人之官）。溫嶠作太子侍臣時，著有《侍臣箴》，規戒太子要重視品德的修養以「積善成名」。潘尼有《乘輿箴》。乘輿，指君王的車駕，代指君王。箴文列舉歷代興衰史實，告誡君王「好聞其過」。此後，三國時王朗，也著有《雜箴》，已散失，僅存數句。

隋唐以後，作箴文的風氣不如以前盛行，但仍有不少佳作。如韓愈的「五箴」（《遊箴》、《言箴》、《行箴》、《好惡箴》、《知名箴》），皆爲傳世之作。韓愈的「五箴」前有一篇總敘說：「人患不知其過，既知之不能改，是無勇也。余生三十有八年，髮之短者日益白，齒之搖者日益脫，聰明不及於前時，道德日負於初心，其不至於君子，而卒爲小人也昭昭矣，作五箴以訟（責）其惡云。」可見，他作「五箴」是晚年在政治上受到挫折以後爲了「自規自戒」而寫的。試以《言箴》爲例：

不知言之人，烏可與言；知言之人，默焉而其意已傳。幕中之辯，人反以汝為叛，臺中之評，反以汝為傾，汝不懲邪，而呶呶以害其生耶？

「幕中之辯，人反以汝爲叛，臺中之評，反以汝爲傾」，都是指作者在政治上受挫以後（如作監察御史時，因論天旱人飢，貶爲山陽令），警告自己說話要謹慎，以免「呶呶以害其生耶」。

箴文的類別與特徵

從警戒的對象說，箴文有「官箴」與「私箴」兩類。官箴主要是臣下對君王，或對朝廷中的各類屬官的規勸。私箴是對自己的警戒文字。前者如《虞箴》、《女史箴》皆是；後者如韓愈《五箴》。

箴文是爲規勸而寫的，大多有諷諫意味。「官箴」的諷諫一般較多娓婉含蓄，常常採用以古論今的手法。如《虞箴》借后羿誤國爲例；揚雄十二州箴大都例舉各州的歷史教訓。私箴因是警告自己的，故一般言詞都較明快、犀利。再以韓愈《五箴》之一的《遊箴》爲例：

余少之時，將求多能，蚤夜以孜孜；余今之時，既飽而嬉，蚤夜以無為。嗚乎余乎，其無知乎，君子之棄，而小人之歸乎！

這篇文章將自己少年時期從早到夜孜孜以求的精神與現在飽食終日、無所作爲的情形作對照，從而嚴厲地譴責自己簡直是「無知」的「小人」。前後對比，言詞激切，體現出一般私箴的特點。

箴文爲了達到諷諫效果，讀起來順口悅耳，便於記憶，一般都是四言爲主的韻文，但不必像詩歌那樣講究韻律，有時爲求音節的變化，也雜有一些散句。試以溫嶠《侍臣箴》爲例：

忽謂其微，覆簣成高；勿謂其細，巨由纖毫。故曰善不積不足以成名，話言如絲而萬里來享，無以處極而利在永貞。是以太子之在東宮，均士抗禮，以卑厥情，入學齊齒，言稱先生。不以賢自臧，不以貴為榮；思有虞之蒸蒸，尊周文之翼翼，晨昏靡違，夙興晏息；師傅是瞻，正人在側；屛彼佞諛，納此亮直。故傅敬德，臣思盡忠，或稽古訓導，惟道之不融，或造膝詭辭，懼咎之蘊崇，惴惴兢兢，思二雅之遺風；鑒乎九三，天祿永終。近臣司規，敢告常從。

這篇箴文告誡太子不要忽視任何細小的事物，要「積善成名」，「不以賢自臧，不以貴爲榮」。箴文以四言爲主，雜以五言、六言、九言等長短句式。押韻也較自由靈活。如「高」、「毫」押韻；「名」、「享」、「貞」、「情」、「生」、「蒸」押韻；「違」、「息」押韻；「側」、「直」押韻；「忠」、「融」、「宗」、「風」、「終」、「從」押韻。其中有隔句韻，也有連句韻。韻腳也可轉換。

官箴語言都較娓婉，結尾大都模倣《虞箴》「獸臣司原，敢告僕夫」的格式，形成套語。如十二州箴結尾分別爲：「牧臣司冀，敢告在階」（《黃州牧箴》）、「牧臣司兗，敢告執書」（《兗州牧箴》）、「牧臣司徐，敢告僕夫」（《徐州牧箴》）、「牧臣司揚，敢告執籌」（《揚州牧箴》）、「牧臣司荆，敢告執御」（《荆州牧箴》）。當然也有打破這格局的，如揚雄《酒箴》是諫漢文帝的，也是一篇官箴，但結尾是：「繇是言之，酒何過乎？」

銘文的起源和功用

銘文是刻在器物或碑版上的一種文體。最初，人們只是在器物上刻上一些文字，以記器名、物主名或器物的製作者、製作時間等，銘文就是由這種題記式的文字逐步演變而成的。劉勰說：「銘者，名也，觀器必也正名，審用貴乎盛德。」所謂「正名」，即使器物和它的名稱相應；所謂「審用」，就是看器物的作用來作銘文。

銘文的作用主要有兩類：一是表警戒；二是記功德。

用銘文表警戒由來已久。據說，軒轅黃帝把銘文刻在車、几上來糾正自己的缺點；大禹把銘文刻在鐘磬的架子上來鼓勵別人進諫；商湯在他的盤、盂上刻着「苟日新，日日新，又日新」的銘文，激勵人們「日日更新」；周武王在盤、盂、几杖上皆刻有銘文。如他在席前左端刻着：「安樂必敬」；前右端刻着：「無行可悔」；後左端刻着：「一反一側，亦不可以忘」；後右端刻着：「所監不遠，視爾所代。」這就是著名的《席四端銘》。

至於記功德的銘文也起源很早。《左傳·襄公十九年》記載臧武仲論述銘文時說：「夫銘，天子令德，諸侯言時計功，大夫稱伐」，即天子用銘來歌頌美德，諸侯用銘來計算功勳，大夫用銘來陳述戰事。如周代呂尙作周太師，封於齊，他的功勛由名匠昆吾銘刻在金版上；秦始皇巡行各地，李斯爲稱頌其功，就作有《之罘西觀銘》、《之罘東觀銘》等。

在記功德的銘文中，最爲著名的是東漢班固的《封燕然山銘》。公元八九年，竇憲破北單于，登燕然山，刻石記功，使班固作銘。銘文前面的序，寫竇憲的軍容極爲壯盛：「驍騎十萬，元戎輕武，長轂四分，雷輜蔽路，萬有三千餘乘，勒以八陣，莅以威神，玄甲耀日，朱旗絳天。」但這篇銘文寫竇憲擊匈奴，是由於他遣客刺殺了齊王子劉暢，害怕受誅，故請求擊匈奴以贖死。內容並不可取。

漢末蔡邕的碑銘被劉勰稱之爲「獨冠古今」。（《文心雕龍・銘箴》）他的《黃鉞銘》贊頌橋玄鎮守邊境的功績：「帝命將軍，執茲黃鉞；威靈振耀，如火之烈。公之莅止，羣狄斯柔（順服）；齊斧罔設（利斧不用），介士斯休（戰士因此得休息）。」銘文寫得氣勢酣暢，很有風采。

晉代張載《劍閣銘》也很著名。太康初張載至蜀省父，道經劍閣，「載以蜀人恃險好亂，因著銘以作誡。益州刺史張敏見而奇之，乃表上其文。武帝遣使鐫之於劍閣山焉」（《晉書・張載傳》）。這篇銘文先寫劍閣形勢的險要：「岩岩梁山，積石峨峨，遠屬荆衡，近綴岷嶓……惟蜀之門，作固作鎮，是曰劍閣，壁立千仞，窮地之險，極路之峻。」接著以歷史教訓告誡當權者：「一人荷戟，萬夫趑趄，形勝之地，匪親勿居，昔在武侯，中流而喜。山河之固，見屈吳起，洞庭孟門，二國不祀。興實由德，險亦難恃，自古迄今，天命匪易，憑阻作昏，鮮不敗績，公孫旣沒，劉氏銜璧，覆車之軌，無或重迹，勒銘山河，敢告梁益。」指出過去三苗氏、商紂王依靠洞庭孟門之險，但不修德政，爲禹和周武王所滅，從而強調險不可恃，歸重德政。劉勰稱贊這篇銘文「其才清采」，好像駿馬奔騰，雖然寫在後代卻超越了前人。

所謂表警戒和記功德，二者並非絕然分開，如《劍閣銘》前面重在歌頌，從「興實由德，險亦難恃」以下，就重在警戒了。

銘文的類別

無論是表警戒或記功德的銘文，按其勒刻的處所不同，大致可以分爲器物銘、屋室銘、山川銘、碑銘等等。

器物銘，指勒刻在鐘鼎、弓、劍、盤盂、車、船及日常用具上的銘文。除前面提到的《席四端銘》外，再舉一些例子：

鑒　銘

見爾前，慮爾後。（《大戴禮記·武王踐阼》）

帶　銘

火滅修容，慎戒必恭，恭則泰。（同上）

矛　銘

造矛造矛，少間弗忍，終身之羞。余一人所聞，以戒後世子孫。（同上）

權衡銘

夫審輕重，莫若權衡；正是正非，其唯賢明。（《全後漢書》五十）

衣銘

桑蠶苦，女工難，得新捐故後必寒。（沈德潛《古詩源》）

這類銘文一般都是從某種器物的特徵出發，聯繫到人事，揭示出某種哲理性的寓意，從而起到規勸和警戒的作用，即所謂「因其器名而書以爲戒也」。如《權衡銘》從權衡能夠「審輕重」，聯繫到賢明的君王必須能「正是非」。又如《衣銘》從桑蠶女工之苦，勸誡人們要勤儉節約。

居室銘，指勒刻在門井屋壁上的銘文。這類銘文中最有代表性的是劉禹錫的《陋室銘》：

山不在高，有仙則名；水不在深，有龍則靈。斯是陋室，惟吾德馨。苔痕上階綠，草色入簾青。談笑有鴻儒，往來無白丁。可以調素琴，閱金經。無絲竹之亂耳，無案牘之勞形。南陽諸葛廬，西蜀子雲亭。孔子云：何陋之有？

這篇銘文先用兩個比喻引出「陋室」」，接着便以鋪陳手法描寫居室周圍景色、往來人物和日常生活，強調陋室不陋，主人居住其間，怡然自得，其樂無窮。最後運用類比手法，以陋室與古賢居室相比，不僅說明此室不陋，還隱含有以古賢自居的意思。整篇銘文極力形容陋室不陋，顯示出身居陋室，「惟吾德馨」的高潔情操和安貧樂道的志趣。文章運用比喻、排比和對偶等修辭手法，韻腳整齊，音調和諧、鏗鏘，跌宕有致。尤其結尾截取孔子一句話「何陋之有」，暗含以君子自居，而在文字上又不露痕迹，眞乃警策有力，意味深遠。

山川銘，指勒刻於名山大川或名勝古蹟的銘文。前面舉到的《封燕然山銘》、《劍閣銘》均是。

不過，這類銘文不一定都有表警戒或記功德的內容，有的僅是贊頌自然景色，類似寫景文。如庾信《明月山銘》、鮑照《石帆銘》等。

碑銘，指勒刻於碑石的銘文。如張昶《西獄華山堂闕碑銘》、蔡邕《朱公叔墳前石碑》以及秦始皇的《泰山刻石》等，皆是有名的碑文。這些碑銘都以贊頌山川形勝和君王功德爲主，在形式和內容上和頌贊文無異。

除器物銘、屋室銘、山川銘、碑銘以外，這裏值得一提的還有一種題寫在身旁座右表示自警自戒的所謂「**座右銘**」。

「座右銘」是東漢崔瑗最早發明的。據《後漢書》記載，「瑗兄璋爲人所殺，瑗手刃其仇。亡命，蒙赦而出，作此銘以自戒，常置座右」，因此，便稱作「座右銘」。崔瑗《座右銘》原文如下：

> 無道人之短，無說己之長。施人慎勿念，受施慎勿忘。世譽不足慕，唯仁為紀綱。隱心而後動，謗議庸何傷。無使名過實，守愚聖所藏。在涅貴不緇，曖曖內含光。柔弱生之徒，老氏誡剛强。行行鄙夫志，悠悠故難量。慎言節飲食，知足勝不祥。行之苟有恒，久久自芬芳。

作者亡命遇赦以後，總結出一套保護自己的處世哲學，即時時事事謹慎小心，守愚藏鋒，以免再遭禍患。

崔瑗這篇《座右銘》影響深遠，後人多有模仿之作。唐代詩人白居易在政治上遭受打擊和挫折以後，對崔瑗的《座右銘》引起共鳴，還專門寫了一篇《續座右銘》，銘文前面還有「序」：

崔子玉（崔瑗字子玉）《座右銘》，余竊慕之。雖未能盡行，常書屋壁。然其間似有未盡者，因續為座右銘云：

勿慕富與貴，勿憂賤與貧；自問道何如，貴賤安足云？聞毀勿戚戚，聞譽勿欣欣；自顧行何如，毀譽安足論？無以意傲物，以遠辱於人；無以色求事，以自重其身。游與邪分歧，居與正為鄰。於中有取捨，此外無疏親。修外以及內，靜養和與真。養內不遺外，動率義與仁。千里始足下，高山起微塵。吾道亦如此，行之貴日新。不敢規他人，聊自書諸紳。終身且自勖，身沒貽後昆。後昆苟反是，非我之子孫。

從內容上看，白居易的這篇銘文和崔瑗並無多大差別。但由於白居易的續作，後代題寫《座右銘》的風氣更盛了。

以上所述的幾種銘文只是大致的分類。前面說到，銘文最初是銘刻在器物、碑版上的，但後來銘文形成一種固定的文體以後，並不一定非勒刻不可。有許多銘文，並不刻在器物或碑版上，僅僅取其名稱體式而寫成一篇文章而已。

銘文和箴文的異同

銘文和箴文一樣，一般都是有韻的，只是先秦時代的銘文有用韻，也有不用韻的。如孔悝的《鼎銘》就是無韻的散體文字；兩漢的銘文，如班固《封燕然山銘》用的是「騷體」，是有韻的；張衡《

受笥銘》、崔瑗《座右銘》用四言韻和五言韻；蔡邕《鼎銘》，不用韻。以後銘文的形式逐漸趨向於用四言韻語。到了唐宋古文家，又突破四言韻語形式，常常韻散結合，有的幾乎和一般散文差不多，如蘇軾《九成臺銘》：

> 韶陽太守狄咸新，作九成臺，玉局散吏蘇軾為之銘曰：自秦併天下，滅禮樂，韶之不作，蓋千三百二十有三年。其器存，其人亡，則韶既已隱矣，而況於人器兩亡而不傳。雖然，韶則亡矣，而有不亡者存。蓋常與日月寒暑，晦明風雨，並行乎天地之間。世無南郭子綦，則耳未嘗聞地籟也。而況得聞其天籟。使耳聞天籟，則凡有形有聲者，皆吾羽旄干戚、筦磬匏弦。嘗試與子登夫韶石之上，舜峰之下，望蒼梧之渺莽，九嶷之聯綿。覽觀山川之吐吞，草木之俯仰，鳥獸之鳴號，衆竅之呼吸，往來唱和，非有度數，而均節自成者，非韶之大全乎！上方立極，以安天下，人和而氣應，氣應而樂作，則夫所謂簫韶九成，來鳳凰而舞百獸者，既已粲然畢陳於前矣。

這篇銘文先寫秦併天下，韶樂不傳，然後又寫韶「有不亡者存」，即在大自然中可以享受到無窮無盡美妙的樂章。全文幾乎沒有韻，句式長短相交，參差變化，十分自然。

關於銘文與箴文的異同，劉勰《文心雕龍》有具體的說明：

> 夫箴誦於官，銘題於器，名目雖異，而警戒實同。箴全御過，故文資確切；銘兼褒贊，故制貴弘潤；其取事也必覈以辨，其摛文也必簡而深。

劉勰認爲，箴是用以諷刺百官得失的，銘是題寫在器物上正名的，兩者的名目雖有區別，但在表警戒這一點上是相同的，兩者的區別在於：箴完全是爲了防範過失，所以文辭一定要確切；銘還兼包歌頌與贊揚，故局度要宏大，內容要豐潤，取材必須合理扼要，修辭必須簡潔入情。正如陸機《文賦》所說：「銘博約而溫潤，箴頓挫而語壯。」博約，即事博意深，而文字卻很簡練含蓄；溫潤，指內容詞藻溫和而豐潤。銘因爲要記頌功德，所以既要博約，又要溫潤。箴文是警戒過失的，所以內容要激切頓挫，文辭要壯實有力。這些說明，形式必須爲內容服務，歌頌和規勸，內容不同，形式也就應有所變化。

十一、碑誌體散文

碑誌體散文的起源與功用

《禮記・祭義》：「牲入麗（繫）於碑」賈氏注：「宮廟皆有碑，以識日影，以知早晚。」《說文》注又云：「古宗廟立碑繫牲，後人因於上記功德。」這裏說明，宮室之碑最初是爲了識日影、知早晚而設置的；宗廟碑是爲了祭祀時拴牲口而設置的。

最初，古代帝王記功業，主要在器皿上勒銘，後來勒銘用得少了，就用石碑來代替金器。因用碑既方便，又可樹於名山或宮室宗廟，威嚴肅穆，同樣可以傳之不朽，垂之久遠。

據劉勰稱，碑從識日影、拴牲口發展到記功業，大約起於周穆王。《穆天子傳》記載：天子遂驅升於弇（一ㄢˇ）山，乃記名蹟於弇山之石，而樹之槐（在石旁種槐），眉（在石上題字）曰：「西王母之山。」這大概就是最早「樹碑紀功」的開始。

秦始皇二十八年，巡行各地，所經之處，皆刻石記功。其中，《泰山刻石文》、《琅邪臺刻石文》、《之罘刻石文》、《東觀刻石文》、《碣石刻石文》、《會稽刻石文》最爲著名。這些碑文傳爲李斯所作，皆用四言寫成。以《泰山刻石文》爲例：

皇帝臨位，作制明法，臣下修飭，二十有六年。初併天下，罔不賓服。親巡遠方黎民，登茲泰山，周覽東極。從臣思迹，本原事業，祗頌功德。治道運行，諸產得宜，皆有法式。大義休明，垂於後世，順承勿革。皇帝躬聖，既平天下，不懈於治。夙興夜寐，建設長利，專隆教誨。訓經宣達，遠近畢理。咸承聖志。貴賤分明，男女禮順，愼遵職事，昭隔內外，靡不清淨。施於後嗣，化及無窮，遵奉遺詔，永承重戒。

內容主要是歌頌秦始皇功業，以四言爲主，但不講究押韻。另一篇《琅邪刻石文》前半稱頌秦始皇功德，後半敍寫所以刻石的原因，並開列議定刻石的諸大臣名單，類似「後序」。以後漢人作碑文，便常加「序」。漢班固《封燕然山銘》也是一篇刻石文，文前就有序。其他如唐代元結《大唐中興頌》，韓愈《平淮西碑》、《處州孔子廟碑》等，皆有序、有文。序有用散文寫的，也有用韻文寫的，也有散韻並用的。正文一般均用韻文寫成，且須勒刻，故又稱作「銘」。正如薛鳳昌《文體論》云：「碑實銘器，銘實碑文。」

「碑」的種類甚多，按樹立地點和功用的不同，有「山川碑」、「城池碑」、「宮室碑」、「橋道碑」、「神廟碑」、「家廟碑」、「古蹟碑」、「功德碑」、「寺觀碑」等等。此外還有「墓道碑」、「墓表」、「墓誌銘」等。

碑文的寫作，劉勰認爲「其序則傳，其文則銘」（《文心雕龍・誄碑》）。但所謂「傳」，主要敍事，並不含傳記文學的意味。劉勰最推崇蔡邕，說：「自後漢以來，碑碣雲起，才鋒所斷，莫高蔡邕。」說他的《楊賜碑》、《陳太丘碑》和《郭有道碑》，皆「敍事也該而要，其綴采也雅而澤；清

詞轉而不窮，巧義出而卓立。」（《文心雕龍・誄碑》）

林紓也很贊成劉勰的說法。他說：「竊以漢文肅，唐文贍，元文蔓，而昌黎碑記文字，又當別論，不能就唐文中繩尺求之。劉勰高蔡中郎（蔡邕）之才鋒，竊意亦以爲確。《郭有道碑》，膾炙人口，由其氣韻至高，似鼎彝出於三代。不必極雕鐫之良，而古色斑斕，望之卽知非晚近之物。陳太丘凡三碑，敍太丘生平，渾穆雅健，使元明人恣意摹仿，終形其傖。」（《春覺齋論文》）

關於碑文的用詞造句，林紓說道：「大抵碑版文字，造語必純古，結響必堅騫，賦色必雅樸。往往宜長句者必節爲短句，不多用虛字，則句句落紙，始見凝重。《平淮西碑》及《南海廟碑》，試取讀之，曾用十餘字爲一句否？元人碑版文字最多，幾於敍入官中文字，則眞不知古人裁制謹愼處。」（同上）

碑誌體散文的種類

古代的碑誌種類繁多，下面就立碑的處所和功用，介紹常見的幾種：

㈠**記功碑**　主要是用來記頌功德，一般都用韻文寫成，類似歌功頌德的「銘文」。如前面提到的李斯的泰山刻石碑文。漢以後，這類碑文也開始有序，卽前有序，後有銘。序爲散文，銘爲韻文。許多碑文以序爲主，銘只是放在後面的點綴。

唐代元結的《大唐中興碑》、韓愈的《平淮西碑》、柳宗元《箕子碑》都是比較有名的記功碑文。韓愈的《平淮西碑》記述唐憲宗平定藩鎮吳元濟作亂的功績，碑文先寫藩鎮割據造成的危害，再寫平定淮西的艱難曲折的過程；最後寫朝廷在戰後對蔡地百姓的救濟和蔡人對朝廷的感激，文章寫得曲折有致，頗爲生動。

隋朝末年群雄起義，有個領袖叫竇建德。公元六一八年稱夏王，建都樂壽（今河北獻縣）。稱王後，仍舊布衣素食，生活極簡樸，在境內提倡農業生產，受到人民歡迎。公元六二一年，被李世民打敗，被俘後，死於長安。二百年後，有個叫殷侔的不出名的作者，竟爲他立了碑，寫了記功碑文。下面卽《竇建德碑》的碑文：

雲雷方屯，龍戰伊始。有天命焉，有豪傑焉，不得受命，而命歸聖人，於是玄黃之禍成，而霸圖之業廢矣。

隋大業末，主昏時亂，四海之內，兵革咸起。夏王建德以耕甿崛興，河北山東，皆所奄有。築宮金城，立國布號，岳峙虎踞，赫赫乎當時之雄也。是時李密在黎陽，世充據東都，蕭銑王楚，薛舉擅秦，然視其創割之迹，觀其規模之大，皆未有及建德者也。唯夏氏爲國，知義而尚仁，貴忠而愛賢，無暴虐及民，無淫凶於己，故兵所加而勝，令所到而服，與夫世充、銑、密等，甚不同矣。行軍有律，而身兼勇武；聽諫有道，而人無拒拂，斯蓋豪傑所以勃興而定霸一朝，拓疆千里者哉！

或以建德方項羽之在前世，竊謂不然。羽暴而嗜殺，建德寬容御衆，得其歸附，語不可同日。

迹其英兮雄兮，指盼備顯，庶幾孫長沙流亞乎！惟天有所勿屬，惟命有所獨歸，故使失計於救鄰，致敗於臨敵，雲散雨覆，亡也忽然。嗟夫，此亦莫之爲而爲者歟！向令運未有統，時仍割分，則太宗龍行乎中原，建德虎視於河北，相持相支，勝負豈須臾辨哉！自建德亡，距今已久遠，山東河北之人，或尚談其事，且爲之祀，知其名不可滅而及人者存也。聖唐大和三年，魏州書佐殷侔過其廟下，見父老羣祭，駿奔有儀，夏王之稱，猶紹於昔。感豪傑之興奮，弔經營之勿終，始知天命之莫干，惜霸略之旗隕，激於其文，遂碑。

這篇碑文對竇建德稱王竭力稱頌。文章運用了對比手法。一是與同時稱霸的李密、王世充、蕭銑、薛舉等對比，突出竇建德「知義而尚仁，貴忠而愛賢，無暴虐及民，無淫凶於己」，故能「定霸一朝，拓疆千里」；然後再與前世的項羽相比：「羽暴而嗜殺，建德寬容御衆」，故「語不可同日」；最後文章還記敍竇建德雖然「距今久遠」，但河北百姓一直仍在「談其事，且爲之祀」，充分顯示對竇的懷念之情。歷來記功碑文的內容都是稱贊帝王功業的，這篇碑文竟滿腔熱情地歌頌一位群雄起義的領袖，實是碑文中難得的。

㈡**宮室神廟碑**　這類碑文，一般以記敍宮室神廟建築的緣由、過程、規模、主事者姓名等。其他如修道、浚河、開山、築池，也常立碑記事以紀念。

唐代韓愈爲悼念亡友而寫作的《柳州羅池廟碑》是神廟碑中的妙文。柳州百姓爲懷念柳宗元生前的政績，在柳州羅池修築了柳侯廟，韓愈爲此寫了碑文。這篇碑文既不是歌頌神靈，也不是歌頌羅池，而是採取廟碑的形式來稱頌柳宗元的政績，並爲柳宗元賢而不用的遭遇鳴不平。故朱熹《楚辭後語》引晁補之語：「此非銘羅池之文，愈弔宗元之文也。」

公元九一八年，韓愈因諫唐憲宗迎佛骨，降職爲潮州（今廣東省）刺史。韓愈死後，潮州人爲頌念韓愈，修築了韓文公廟，著名散文家蘇軾特爲此寫了《潮州韓文公廟碑》。此文與《羅池廟碑》異曲同工。碑文共分五段。第一段是總起，第一句就說：「匹夫而爲百世師，一言而爲天下法」，起句要言警策，以虛帶實，暗示韓愈是「百世師」，他的言論應是「天下法」他的德行、氣質無往而不勝，無處而不在。第三段論述韓愈在道與文兩方面的成就：

> 自東漢以來，道喪文弊，異端並起。歷唐貞觀、開元之盛，輔以房、杜、姚、宋而不能救。獨韓文公起布衣，談笑而麾之，天下靡然從公，復歸於正，蓋三百年於此矣。文起八代之衰，道濟天下之溺，忠犯人主之怒，而勇奪三軍之師，此豈非參天地、關盛衰，浩然而獨存者乎！

文章說，自東漢以來，儒術淪喪，文風衰頹，佛道盛行。那些煊赫一時的諸如房玄齡、杜若晦、姚崇、宋景之類的宰相重臣根本無法挽救。唯有起於「布衣」的韓愈，「文起八代之衰」，發起了古文運動，以儒道拯救了天下人的沉溺，其功績「浩然而獨存」。第三段，贊頌韓愈的政績。文章採取對比的手法：「人無所不至，惟天不容僞；智可以欺王公，不可以欺豚魚；力可以得天下，不可以得匹夫、匹婦之心。」指出，「天」是公正的，而人、事則「無所不至」，無是非可言，故韓愈精誠之心，「能開衡山之雲，而不能回憲宗之惑；能馴鱷魚之暴（指韓愈寫《祭鱷魚文》，令傷害民畜的鱷魚遷走），而不能弭（消除）皇甫鎛、李逢吉（唐憲宗、穆宗的宰相）之謗；能信於南海之民，廟食百世，而不能使其身一日安之於朝廷之上。」從對比中稱頌了韓愈的剛毅正直，對君王貴族的昏庸進行了有力的抨擊。第四段評述韓愈在潮州的功績，潮州百姓對他的崇敬和修廟立碑的經過。最後交代修廟立碑撰文的時間，並以贊頌的歌詞作結。總之，文章從不同角度，採取不同手法（有對比，有反襯，有比喻，有議論）歌頌韓愈文、道、政等方面的豐功偉績。全文充滿豪情奔放的氣勢和懾服人心的力量，一向被譽爲碑文中的佼佼者。宋代洪邁評論說：「劉夢得、李習之、皇甫持正、李漢，皆稱誦韓公之文，各極其勢。……及東坡之碑（指《潮州韓文公廟碑》）一出，而後衆說盡廢。」（《容齋筆記》）

古代社會的宮室廟碑文一般都以歌頌帝王將相爲主，且大多充斥諛詞諂言，使人讀之感覺死氣沉沉，味同嚼臘。像韓愈、蘇軾這類清新可讀的廟碑文，唐宋以後，已不多見，唯清代龔自珍《海門先嗇陳君祠堂碑文》尚可一讀。這篇碑文敍述田祖、陳朝玉在海門白手起家，從事稼穡，沒幾年就改變了沙荒地面貌，並吸引遠近居民紛紛前來效仿，不到十年，海門便成了江海大聚。這篇碑文雖文筆古奧，但內容眞實，讀來感到充實有味。

㈢**墓碑文和墓誌銘**。墓碑文是記載死者生前事迹的。墓碑有兩種，一種是立於地上的，有神道碑、墓碣、墓表、神道表等名稱。

什麼叫「神道碑」？古代大官的墓碑是樹立在墓前道路上的，墓前道路稱爲神道，故稱「神道碑」。碑和碣的差別，只在於兩者形制有所不同。唐代以後規定五品以上立碑，七品以上立碣。兩者石刻的形狀高低都有規定：碑，螭首龜趺（碑座），趺上高不過九尺；碣，圭首方趺，趺上高不過四尺。墓表和神道表與神道碑只是異名同物而已。

還有一種墓碑是埋在地下的，稱爲墓誌銘。墓誌銘包括誌和銘兩部分。誌多用散文記敘死者姓氏、籍貫、生平等；銘則用韵文來概括全篇，是對死者的讚揚、悼念和安慰之詞。有誌有銘，誌爲散文，銘爲韵文，這是墓誌銘的常規寫法。也有有銘無誌或有誌無銘的，也有在誌銘前又另加序的，稱「墓誌銘並序」。墓誌銘一般有兩塊方石，一底一蓋，底刻誌銘，蓋刻標題，安葬時埋在墓壙裏。墓誌銘還有許多異名，如「葬誌」、「埋銘」、「壙誌」、「壙銘」等等。

墓誌銘起於何時，說法不一。有說起於西漢的。宋祝穆《事文類聚》說：「漢杜子夏臨終作文，命刊石埋墓前，厥後墓志恐因此始。」有說起自東漢的。周公益《跋保母碑》說：「予得光武時梓潼扈居墓磚，先敍所歷之官，末云千秋之宅。又有章帝時范君、謝君磚銘，以四字爲句，以此知東漢誌墓，初猶用磚，久方刻石。」歐陽修《集古錄》也說：「張衡墓銘，其刻石爲二本，一在南陽，一在向城。」又《宋文帝碑跋》說：「余家集古所錄三代以來鐘鼎彝盟，銘刻備有，至後漢以來，始有碑文，欲求前漢時碑碣，卒不可得，是則冢墓碑，自後漢以來始有也。」也有說始於晉宋的。《文選・墓誌》李善注引《齊春秋》：「王儉曰：石誌不出禮典，起宋元嘉顏延之爲王琳石誌。」綜上所述，大約自兩漢以後，墓誌銘間或有之，但並不盛行，而頌功記事，大抵用碑，自東晉以後，除立碑以外，墓誌銘才逐漸盛行起來。到了唐代，寫墓誌銘已成爲風氣。一成風氣，便免不了變「俗」變「爛」。正如范文瀾《文心雕龍》注《墓誌銘考》所說：「唐宋以下，凡稱文人，多業諛墓，退之明道自任，猶或不免，其他更何足數。」又說：「自文章與學術分道，綴文之徒，起似牛毛，貴室富賈之死，其子孫必求名士獻諛爲快，卽鄕里庸流，亦好牽率文人，冀依附文集傳世。文人亦有所利而輕應之。」《洛陽伽藍記，城東篇》載隱士趙逸之言也說：「生時中庸之人爾，及死也，碑文墓誌，必窮天地之大德，盡生民之能事，爲君共堯舜連衡，爲臣與伊臯等迹，牧民之臣，浮虎慕其淸塵，執法之吏，埋輪謝其梗直。所謂生爲盜跖，死爲夷、齊，妄言傷正，華辭損實。」

以上所說的這些迂腐現象，在墓誌銘中確實是大量存在的。因爲墓誌銘，一般都是死者家屬請一些能文之士代筆，並聘以重金，這自然免不了隱惡揚善，以諛墓用來粉飾死者。但這僅僅是一方面。另一方面，也有不少文士，是抱着嚴肅認眞的態度，懷着「眞情實感」來寫墓誌銘的，其中自然有不少佳作。

就拿韓愈來說，他一生寫有七十多篇墓誌銘，其中固然有「諛墓」的篇什（傳說有個叫劉義的人，就公然拿走韓愈寫墓誌銘的酬金，還說：「這是諂諛死者得來的，不如給我姓劉的祝壽吧！」）但他也有不少墓誌銘寫得眞實可信，生動傳神，寫法不拘一格，成爲優秀的傳記文學的名篇。

唐憲宗元和十四年，柳宗元卒於柳州任上。噩耗傳來，韓愈寫了一篇《祭柳子厚文》，次年又寫了一篇《柳子厚墓誌銘》。韓、柳同是古文運動倡導者，兩人又是好友。這篇墓誌銘以高度凝煉筆法，概括了柳宗元一生。作者滿含熱情，讚揚了柳宗元的才華、政績、節義和文學上的成就。尤其「以柳易播」一段，寫得最爲精彩：

> 其召至京師而復為刺史也，中山劉夢得禹錫亦在遣中，當指播州。子厚泣曰：「播州非人所居，而夢得親在堂，吾不忍夢得之窮，無辭以白其大人；且萬無母子俱往理！」請於朝，將拜疏，願以柳易播，雖重得罪，死不恨。遇有以夢得事白上者，夢得於是改刺連州。嗚呼，士窮乃見節義！今夫平居里巷相慕悅，酒食遊戲相徵逐，詡詡强笑語，以相取下，握手出肺肝相示，指天日涕泣，誓生死不相背負，真若可信；一旦臨小利害，僅如毛髮比，反眼若不相識，落陷阱，不一引手救，反擠之，又下石焉者，皆是也。此宜禽獸夷狄所不忍為，而其人自視以為得計。聞子厚之風，亦可以少愧矣！

「子厚泣曰」，一個「泣」字多麼傳神地刻劃出一個具有強烈正義感和同情心「窮士」形象。「吾不忍夢得之窮，無辭以白其大人。且萬無母子俱往理！」文章通過人物自己的語言來突出人物的節義精神。這已經擺脫了一般墓誌銘的套式，而採用了史傳散文的筆法。尤其值得注意的是，文章還特意把平時以私利而相互利用的小人與柳子厚的爲人對比。那般小人爲了一己私利，可以「出肺肝相示」、「指天日涕泣」、「誓生死不相負」，可是一旦「臨小利害」，便「反眼若不相識」，乘人之危，「落井下石」。作者不由得深深感嘆：「聞子厚之風，亦可以少愧矣！」全文選材都經過精心安排，有詳有略，敍中有議，生動形象地描繪出一個才華橫溢、思想進步，而遭受迫害的正直的知識分子形象。在韓愈衆多墓誌銘中，這是最傑出的一篇。清代古文家吳汝綸評論道：「韓柳至交，此文以全力發明子厚之文學風義，其酣恣淋漓、頓錯盤鬱處，乃韓公眞實本領，而視所爲墓銘以雕琢奇詭勝者，反爲別調。蓋至性至情之所發，而文字之變格也。」

宋代散文家中，墓誌銘寫得最有特色的應推歐陽修。歐陽修以平易自然的風格來寫墓誌銘，重在突出人物特點，有敍事，有描寫，有抒情，滿含作者深厚的感情。請看他的《尹師魯墓誌銘》：

師魯，河南人，姓尹氏，諱洙。然天下之士識與不識皆稱之曰師魯，蓋其名重當世。而世之知師魯者，或推其文學，或高其議論，或多其材能。至其忠義之節，處窮達，臨禍福，無愧於古君子，則天下之稱師魯者未必盡知之。

師魯為文章，簡而有法。博學強記，通知今古，長於《春秋》。其與人言，是是非非，務窮盡道理乃已，不為苟止而妄隨，而人亦罕能過也。遇事無難易，而勇於敢為。其所以見稱於世者，亦所以取嫉於人，故其卒窮以死。

師魯少舉進士及第，為絳州正平縣主簿、河南府戶曹參軍、邵武軍判官，舉書判拔萃，遷山南東道掌書記，知伊陽縣。王文康公薦其才，召試，充館閣校勘。遷太子中允。天章閣待制范公貶饒州，諫官御史不肯言，師魯上書，言仲淹臣之師友，願得俱貶。貶監郢州酒稅，又徙唐州。遭父喪，服除，復得太子中允，知河南縣。趙元昊反，陝西用兵，大將葛懷敏奏起為經略判官。師魯雖用懷敏辟，而尤為經略使韓公所深知。其後諸將敗於好水，韓公降知泰州，師魯亦徙通判濠州。久之，韓公奏，得通判秦州。遷知涇州，又知渭州，兼涇原路經略部署。坐城水洛與邊臣異議，徙知晉州。又知潞州。為政有惠愛，潞州人至今思之。累遷官至起居舍人、直龍圖閣。

師魯當天下無事時，獨喜論兵，為《敍燕》、《息戍》二篇行於世。自西兵起凡五六歲，未嘗不在其間。故其論議益精密，而於西事尤習其詳。其為兵制之說，述戰守勝敗之要，盡當今之利害，又欲訓士兵代戍卒以減邊用，為御戎長久之策。皆未及施為，而元昊臣，西兵解嚴，師魯亦去而得罪矣。然則天下之稱師魯者，於其材能亦未必盡知之也。

初，師魯在渭州，將吏有違其節度者，欲按軍法斬之而不果。其後吏至京師，上書訟師魯以公使錢貸部將，貶崇義軍節度副使，徙監均州酒稅。得疾，無醫藥，舁至南陽求醫。疾革，隱几而坐，顧稚子在前，無甚憐之色；與賓客言，終不及其私。享年四十有六以卒。

師魯娶張氏，某縣君。有兄源，字子漸，亦以文學知名，前一歲卒。師魯凡十年間三貶官。喪其父，又喪其兄。有子四人，連喪其三。女一，適人，亦卒。而其身終以貶死。一子三歲，四女未嫁，家無餘貲，客其喪於南陽，不能歸。平生故人，無遠邇，皆往賻之，然後妻子得以其柩歸河南，以某年某月某日葬於先塋之次。

余與師魯兄弟交，嘗銘其父之墓矣，故不復次其世家焉。

銘曰：藏之深，固之密。石可朽，銘不滅。

歐陽修和尹洙是情同手足的好友。尹洙被誣貶官，鬱憤而死。歐陽修滿懷悲憤寫下了這篇墓誌銘。墓誌銘寫成後，有一些不了解作者意圖的人妄加非議。爲此，作者又寫了一篇《論〈尹師魯墓誌銘〉》這篇論文，就《尹師魯墓誌銘》的寫作意圖和文章特色作了答辯。

論文說，這篇墓誌銘，意在仰慕師魯平時作文「用意特深而語簡」的風格，因此，也就寫得「文簡而意深」。例如，評述尹師魯文學才能只用了「簡而有法」四個字，論述他的學識，只用了「通知古今」四個字，論述他的言論，只用了「是是非非，務盡其道理，不苟止而妄隨」等數語。有人批評作者這樣寫太簡略了。作者認爲，一點也不簡，這是因爲「天下之人識與不識皆知師魯文學議論材能」。這一些「不言可知」；再說，師魯一生，「其事不可遍舉」，故「舉其要者一兩事以取信」。

當然，所謂「簡」，又不能理解爲字越少越好，文越短越好。「簡」必須「意深」。有時爲了達到「意深」的目的，該寫的地方還是要寫。例如既然寫了尹師魯文學、學識、才能、忠義等方面的表現以後，又爲什麼還要寫「其爲仇人挾情論告」，「其死後妻子困窮之狀」呢？這是爲了讓讀者讀後能更加「深痛死者而切責當世君子致斯人及此也」。一句話，這是爲了深化主題的需要。

作者寫《尹師魯墓誌銘》心情是很沉重的，感情是很悲痛的。但作者既不用痛苦疾呼，也不用鳴冤叫屈的方法，而是以冷靜的態度，舒緩的語言逐層寫來。這樣寫，作者認爲，這正是《詩經》的筆法。有人批評銘文太短，不應該不講「德」，不應該不爲師魯的無罪受冤而加以辯駁。作者回答說：「舉世無可告語，但深藏牢埋此銘，使其不朽，則後世必有知師魯者。」這正是「語緩意切」的手法。至於說不爲師魯辯罪，那是因爲前面已經說到他「窮達禍福無愧古人」，則必不會犯法，況且「是仇人所告」，哪裏還値得「區區曲辯」呢！

作者論述《尹師魯墓誌銘》的寫作意圖和特色，不僅爲墓誌銘的寫作提供了理論和很好的範例，也表現了作者寫墓誌銘的嚴肅態度。這對唐宋以來「溢美諛墓」的不良風氣，是一個有力的批評。

歐陽修除《尹師魯墓誌銘》以外，其他如《張子野墓誌銘》、《黃夢升墓誌銘》、《徂徠石先生墓誌銘》等都很有特色。作者還有一篇《瀧岡阡表》追敍父親的廉潔、孝順與仁厚，同時緬懷母親的儉約與安於貧賤。這些都是通過一些瑣事瑣談來表現的。如寫作者年幼時母親的一番談話：「自吾爲汝家婦，不及事吾姑，然知汝父之能養也。汝孤而幼，吾不能知汝之必有立，然知汝父之必將有後也。吾之始歸也，汝父免於母喪方逾年。歲時祭祀，則必涕泣曰：『祭而豐，不如養之薄也。』，間御酒食，則又涕泣曰：『昔常不足，而今有餘，其何及也！』吾始一、二見之，以爲新免於喪適然耳。既而其後常然，至其終身未嘗不然。吾雖不及事姑，而以此知汝父之能養也……」文章通過母親與孩子的親切的絮叨，寫出了亡父的孝順與仁厚的品質。這樣的文章與一般墓誌銘的古板格局，已經顯然不同，而與一般傳記文則無甚差別了。

宋以後的墓誌銘可讀者已經不多。唯歸有光有些墓誌銘還淸新可讀。如他的《先妣事略》、《亡兒䎃孫壙志》、《沈貞甫墓誌銘》等都能做到「無意於感人，而歡愉慘惻之思，溢於言語之外」（王錫爵《歸公墓誌銘》）。試舉《沈貞甫墓誌銘》爲例。沈貞甫是作者摯友和親戚，這篇墓誌銘完全打破先敍亡者生平、家世、居里的套式，而以作者和沈相識及其友誼作爲開端，接著便敍述作者自己在困厄之中如何受到這位摯友的信賴和敬重，以突出沈不同凡俗、正直剛毅的性格，然後再介紹沈的性情、愛好和病故經過，以及作者因好友去世而帶來的寂寞之感；最後才簡略交代死者家世和卒葬年月。全文夾敍夾議，在悼念死者的同時，也諷刺了世態炎凉與人情的淡薄。請看：

蓋予屏居江海之濱，二十年間，死喪憂患，顚倒狼狽，世人之所嗤笑，貞甫了不以人之説而有動於心，以與之上下。至於一時富貴翕赫，衆所觀駭，而貞甫不予易也。嗟夫！士當不遇時，得人一言之善，不能忘於心，予何以得此於貞甫耶？此貞甫之歿，不能不爲之慟也。

這一段文字有敍述，有議論，有嗟嘆，句句飽含着對亡友品格的讚美和懷念，以及對趨炎附勢者的諷刺和鞭撻。除此以外，歸有光還有一篇別具一格的《寒花葬志》。全文抄錄如下：

婢，魏孺人媵也。嘉靖丁酉五月四日死，葬虎丘。事我而不卒，命也夫！婢初媵時，年十歲，垂雙鬟，曳深綠布裳。一日，天寒。爇火煮荸薺熟，婢削之盈甌。予入自外，取食之，婢持去不與，魏孺人笑之。孺人每令婢倚几旁飯，卽飯，目眶冉冉動，孺人又指予以爲笑。回思是時，奄忽便已十年。吁！可悲也已！

文章不記死者姓名、鄉里，只選取「削荸薺」和「倚几旁飯」兩個細節，把寒花天眞可愛、不拘於世故的形象活靈活現地勾畫了出來，同時也顯示出魏孺人的和藹可親的態度。全文僅百餘字，筆墨何經濟，技巧何等純熟。本篇名爲「葬誌」，雖不「立碑」，也不埋壙，但何嘗不可看作一篇短小精美的墓誌銘。

十二、哀祭體散文

哀祭體散文的特徵

哀祭文是哀悼死者的文章，包括哀辭、祭文、弔文、誄等。哀祭文最早濫觴於《詩經・秦風・黃鳥》篇。《左傳・文公六年》：「秦伯任好（秦穆公）卒，以子車氏之三子奄息、仲行、針虎爲殉，皆秦之良也。國人哀之，爲之賦《黃鳥》。」《黃鳥》詩，含意深沉，感情眞摯，可算是一篇用詩歌形式寫成的哀悼文。此後，漢代有賈誼《弔屈原文》，揚雄《元后誄》，三國時曹操有《祭橋玄文》，禰衡有《弔張衡文》，曹植有《行女哀辭》，晉代潘岳有《金鹿哀辭》、《爲任子咸妻作孤女澤蘭哀辭》，南朝顏延之有《陶徵士誄》，劉令嫻《祭夫徐敬業文》等。魏晉以後，哀祭文逐漸盛行。至唐宋時代，更出現了許多哀祭文的名篇，如韓愈《祭柳子厚文》、《祭十二郎文》，白居易《祭元微之文》，歐陽修《祭尹師魯文》、《祭蘇子美文》、《祭石曼卿文》等。

關於哀祭文的特徵，劉勰《文心雕龍・哀弔》篇說：「原夫哀辭大體，情主於痛傷，而辭窮乎愛惜。」又說：「奢體爲辭，則雖麗不哀；必使情往會悲，文來引泣，乃其貴耳。」意思是說，哀祭文的寫作，感情以哀傷爲主，措辭以憐惜死者爲好；如果用浮華的辭藻來寫哀辭，雖然華麗但並不哀痛，不能算是好的哀祭文；只有讓情之所至令人自然悲哀，甚至感動得人們流淚，那才是眞正好的哀祭文。由此說明：優秀的哀祭文必然是感情濃烈、哀傷感人。這就是哀祭文在內容上最主要的特徵。

試以歐陽修《祭石曼卿文》爲例：

維治平四年，七月日，具官歐陽修，謹遣尚書都省令史李敭至於太清，以清酌庶羞之奠，致祭於亡友曼卿之墓下，而弔之以文，曰：

嗚呼曼卿！生而為英，死而為靈。其同乎萬物生死，而復歸於無物者，暫聚之形。不與萬物共盡，而卓然其不朽者，後世之名。此自古聖賢，莫不皆然，而著在簡冊而，昭如日星。

嗚呼曼卿！吾不見子久矣，猶能彷佛子之平生。其軒昂磊落，突兀崢嶸，而埋藏於地下者，意其不化為朽壤，而為金玉之精；不然，生長松之千尺，產靈芝而九莖。奈何荒烟野蔓，荊棘縱橫，風凄露下，走燐飛螢，但見牧童樵叟，歌吟而上下；與夫驚禽駭獸，悲鳴躑躅而咿嚶。今固如此，更千秋而萬歲兮，安知其不穴藏狐貉與鼯鼪？此自古聖賢亦皆然兮，獨不見夫累累乎曠野與荒城！

嗚呼曼卿！盛衰之理，吾固知其如此，而感念疇昔，悲涼凄愴，不覺臨風而隕涕者，有愧乎太上之忘情！尚饗！

在這篇祭文中，作者以極簡煉的筆墨，通過三呼曼卿，抒發了對亡友的深切哀痛。一呼曼卿，頌揚他「生而爲英，死而爲靈」，形骸雖朽，美名長存，表達了作者對亡友的無限仰慕和崇敬；二呼曼卿，哀念他生前光明磊落，才能出衆，一生抱負未得以施展，死後墓地凄涼，荊棘叢生，表達了作者無限惋惜之情；三呼曼卿，回顧盛衰，追憶往事，不覺臨風落淚，抒發了作者無限悲痛之情。全文感情濃摯，有強烈的抒情氣氛。本篇在寫作上的一個顯著特色，即用散句來寫韵文，通篇除末一小段外，大體押韵，讀來音節淒喪哀婉，彷彿能使人聽到作者的嗚咽之聲。

哀祭文除了內容上「主於傷痛」這一特徵以外，在語言形式上有散文，有韵語，也有用辭賦形式寫成的。在韵語中，又有散體，有四言、六言、雜言、騷體、駢體等不同。如賈誼《弔屈原賦》用的是賦體。潘岳《澤蘭哀辭》前一段是散體序：「澤蘭者，任子咸之女也，涉三齡，未沒喪而殞，余聞而悲之，遂爲其母辭。」接着便是哀辭正文：「茫茫造化，爰啓英淑；猗猗澤蘭，應靈誕育；鬢髮娥眉，巧笑美目……」全文用的是四言駢語。

哀祭體散文的名稱

哀祭文名稱繁多，實大同而小異。現就其常見的一些名稱列舉如下：

哀辭　《文心雕龍》說：「短折曰哀。」哀辭原指哀悼夭折的文辭。古人以爲未齔（廢牙）而死叫凶，未冠（二十歲）而死叫短，未婚而死叫折。哀辭就是哀悼未滿二十歲未婚者的文辭。如曹丕《金瓠哀辭》，曹植《行女哀辭》，以及晉潘岳的《金鹿哀辭》、《澤蘭哀辭》等均是悼念夭折者的名篇。但實際上，哀辭或哀文並不限於夭折，如潘岳《哀永逝文》是傷喪之文；顏延之《宋文皇帝元皇后哀策文》，謝朓《齊敬皇后哀策文》是爲皇后稱美德爲主，兼抒哀悼。這類文章都是代人抒情，內容不免空泛，更欠眞摯。

祭文　祭文主要用以祭奠已故親友，與「哀辭」略有不同的是，最初祭文在祭祀時要宣讀，希望死者的靈魂能來享用祭品，所以文章開頭常有「維年月日，×××謹以清酌庶羞（卽清澈美味的酒食）之奠，祭於×××之墓下」之類的格式，文章末尾常用「嗚呼哀哉，尙饗（卽請享用祭品的意思。饗，通「享」）。以後卽使不在祭奠時宣讀，也常採用這類格式。

唐以前祭文有序。祭文正文一般都用駢儷的韵文寫成，唐以後則不受此限制。如韓愈《祭十二郎文》打破古來祭文的常套，全用散文寫來，實則是一篇情眞意摯的記敍文，如其中有一段說：

> 汝去年書云：「比得軟脚病，往往而劇。」吾曰：「是疾也，江南之人，常常有之。」未始以為憂也。嗚呼！其竟以此而殞其生乎！抑別有疾而至斯乎？
>
> 汝之書，六月十七日也；東野云：汝歿以六月二日；耿蘭之報無月日；蓋東野之使者，不知問家人以月日，如耿蘭之報，不知當言月日，東野與吾書，乃問使者，使者妄稱以應之耳。其然乎？其不然乎？

文字明白如話，毫無雕飾，也不從舊習用韵，讀來瑣瑣絮絮，不厭其煩，卻如同與亡者十二郎親切對語。清人沈德潛說：「直舉胸臆，情至文生，是祭文變體，亦是祭文絕調。」清人吳楚材、吳調侯也說：「讀此祭文，須想其一面哭一面寫，字字是血，字字是淚。未嘗有意爲文，而文無不工，祭文中千年絕調。」（《古文觀止》）

祭文除了祭奠死者，還可用來祭奠山川神靈。如韓愈有《祭竹林神文》，白居易有《祭龍文》。韓愈還有一篇別開生面的《祭鱷魚文》。作者在潮州任刺吏時，當地鱷魚爲害，作者特爲此寫了這篇祭文，以天子命臣的名義，祭告鱷魚盡快離境入海。這實際是一篇驅逐鱷魚的文章，從內容到形式都與一般祭文不同。

弔文　《說文》說：「弔，問終（喪）也。從人弓弔。古之葬者，厚衣之以薪，故人持弓，會驅禽也。」弔是送葬，送葬時要趕走禽獸，所以拿著弓箭。故弔文也是哀悼死者的文章。最早的弔文是賈誼《弔屈原賦》。所以劉勰說：「自賈誼浮湘，發憤弔屈……蓋首出之作也。」（《文心雕龍·哀弔》）自賈誼以後，人們紛紛模仿，出現了許多以憑弔古人爲內容的弔文，如阮瑀《弔伯夷文》，王粲《弔夷齊文》，禰衡《弔張衡文》，陸機《弔魏武帝文》等。

關於弔文的寫作，劉勰認爲「華過韻緩，則化而爲賦」（《文心雕龍·哀弔》）。意思是，如果弔文文辭過於華麗，音調過於和緩，弔文和辭賦沒有區別了。所以，他認爲，弔文應該「正義以繩理，昭德而塞違，割析褒貶，哀而有正」（同上）。賈誼的《弔屈原賦》用了不少華麗辭藻，跟他的《鵩鳥賦》很難區別，但《弔屈原賦》「體同而事核，辭清而理哀」，符合「哀而有正」的要求，所以劉勰還是推重《弔屈原賦》的。

弔文和祭文都是哀悼死者的文章。在這一點上無大差別。如賈誼《弔屈原文》與顏延之的《祭屈原文》都屬同一類。但祭文多是祭奠當代人，而弔文多爲弔古傷今。從這方面說，似與祭文略有區分。

弔文由於重在憑弔之義，所以不僅「弔」人，還可以用來「弔」物，「弔」古蹟。最有名的是唐代李華的《弔古戰場文》。文章以古戰場「常覆三軍」爲中心，將秦漢至近代，上下數千年，反反覆覆，寫得愁慘悲哀，不堪再誦。

誄辭 《禮記・曾子問》注：「誄，累也，累列生時行迹，讀之以作諡。」誄是古代貴族死後，累計他生時德行，用來確定諡號的。《左傳・哀公十六年》載有魯哀公爲孔子作的誄文。這可算作最早的誄文。其後有曹植《王仲宣誄》，潘岳《楊荊州誄》、《馬汧督誄》，顏延之《陽給事誄》、《陶徵士誄》等。《陶徵士誄》是爲陶淵明定諡而寫的。但陶淵明並未被朝廷賜「官諡」，而是由作者徵詢諸親好友之意追贈他「靖節徵士」和「靖節先生」。這篇誄文追述死者的生平事迹、品格言行，文中飽含着深厚感情。方伯海評論這篇誄文說：「作忠烈人誄文出色易，作恬退人誄文出色難，英氣故易，靜氣故難也。陶靖節胸懷高邁，性情瀟灑，作者能以靜氣傳之。」所謂「以靜氣傳之」，即能通過平心靜氣的敍述，表達了纏綿淒愴的感情。

誄文一般是先敍述死者的家族世系、生平事迹，後表達悲哀追悼之情。正如劉勰所謂誄體文章「榮始而哀終」（《文心雕龍・誄碑》）。誄文起初只限於上誄下，長誄幼。故《禮記・曾子問》說：「賤不誄貴，幼不誄長，禮也。」但後來，並不爲此所限，常常既不問諡之有無，又不辨長幼貴賤之別，只是借以表示哀悼之意而已。

十三、奏議體散文

奏議體散文的源流

奏議文是古代朝廷中臣下向君王言事的公文。數千年來，名稱繁多，但體制均大同小異。據劉勰《文心雕龍・章表》說，早在春秋時代，諸侯朝拜時向天子陳述意見，或宣揚帝王的美德，或接受委任，都已經形成一套嚴格的程式，有一套辭令，只是多數用口語對答而不必形諸文字。到了戰國時期，公卿向帝王陳述政事，形諸文字，就叫「上書」。秦代初年訂立制度，把「書」叫做「奏」。漢朝制訂禮儀，把「上書」分爲四類，一類叫做「章」，一類叫「奏」，一類叫「表」，一類叫「議」。「章」是用來謝恩的，「奏」是用來按劾政事的，「表」是用來陳述請求的，「議」是用來辯駁不同意見的。這就是章表類文章的起源。

在古代社會裏，門第森嚴，章表奏議都是上行文體，對於這類文體的寫作自然有嚴格的要求。曹丕《典論論文》說：「奏議宜雅。」這是因爲，臣子向帝王陳述意見或說明事情，不同於一般公文，從立意到措詞都必須雅正，合乎規範。隨後，陸機《文賦》也說：「奏平徹以閑雅，」也是指章表奏議這類文章必須寫得平正透徹，措詞典雅得體。

劉勰對這類文章的寫作要求，講得比較具體。他說：「敷表絳闕，獻替黼（斧）扆（依）。言必貞明，義則弘偉。肅恭節文，條理首尾。君子秉文，辭令有斐。」意思是說，敷寫章表這類文章，是向帝王獻可贊否，語言要剛健明潔，意義要恢闊宏大，行文要嚴格遵守格式，述事說理要首尾連貫。寫這類文章，還應該做到辭藻華麗，文彩斐然。除此以外，劉勰對章、表、奏、議等各類文體的寫作也都提出了具體要求。

奏議體散文的名稱

前面說到，奏議文名目繁多。特別漢以後，除了前面提到的「上書」、「章」、「表」、「奏」「議」等以外，還有「疏」、「書」、「封事」、「札子」、「彈事」、「牋」、「對策」等。下面分別加以說明：

㈠**章**　劉勰說：「章以謝恩。」《文選》李善注亦曰：「謝恩曰章。」既然「章」的主要用途是向帝王表白感激之情，它關係到個人的聲名，也關係到朝廷、帝王的光彩，所以「章」的內容必須符合《典》、《謨》，要寫得簡要而不疏略，顯豁而不淺薄，形式上必須華彩鮮明。漢定奏上之文爲四品，而「章」居其一。東漢以後，「章」不僅用於謝恩，察舉必試以奏章，其他對答朝廷的詢問，宣揚帝王的德業等，均用「章」。「章」的寫作，在漢晉時多用散文，到了唐宋時便多用四六對偶的駢文了。

「章」是「章表奏記」的總稱，一般文章標題中很少出現「章」字，多用「表」、「上書」、「

啓」、「疏」、「策」等名目。《文選》沒有以「章」作標題的文章。

㈡表　「表」，卽「標明其事」的意思。《文章緣起》陳注云：「下言於上，曰表。表，明也。標著事緒，明告乎上也。」「表」起於秦，盛於東漢。劉勰：「表以陳情。」但隨時代不同，「表」的功用又有所變化。唐宋以後，也可用作論事、請勸、慶賀、薦舉、辭免、貢物等等。如韓愈有《論佛骨表》、《賀皇帝卽位表》等。

漢晉表文，皆爲散體，唐宋以後多尙四六。

「表」雖起於秦，但秦和西漢表文已散佚，現存最早著名的表是東漢孔融的《薦禰衡表》。三國時期有諸葛亮《出師表》。諸葛亮受劉備托孤之任，輔佐劉禪執政。公元二二七年，諸葛亮第一次出師伐魏，鑒於劉禪闇弱無能，不無內顧之憂，故臨行上表。由於本篇是奏章，其內容主要是向劉禪陳述政見，故全文以議論爲主。諸葛亮希望劉禪不忘開基創業之艱難，激勵他立志完成先帝未盡之業，故在議論中又兼敍了自已的身世和追隨先帝的原因，又由於諸葛亮對劉氏披肝瀝膽，無限忠誠，因此言詞率直質樸，句句不失臣子身份，也切合長輩的口吻，字裏行間，充滿殷切期望之情。自已苦心孤詣、慘淡經營的一派心事，如同從肺腑中流出，誠摯懇切，感人至深。劉勰將諸葛亮的表與孔融的表進行了比較，說：「文舉之薦禰衡，氣揚彩飛；孔明之辭後主，志盡文暢：雖華實異旨，並表之英也。」（《文心雕龍·章表》意思是說，孔融的表寫得意氣凌厲，文藻飛揚，諸葛亮的表寫得情意周密，文辭暢達；雖然前者華麗後者質樸，但都是「表」中的傑作。清代丘維屏評諸葛亮《出師表》：

「武侯在國，目睹後主所用嬖昵小人，或難於進言，或言之不省，借出師時叮嚀痛切言之，明白剴切中，百轉千回，盡去《離騷》幽隱詭幻之迹而得其情。」

三國時，曹植的表文，如《求自試表》、《諫伐遼東表》、《求通親親表》等，也頗有特色。其中《求通親親表》寫於太和五年，因曹植被其兄忌恨，不准其與諸親屬往來，曹植遂上表以致其心意。表文訴述其被隔絕之苦況道：「每四節之會，塊然獨處，左右唯僕隸，所對唯妻子，高談無所與陳，發義無所與展，未嘗不聞樂而拊心，臨觴而嘆息也。」言辭淒惻婉轉，怨恨抑鬱之情溢於言表。後人稱此表可與《出師表》相比匹。劉勰稱贊說：「陳思（曹植）之表，獨冠羣才。」（《文心雕龍·章表》）

晉代表文中，以李密《陳情表》最爲著稱。李密早年仕蜀漢，蜀亡後，晉武帝徵召他爲太子洗馬，他上表陳情，辭不赴召。文章以「母孫二人，更相爲命」爲中心，歷述幼年孤苦痛弱，賴祖母撫育成人，和祖母老病，無人供養的苦情。文章寫應召和侍祖母的矛盾心情，尤爲懇切委婉，曲折動人：

今臣亡國賤俘，至微至陋，過蒙拔擢，寵命優渥，豈敢盤桓，有所希冀。但以劉日薄西山，氣息奄奄，人命危淺，朝不慮夕，臣無祖母，無以至今日；祖母無臣，無以終餘年。母孫二人，更相為命，是以區區，不能廢遠。臣密今年四十有四，祖母劉今年九十有六，是臣盡節於陛下之日長，報養劉之日短也。烏鳥私情，願乞終養！臣之辛苦，非獨蜀之人士，及二州牧伯，所見明知，皇天后土，實所共鑒。願陛下矜愍愚誠，聽臣微志，庶劉僥幸，保卒餘年。

因爲李密是亡國之臣，拒絕應詔，恐怕引起武帝的誤會，以爲他矜守名節；另一方面祖母已「日薄西山，氣息奄奄，人命危淺，朝不慮夕」，一時又不能應詔。文章把這種苦情如實地一一陳訴，「沛然從肺腑中流出，殊不見斧鑿痕」（李格非《冷齋夜話》）。據說晉武帝讀了此表，果眞被感動，爲嘉勉李密的「孝心」，特賜給他奴婢兩人，使郡縣供養他的祖母。

從《出師表》和《陳情表》可以看出，「表」作爲奏章的一種，較多帶有感情色彩，因此也更帶有文學性。

㊂奏　「奏」是「進」的意思，臣下言事稱奏事。劉勰說，「養以按劾」，卽臣下寫給帝王的告狀文書。不過，奏事的文章不限於告狀，魏晉以後凡陳政事 進諫、歌功頌德、議禮論學等均可稱奏。前面說到「奏」在戰國以前稱「上書」，秦初改爲奏。但《史記・李斯列傳》：「百官奏事，上食如故，宦者輒以轀輬車中可請奏事。」「奏」本不是文體名稱，當時奏事的文章很少稱「奏」，一般仍稱「上書」。《史記・李斯列傳》：「李斯不得見，因上書言趙高之短。」漢朝奏事除稱上書以外，或稱上疏，或稱奏書，或稱上奏。後世漸漸成爲奏章之總名，故有奏議、奏狀、奏牋、奏章、奏札、奏疏、奏本等名稱。

㊃議　議是講議政、對策的文章。劉勰說：「周爰諮謀，是謂爲議。議之言宜，審事宜也。」意思是說，咨問謀劃於忠誠而講信任的人，這就叫做「議」。「議」的解釋就是宜，考察事體是否做得適宜。

關於「議」體的寫作要求，徐師曾《文體明辨序》說：「文以辨潔爲能，不以繁縟爲巧；事以明核爲美，不以深隱爲奇，乃爲深達議體者爾。」意思是說，「議」體文章必須簡潔明朗，不要隱晦曲折。

漢代比較有名的「議體」文章，有侯應《罷邊備議》、賈讓《治河議》、劉子駿、王舜《毀廟議》等。「議」體文章中還有一種對某事表示不同意見的文章，稱做「駁議」。如唐陳子昂寫有一篇《復仇議狀》，說的是武后時有個叫徐元慶的人，父親徐爽被縣尉趙師韞殺了，他親手殺死了父親的仇人，然後自己報案服罪。陳子昂爲此事建議「誅而後旌」，即先處死徐文慶，然後在他住的地方立碑樹匾，以示表彰，並請求把這種處理辦法編入法令。柳宗元針對這篇文章，寫了一篇《駁復仇議》，文章針對陳子昂「誅而後旌」的矛盾主張，認爲應該，「窮理以定賞罰，本情以正褒貶」，賞和罰、褒和貶應該是統一的。他主張，如果官吏仗勢欺人，掠殺無辜，受害子弟在呼告無門的情況下，可以復仇，而不應受到誅戮。最後他指出，今後凡審判這一類案件，不應照陳子昂的建議辦事。由此可見，所謂「駁議」就是針對別人論點進行反駁，亦即駁論文。

㈤**對、對策**　「對」是皇帝提問，臣下對答。「對」跟臣下有意見向朝廷陳述的奏章稍有區別，但奏章也有回答帝王提問的，這就成了「對」。《左傳》、《國語》、《戰國策》就有許多「對」體文章的雛形。以後「對」體文章開始形成，如東方朔有《化民有道對》，賈捐之有《墨珠崖對》，諸葛亮有《隆中對》等。

《說文》：「策，謀也。」「對策」與「對」性質相同，均是對答詔書的詢問而陳述政見的。「對策」起源於漢代，漢文帝爲了詢問政治得失，始設「舉賢良方正能極言極諫者」，中選的則授官職，武帝復詔舉賢良或賢良文學。因此以策取士的制度由此而生。如鼂錯、董仲舒均有《賢良對策》「對策」一般須有兩部分組成，前面是皇帝提出問題，叫「制」；後面是臣子針對問題的回答，稱「對策」。如董仲舒有《賢良對策》三篇，每篇都有「制」（問）與「對」。以其中第二篇爲例：

> 制曰：蓋聞虞舜之時，游於巖郎之上，垂拱無為而天下太平；周文王至於日昃不暇食，而宇內亦治。夫帝王之道，豈不同條共貫與？何逸勞之殊也。……
>
> 仲舒對曰：臣聞堯受命，以天下為憂，而未以位為樂也。故誅逐亂臣，務求賢聖，是以得舜禹稷禼咎繇。衆聖輔德，賢能佐職，教化大行，天下和洽，萬民皆安仁樂誼，爰得其宜……

後世科舉考試也多用這種方法，稱「試策」。考官提出有關經義或政事諸問題，問題書之於策，令應舉者作答，稱爲「策問」，亦簡稱「策」。對答者因其意圖而闡發議論，叫「謝策」，有時也叫「對策」。宋仁宗嘉佑元年（一〇六一），蘇軾應制科考試，奏《進策》二十五篇。其中一篇《教戰守策》最爲著名。文章針對時弊，申述教民講武的好處，同時根據當時戰爭必不可免的形勢，建議早作準備，以免發生不測之患。文章緊扣中心，逐層剝脫，逼近本質，而且文中穿插多種筆法，變化有致。從內容上說，這在當時不失爲一篇治國安民的「良策」；從形式上說，不失爲「試策」中的佼佼者。實際上，也卽一篇技法高妙的政論文。

⑥**上書**　前面說到，從戰國開始，凡屬臣下給帝王的意見書，均可稱「上書」。如李斯《上秦始皇書》（即《諫逐客書》）、鄒陽《上書吳王》、《獄中上書自明》、司馬長卿《上書諫獵》、枚乘《上書諫吳王》等等，自漢以後，「上書」這一名稱漸不多見。「上書」有時稱「上言」，因爲這類文章之首，多用「臣某言」，故亦稱「上言」，還有稱爲「上辭」的。宋代以後，「上書」、「上言」均不用。有時致書尊長者稱「上書」，但這僅是一種敬詞而已。

⑦**疏**　「疏」，即疏通、分條陳述的意思。「疏」作爲一種文體，始於漢代。《漢書・匡衡傳》：「是時有日蝕地震之變，上問以政治得失，衡（匡衡）上疏。」「上疏」亦即「上書」。

漢代較著名的「疏」體文章，有賈誼《陳政事疏》、《論積貯疏》、《諫放民私鑄疏》，鼂錯《論貴粟疏》等。《論貴粟疏》旨在肯定農業的重要性，要求重視和發展農業生產。文章從歷史和當時的不同角度加以分析說明，其中特別揭露了農民的貧困勞苦，抨擊了商人驕奢享樂和官府的橫徵暴斂。文章辭意明暢，邏輯嚴謹，語言簡潔，是「疏」體文章的典範。

唐魏徵在歷史上以敢於直諫著稱，他的《諫太宗十思疏》更是膾炙人口的名篇。這是魏徵於貞觀十一年（六三七）給唐太宗的奏章。唐太宗初年厲精圖治，頗稱英明，後來逐漸奢侈，追求珍寶異物，興建宮殿園囿。魏徵針對這種情況，不斷用前代興亡的歷史教訓來提醒他。經過反復開導，才講出「十思」的具體內容和積極意義。文章寫得語重心長，剴切深厚。據說，唐太宗接到這篇奏疏，特意親自寫了詔書答覆魏徵，並要把魏徵上疏放在案頭，以資警惕。

㈧**劄子**　「劄子」亦寫作「札子」。「札」是古時寫字用的小木片，故書信公文亦可稱「札」。「札子」作爲向皇帝進言議事的一種文體，始於宋代，同於一般奏章。宋王安石有上皇帝的《本朝百年無事劄子》。陸游有《上二府論事札子》等。王安石《本朝百年無事劄子》寫於宋神宗熙寧元年（一〇六八）。文章在「無事」題目下寫出了「有事」，分析揭露潛伏著的社會危機，鼓勵神宗振作有爲，大膽革新。文章首尾一貫，一氣呵成。語氣文辭既符合「近臣」書奏的角度口吻，又爲變法運動提供了根據。可謂是「札子」這類文體中的代表作品。

㈨**封事**　臣下給帝王的奏章一般是不密封的，但有時上報重大問題，怕走漏風聲，用皂囊密封，稱「封事」。任昉《文章緣起》說：「漢魏相奏霍氏專權封事」，這是指霍光專權，魏相密告霍光罪狀，怕走漏風聲，故用「封事」，由帝王親自拆封。漢劉子政有《條災異封事》，針對當時朝中「賢不肖渾淆，白黑不分，邪正雜糅，忠讒並進」等混亂局面，建議元帝實行嚴刑峻法，以「誅而治」。爲了不泄露這一建議，文章最後說：「名其所以，不宜宣泄，臣謹重封。」

㈩**彈事**　「彈事」也是一種奏章，意在彈劾罪惡，如彈丸之射鳥，亦稱做「奏彈」，關於「彈文」的寫作要求，明代王應麟說：「奏以明允誠篤爲本。若彈文，則必理有典憲，辭有風軌，使氣流墨中，聲動簡外，斯稱絕席之雄也。」《昭明文選》有任昉《奏彈曹景宗》文。曹景宗爲郢州（今湖北武昌）刺史，司州（今河南信陽）被困，梁武帝詔景宗發兵往救，景宗屯兵不進。「觀望逗留，違命誤國」，致使司州失守。任昉（當時任御史中丞）奏請梁武帝給景宗以應有的懲罰。全文基本用駢體寫成，敍事明核，議論精篤，實爲一篇有據、有理、有力的彈文。

總上十類，皆爲向帝王上書言事之文，名稱大同小異，概而言之，可稱「奏章」、「章表」、「奏疏」等等。就文章內容而言，實際與論辨體無甚區別，只是因呈送的對象是帝王，所以從內容，到格式、措詞等均不得不謹愼推敲，小心琢磨。又因各種奏章功用、方式略有區別，故有「疏」、「議」、「表」、「劄子」、「封事」、「彈事」等名稱。

十四、詔令體散文

詔令體散文的特徵

詔令是古代帝王的文告。《尚書》中稱「誥」、「命」、「誓」等，戰國時期，稱「命」或「令」。《戰國策·趙策》：《請令率諸侯受命邯鄲城下。」《戰國策·秦策》：「太后病，將死，出令曰：『爲我葬，必以魏子爲殉。』」秦始皇改「命」、「令」爲「制」、「詔」。《史記·秦始皇本紀》：「丞相綰等議上尊號，王爲泰皇，命爲制，令爲詔。」漢朝開始，稱「制」、「詔」、「策」、「戒」、「敕」、「教」、「諭」等等。

關於各個時代詔令文的優劣工拙，歷來有不少評論。劉勰《詔策》簡說：「觀文、景以前，詔體浮雜；武帝崇儒，選言弘奥。」說文景以前的詔書很浮淺蕪雜，贊漢武帝的詔書措詞弘美深奥。劉勰宗經崇儒，所以他貶低文景以前的詔書，而贊美漢武帝。漢武帝策文模仿《尚書》，如《元狩六年封齊王策》：「悉爾心，允執其中，天祿永中。厥（其）有愆不臧（善），乃凶於乃（汝）國，而害於爾躬。」這段文字很古奥，又毫無文采。《史記·儒林傳》說：武帝時的詔書律令，「文章爾雅，訓辭深厚，恩施甚美。」可是，「小吏淺聞，不能究宣，無以明布諭下」。詔書雖則古奥典雅，但小吏根本讀不懂，也無法傳布，這還有什麼作用呢？劉勰還說：「建安之末，文理代興；潘勖九錫，典雅逸羣；」「自魏晉詔策，職在中書，劉放張華，互管斯任，施命發號，洋洋盈耳。魏文帝下詔，辭義多偉……晉氏中興，唯明帝崇才，以溫嶠文清，故引入中書。自斯以後，體憲風流矣。」（同上）他認爲詔策文到魏晉時期最爲完美，最能「體憲風流」。劉勰這種認識仍舊是從宗經觀點出發，認爲潘勖九錫文中多引經書中的話，所以「典雅逸羣」。當時，制定「詔策」的職權在「中書」，所以擔任「中書」官職的人有沒有才華，就決定了詔策的優劣。魏文帝因爲任用劉放、張華爲中書令，故詔書寫得「洋洋盈耳」。晉明帝崇重人才，溫嶠的文章清新，所以要他作中書令，朝廷的文體就顯得文采風流了。

清人姚鼐的對詔令文的評論與劉勰略有不同。他說：「漢至文景，意與辭俱美矣，後世無以逮之。光武以降，人主雖有善意，而辭意何其衰薄也。」（《古文辭類纂》）姚氏推崇漢初詔令文。確實，漢初有些詔令，寫得質樸無華，不加雕飾，頗有一定文學價值。如漢高祖《入關告諭》：

> 父老苦秦苛法久矣：誹謗者族，耦語者棄市。吾與諸侯約：先入關者王之。吾當王關中，與諸父老約法三章耳：殺人者死；傷人及盜抵罪。餘悉除去秦法。吏民皆安堵如故。凡吾所以來，為父老除害。非有所侵暴，毋恐，且吾所以軍霸上，待諸侯至而定約束耳。

關於詔令文體的語言變化，徐師曾也有過評論。他說：「古之詔詞，皆用散文，故深厚爾雅，感動乎人；六朝而下，文尚偶儷，而詔亦用之，非獨用於詔也，後代漸復古文，而專以四六施之詔誥、制敕、表箋、簡啓等類，則失之矣！然亦有散文者，不可謂古法盡廢也。」（《文體明辨》）一般說來，詔令文不論用散文，還是用駢體，都要寫得典雅莊重，講究詞藻的修飾。唯明太祖出身於行伍，子孫多不講究文采，如《嘉靖王殺楊忠愍手敕》竟有「這廝」、「且交鎮撫司好生打著」等語，似又顯得過於通脫。

詔令體散文的名稱

詔令文自周秦至明清，名稱繁多，下面略舉數種：

誥　徐師曾《文體明辨》說：「誥者，告也；告上曰告，發下曰誥。」商、周時代作爲布政和勉勵的文告。《尚書》中有《湯誥》、《大誥》、《召誥》、《洛誥》、《康誥》、《酒誥》等。隋唐以後，帝王授官、封贈的命令亦稱「誥」。明清時，一品至五品官爵，均以誥命授予。

詔　《釋名·釋典藝》：「詔，照也。人暗不見事宜，則有所犯，以此照示之，使昭然知所由也。」帝王下詔，即有昭示臣民的意思。前面說到，詔始於秦。唐武則天，名曌（ㄓㄠ），因同音避諱，「詔」改爲「制」。然唐代仍有稱「詔」的，並且因內容或功用的不盡相同，「詔」又有各種名稱。皇帝即位稱「即位詔」；告以喪葬，稱「哀詔」；帝王的遺囑，稱「遺詔」；事屬機密，稱「密詔」；帝王親自書寫，稱「手詔」、「親詔」；有時帝王爲某種原因，下詔指責自己的過錯，以取得民心，稱「罪己詔」。名目雖不一，但均爲帝王的詔令。

命、令　「命」和「令」的功用與「詔」類似。如《尚書》用以命官，有《說命》；用以封爵，有《微子之命》、《蔡仲之命》；用以賞賜，有《文侯之命》。「命」和「令」略有區別。戴侗《六書故》說：「命者，令之物也。令出於口，成而不可易之謂命。」可見，「令」一般指言論；「命」主要指已成文的法令制度。但這一分別並不嚴格。

令的名目也頗繁多。有憲令、法令、敎令、戒令、功令、敕令、條令、告令、內令、軍令、手令、遺令等等。

「令」比較著名的，應首推曹操《讓縣自明本志令》、《求賢令》、《舉賢勿拘品行令》等。《讓縣自明本志令》又名《述志令》，寫於建安十五年。這時，曹操已身爲丞相。由於位高權重，「挾天子以令諸侯」，故不斷招致朝野的攻擊和議論，說他有取漢自立的野心。曹操針對論敵的議論，頒發了這篇令文。令文從「舉孝廉」寫起，歷數了自己討董卓，降黃巾，破袁紹、袁術，以至統一北方的全部功績，然後說道：

身為宰相，人臣之貴已極，意望已過矣。今孤言此，若為自大，欲人言盡，故無諱耳。設使國家無有孤，不知當兒人稱帝，幾人稱王。或者人見孤强盛，又性不信天命之事，恐私心相評，言有不遜之志，妄相忖度，每用耿耿。齊桓、晉文所以垂稱至今日者，以其兵勢廣大，猶能奉事周室也。……孤非徒對諸君說此也，常以語妻妾，皆令深知此意。

文章坦率地表白心迹，說明本志有限，身爲宰相，意望已過，將效法前人，以大事小，守義爲國，決無簒漢自立之心。文辭質樸直率，不加修飾，眞實地展示出古代社會中處於朝野宮廷內部爭權漩渦中心的一個特定人物的心理狀態。周樹人說：「漢末魏初的文章，是淸峻通脫的風格，就是文章要簡約嚴明的意思，通脫卽隨便之意，想說什麼便說什麼。」這篇「令」正代表了這種風格。値得注意的是，歷來帝王的詔令都要寫得高古典雅，深奧難測，曹操能用如此簡明質樸的語言來寫詔令，實爲難能可貴。

制　《說文》：「制，裁也。」由裁斷引申爲帝王的命令。前面提到，從秦始皇始，「命」改爲「制」。唐初制、詔兼用，武后改用「制」。宋代用以除授官階，其主管官員稱作「掌制」，又稱作「知制誥」。但帝王詔令用「制」作標題的則很少，僅在詔書開頭用「制誥」或「制曰」之類詞語。蔡邕《獨斷》說：「制詔者，王之言必爲法制也。」

諭　《左傳》有周天子諭告諸侯之類詞句，自此「諭」名開始出現。「諭」卽「告」的意思。漢高祖劉邦入關有《入關告諭》。後世凡出自天子的爲「上諭」、「聖諭」，又稱「諭旨」，帝王親手所寫，爲「手諭」。臣子告其僚屬，也有稱「諭」的。

策　「策」通「册」。古代用竹片或木片記事著書，成編的叫「策」。杜預《春秋經傳集解序》：「大事書之於策，小事簡牘而已。」帝王對臣下封土、授爵或免官，記其語於簡册。於是「策(册)」也逐漸成爲一種詔令文體。如漢文帝元狩元年，同日而封三子爲王，作《封齊王策》、《封廣陵王策》、《封燕王策》三篇，以示告誡之意。據蔡邕《獨斷》所說：「漢制命令，其一曰策書，長二尺，短者半之；其次一長一短，兩編，下附篆書，以命諸侯王三公，亦以誄謚；而三公以罪免，則一木兩行隸書而賜之，其長一尺」當時，只用竹簡，故其字作「策」，後「策」與「册」通。

起初。「策」（册）僅用於告諭臣下，後世郊祀、祭享、稱尊、加謚、寓哀皆用之，故其文漸繁，如郊祀享用，稱「祝册」；上尊號稱「玉册」；立帝、立后、立太子稱「立册」，封諸侯，稱「封册」；遷梓官及太子、諸侯王大臣薨逝，稱「哀册」；贈號、贈官稱「贈册」；上謚、賜謚稱「謚册」；報賜臣下，稱「賜册」；罷免大臣，稱「免册」等等。

古代考試把試題寫在「策」上，令應舉者作答，稱爲「策問」，也簡稱「策」。漢武帝有《策問賢良文學》，自此以後，以策試士，相沿不改。應舉者回答帝王的文字，稱「對策」。臣屬主動進言的稱「進策」或「策」。如蘇軾著名的《敎戰守策》一文，就是應制科考試所奏《進策》二十五篇之一。

敎　劉勰說：「敎者，效也，言出而民效也。」（《文心雕龍・詔策》他認爲，「敎」就是仿效，上面人說出來的話，下面老百姓照著辦。《尚書・舜典》中記載舜命契布施五敎（卽父子有親、君臣有義、夫婦有別、長幼有序、朋友有信），以後王侯下達的文件告誡下屬或百姓的命令條文常稱作「敎」。

漢末孔融做北海太守，他的「條敎」寫得很華麗，但由於他不懂得怎樣治理國家，實行起來很少有用處。諸葛亮是政治家，所以他的「敎」寫得很有內容。陳壽《上諸葛亮集表》稱：「論者或怪亮文彩不艷，而過於叮嚀周至，……然其聲敎遺言，皆經事綜物，公誠之心，形於文墨，足以知其人之意理而有補於當世。」（《蜀誌·諸葛亮傳》）試看他的《勸將士勤攻已闕教》：

> 大軍在祁山箕谷，皆多於賊，而不能破賊為賊所破者，則此病不在兵少也，在一人耳。今欲減兵省將，明罰思過，校變通之道於將來；若不能然者，雖兵多何益！自今已後，諸有忠慮於國，但勤攻吾之闕則事可定，賊可死，功可蹻足而待矣。（《三國志·諸葛亮傳》注引）

這篇「教」眞所謂叮嚀周至，懇切眞誠，沒有一點教訓人的口氣，卻「有補於當世」。《三國志》注引《漢晉春秋》云：「街亭之敗，或勸諸葛亮更發兵，亮教云云。於是考微勞，甄壯烈，引咎責躬，布所失於天下，厲兵講武，以爲後圖，戎士簡練，民忘其敗矣。」可見，這篇「教」產生了很好的效果。

戒　劉勰說：「戒者，愼也。」「戒」的意思，就是講愼。帝王告誡臣民有時也用「戒」，但較多用作帝王、大臣告誡子孫。劉勰認爲漢高祖的《手敕太子文》，東方朔的《戒子詩》都是臨終遺言，亦是很好的戒文。漢代馬援《戒兄子嚴敦書》，鄭玄《戒子書》都很有名。班超的《女戒》，「足稱母師」（《文心雕龍·詔策》）。班超《女戒》中有言道：「鄙人愚暗，受性不敏，蒙先君之餘寵，賴母師之典訓。」故劉勰說這是教人做好母親的好作品。諸葛亮不僅「教」文寫得好，「戒」文也頗有名。試看他的《誡子書》：

> 夫君子之行，靜以修身，儉以養德，非澹泊無以明志，非寧靜無以致遠。夫學須靜也，才須學也，非學無以廣才，非志無以成學。淫慢則不能勵精，險躁則不能治性。年與時馳，意與日

去，遂成枯落，多不接世，悲守窮廬，將復何及！（《太平御覽》卷四五九）

這篇誡書，說明了修身、養德、立志、廣學的關係，有告誡，有期望，語重心長，平易親切。

詔令體名稱，除以上所述外，還有「誓」（用作「誓師」，如《尚書》中有夏啓攻伐有扈氏，作《甘誓》），「批答」（帝王對臣下呈文的批答），「赦文」（帝王頒布大赦的文告），赦（與「戒」同，有時稱「戒敕」，用於戒勵百官，曉諭軍民，亦用於獎諭）以及「九錫文」（朝廷優待功臣時的公文），「鐵劵文」（漢高祖大封功臣，剖符作誓，丹書鐵劵，金匱石室，藏於宗廟，稱爲「鐵劵文」）等等。

十五、檄移體散文

檄文的起源和特徵

檄文是一種聲討敵人的軍用文書。《文心雕龍・檄移》說：「檄者，皦也。」寫在板上，明白宣布，所以稱「皦」（明白）。「震雷始於曜電，出師先乎威聲。」（《文心雕龍・檄移》）這是說，出兵打仗之前，要先造聲勢，就像雷鳴之前有閃電一樣。故《左傳》文公七年載趙盾言：「先人有奪人之心，軍之善謀也。」

檄文就是一種先聲奪人、壯軍威的文告。據傳，過去有虞氏出師，總要先告誡國人；夏后氏出師，先在軍隊中宣誓；殷商出師，在軍門外面宣誓；周代出師，在將要兵刃相交時宣誓。《尚書》中的《甘誓》、《湯誓》等，就是當時的誓詞。主要是告誡部下，不是聲討敵人，還不能叫檄文。檄文的名稱，到春秋戰國時代才有。《史記》載張儀爲檄以告楚相說：「始吾從若飲，我不盜而璧，若笞我，若善守汝國，我顧且盜而城。」這就是一篇帶有警告性的檄文。因張儀的檄文是寫在一尺二寸的木板上的，因此，這種明白清楚的檄文，又叫做「露布」。「露布」的意思，就是不加封蓋把木板外露，讓別人一看就知道。《漢書・高帝紀》：「吾以羽檄征天下兵。」所謂羽檄，就是在一尺二寸的木板上插上鷄羽，表緊急如飛的意思。

爲什麼春秋戰國時期開始出現檄文呢？這是因爲諸侯未得周天子准許，就擅自出兵，害怕敵人不屈服，必須要師出有名，於是便用檄文來提高自己的威信，暴露敵人的罪惡。正如《左傳》昭公十三年所記載的：晉侯派叔向問劉獻公：假如齊國不願和晉國結盟，怎麼辦？劉獻公回答：「告之以文辭，董（督責）之以武師。」就是說，先用文辭指責對方，再用軍隊討伐。又如《左傳》僖公四年記載：齊桓公糾集一部分諸侯軍隊伐楚，楚國使者問齊桓公爲何要入侵我國。齊相管仲回答：「爾貢包茅不入，王祭不共（供），無以縮酒，寡人（指齊桓公）是征。」楚國按規定要向周王進貢包束紅茅，祭祀時用來濾酒去滓，可是楚國不按時進貢，這也就成了「寡人是征」的理由。

檄文的寫作要求

檄文的寫作，劉勰認爲，要「事昭而理辨，氣盛而辭斷」（《文心雕龍・檄移》）。意卽敍事說理一定要清楚明白，氣勢磅礴，言辭果斷。爲了達到這一要求，劉勰認爲，草寫檄文，一方面要說自己的仁慈，另一方面要說敵人的殘暴，指明天意所歸，陳述民心所向。他特別強調檄文要寫得有「氣勢」。對敵措辭一定要嚴厲，使自己的威名所向如狂風吹落葉，氣勢所往如彗星掃長空，要激勵自己敵愾同仇，要縷陳敵人的種種罪惡，證明敵人已經到了惡貫滿盈的地步。還要善於動搖敵方靈魂人物的意志，堅定其中一些人倒戈的決心，使其強大的陣勢，萬仞的堅城，被一封短短的檄文摧垮。爲了達到這個目的，劉勰認爲，檄文不妨採用兵家的權術，「譎詭以馳旨，煒曄以騰說。」（同上）卽用譎詐的辦法來宣揚自己，用誇張的手法來懾服敵方。下面舉幾篇有代表性的檄文爲例。

最早的檄文當本於《呂相絕秦》。此文雖不見「檄」字，但實則檄文的特點均已具備。文中竭力貶低秦國對晉國的幫助，誇大晉國對秦國的好處，列舉秦國的種種罪狀，雖有些地方誣枉不實，但作爲一篇檄文的「譎詭以馳旨」的要求來說，還是一篇很有特色文章。如其中云：

> 无祿文公卽世（不幸晉文公去世），穆（秦穆公）為不弔（弔唁），蔑死我君；寡（侮辱）我襄公（晉襄公），迭（侵略）我殽地，奸絕（排斥）我好，伐我保城；殄滅我費滑，散離我兄弟，撓亂我同盟，傾覆我國家。我襄公未忘君之舊勳，而懼社稷之隕，是以有殽之師。……

文章用結構與字數大致整齊的句式，歷數秦國的罪狀，語氣斬釘截鐵，簡短有力，讀來氣勢很盛。故劉勰認爲，文中雖有枉秦之詞，但「評其意義，卽今之檄文」（《文心雕龍·檄移》）。《古文觀止》也評論說：「此文飾辭罵詈，不肯一句放鬆，不使一字置辨，深文曲筆，變化縱橫，讀千遍不厭也。」

關於檄文的體式，吳訥《文章辨體》說：「大抵唐以前不用四六，故辭直義顯。」如東漢隗囂《移檄告郡國》：

> 故新都侯王莽，慢侮天地，悖道逆理，鴆殺孝平皇帝，篡奪其位，矯托天命，偽作符書，欺惑衆庶，震怒上帝，反戾飾文，以為祥瑞，戲弄神祇，歌頌禍殃，楚越之竹，不足以書其惡，天下昭然，所共聞見。今略舉大端，以喩吏民。……

接著，文章歷數王莽「逆天」、「逆地」、「逆人」的三大罪狀。如譴責王莽「增重賦斂，刻剝百姓」，「上下貪賄，莫相檢考」，「工匠餓死，長安皆臭」，「攻戰之所敗，苛法之所陷，飢饉之所夭，疾疫之所及，以萬萬計」等等，文辭也都明白淺顯。故劉勰說：「觀隗囂之檄亡新，布其三逆，文不雕飾，而辭切事明，隴右文士，得檄之體矣。」（《文心雕龍・檄文》）

檄文寫得嚴厲、譎詭而又剛健雄壯的，陳琳《爲袁紹檄豫州文》可以作爲代表。這是爲袁紹討伐曹操而寫的一篇告諭各州的文書。文中揭露曹操祖父「饕餮放橫，傷化虐民」；指責曹操父親「乞匄攜養，因贓假位」；咒罵曹操「贅閹遺醜，本無懿德」，說他「承資跋扈，肆行凶忒，割剝元元，殘賢害善」；還說他親自帶領將帥去盜梁孝王祖墳，「破棺裸屍，掠取金寶」，又「特置發丘中郎將、摸金校尉，所過隳突，無骸不露」。文章竭力暴露曹氏醜行劣跡，雖有過實之詞，但文章剛健有力，很有聲勢。故劉勰評論說：「陳琳之檄豫州，壯有骨鯁，雖奸閹攜養，章實太甚（揭露得太過分），發丘摸金，誣過其虐；然抗辭書衅（用率直的話記下曹操罪狀），皦然露骨矣。」據《三國志・王粲傳》記載，袁紹失敗以後，陳琳歸曹操，曹操對他說：「卿昔爲本初（袁紹）移書，但可罪狀孤而已，惡惡止其身，何乃上及父祖邪？」陳琳謝罪，曹操「愛其才而不咎」，並且還讓他和袁瑀一起擔任起草軍國書檄的職務。有一次，陳琳寫好了一篇檄文，呈曹操審閱，曹操「先苦頭風，是日疾發，臥讀琳所作，翕然而起曰：『此愈我病。』數加厚賜。」這個故事說明陳琳確是一個善寫檄文的能手。

前面說到，唐以前檄文，不用四六，卽不用駢體。唐以後檄文，多用駢體寫成，其中最著名的要數駱賓王的《爲徐敬業討武曌檄》（卽《代李敬業傳檄天下文》）：

僞臨朝武氏者，人非溫順，地實寒微。昔充太宗下陳，嘗以更衣入侍。洎乎晚節，穢亂春宮。密隱先帝之私，陰圖後庭之嬖。入門見嫉，蛾眉不肯讓人；掩袖工讒，狐媚偏能惑主。踐元后於翬翟，陷吾君於聚麀。加以虺蜴爲心，豺狼成性。近狎邪僻，殘害忠良。殺姊屠兄，弑君鴆母。神人之所共疾，天地之所不容。猶復包藏禍心，窺竊神器。君之愛子，幽之於別宮；賊之宗盟，委之以重任。

嗚呼！霍子孟之不作，朱虛侯之已亡。燕啄皇孫，知漢祚之將盡；龍漦帝后，識夏庭之遽衰。敬業皇唐舊臣，公侯冢子。奉先帝之遺訓，荷本朝之厚恩。宋微子之興悲，良有以也；桓君山之流涕，豈徒然哉！是用氣憤風雲，志安社稷。因天下之失望，順宇內之推心。爰舉義旗，誓清妖孽。

南連百越，北盡三河，鐵騎成羣，玉軸相接。海陵紅粟，倉儲之積靡窮，江浦黃旗，匡復之功何遠。班聲動而北風起，劍氣衝而南斗平。喑嗚則山岳崩頹，叱咤則風雲變色。以此制敵，何敵不摧！以此攻城，何城不克！

公等或家傳漢爵，或地協周親，或膺重寄於爪牙，或受顧命於宣室。言猶在耳，忠豈忘心！一抔之土未乾，六尺之孤安在？倘能轉禍爲福，送往事居，共立勤王之勳，無廢大君之命，凡諸爵賞，同指山河。若其眷戀窮城，徘徊歧路，坐昧先幾之兆，必貽後至之誅。

請看今日之域中，竟是誰家之天下！

移檄州郡，咸使知聞。

文章起先寫武氏出身寒微，「穢亂春宮」，「虺蜴爲心，豺狼成性，近狎邪僻，殘害忠良」，因而罪不容誅；次寫徐敬業是「皇唐舊臣，公侯冢子」，舉「義旗」，清「妖孽」，義不容辭，況且「鐵騎成羣，玉軸相接」，有克敵制勝的絕對把握。最後則示之以大義，動之以刑賞，「一抔之土未乾，六尺之孤安在」，寫得頗有感情。結尾句「請看今日之域中，竟是誰家之天下」，結得剛健峭勁，氣魄雄偉。難怪武則天讀此文，竟讚嘆作者的才華而不可得。

「移」和「檄」的異同

劉勰《文心雕龍》將《檄移》並提。檄、移兩種文體都是軍用文書。兩者的區別是，檄是對敵的，移是對內部一般臣民的，不是對敵的。故「逆黨用檄，順衆資移（憑借移文）」。「移者，易也；移風易俗，令往而民隨者也。」（《文心雕龍・檄移》）移文的目的在於勸諭人民與國家協力同心，共同對敵。

據《漢書・司馬相如傳》記載，當時漢武帝要通西南夷，勞擾巴蜀百姓，引起巴蜀人士的反對。武帝令相如進行安撫工作。司馬相如便寫了《喻巴蜀檄》和《難蜀父老》，前文雖稱「檄」，實爲「

移」；後文無「移」字，實際也是移文。《喻巴蜀檄》先指出通西南夷是必要的，因爲西南夷「常效貢職」，「山川阻深，不能自致（至）」，「故遣中郎將往賓之。」然後又指責中郎將唐蒙驚擾百姓的錯誤，原本叫他「發巴蜀之士五百人，以奉幣帛，衞使者不然（防不然之變）」，可是他「乃發軍興制，驚懼子弟，憂患長老，郡又擅爲轉粟運輸，皆非陛下之意也」。文章還指出：被徵發的巴蜀人「當行者或亡逃自賊殺，亦非人臣之節也」，而那些守衞邊防的將士「觸白刃，冒流矢，議不反顧，計不旋踵」，「彼豈樂死惡生，非編列之民而與巴蜀異主哉！」計深慮遠，急國家之難而樂盡人臣之道也。」這樣通過對比，勸喻巴蜀人士應該積極支持開發西南夷的舉動。這篇移文無論命意措辭都較爲委婉，注意以理服人，以情感人。這是移和檄的區別所在。另一篇《難蜀父老》與《喻巴蜀檄》類似。蜀父老認爲通西南夷騷擾百姓，沒有好處。朝廷大臣也認爲是這樣。相如便假蜀父老設問，而作者自己詰難，強調通西南夷是「拯民於沉溺，奉至尊之休德，反衰世之陵夷，繼周氏之絕業，天子之亟務也，百姓雖勞，又烏可以已乎哉！」

此外，漢劉歆《移太常博士書》也是一篇典型的移文。漢哀帝時，劉歆要把《左氏春秋》、《毛詩》、《逸禮》、《古文尚書》皆立於學官，由博士教授。這一決定遭到諸博士的反對。劉歆便寫了這篇移文指責諸博士。文章指出：學官傳授的經書有脫漏，博士不應該「保殘守缺」；「禮失，求之於野，古文（卽劉歆要求立的經學）不猶愈（勝）於野乎？」因而博士不該「深閉固距」；哀帝既已下詔「試《左氏》可立不（否）」，博士不該連詔而肯聖意。劉勰說這篇文章「辭剛而義辨，文移之簡也」。所謂「文移」，即以文筆相責難，不與兵革相關的意思。據說陸機還寫過一篇《移百官》，不僅以文筆相責難，還繼之議論兵革，因此，稱作「武移」。

附　論

一、辭賦與散文

辭賦的產生和特點

「辭賦」是「辭」和「賦」的總稱，它包括了「楚辭」和「漢賦」兩種別具特色而又密切相關的文體。只是以後的漢代人往往不加區別地把兩者合稱爲「辭賦」。

「辭」產生於戰國時期，起源於楚國，它是我國第一個偉大的愛國詩人屈原，在繼承前代詩歌的優良傳統和學習楚地民歌並從中吸取藝術營養的基礎上所創造的一種新型的、包含有一定散文因素的詩體。屈原植根於楚國的生活土壤，作品「皆書楚語、作楚聲、記楚地、名楚物」，具有濃厚的楚國地方色彩，故後人把屈原的作品及其後的宋玉等人的作品統稱爲《楚辭》；又因《楚辭》中以《離騷》最負盛名，所以又稱《楚辭》爲「楚騷」或「騷體」。「楚辭」繼承了《詩經》的現實主義的傳統，但又有豐富的想像力，開創了積極浪漫主義創作方法的先河。它打破了《詩經》短促的四言定格，而代之以五言、六言、七言等參差錯落、靈活自由的散文化的長句，語言上運用較多的口語虛詞

（特別是兮字），並擴大了詩體的篇章結構，或抒情兼敍事，或抒情、咏物兼議論，大大加強了鋪敍和敍事等的散文成分。

「楚辭」從其產生，直至西漢年間，一直較爲流行。其間不僅出現了一批仿「楚辭」寫作的賈誼、淮南小山等文人，甚至連項羽和劉邦亦擬用「楚辭」寫下了《垓下歌》和《大風歌》等名篇。隨著時間流逝，那種只是機械地模擬「楚辭」寫作技巧的形式主義的作品也增多了。就在仿「楚辭」作品日趨形式化時，另一種文體——「漢賦」亦開始興起，於是無形中「楚辭」體在一些作家手裏開始向「賦」體轉化。再則，後代文人卽使模擬「楚辭」體進行寫作的話，也因爲內容的需要，對「楚辭」的某些寫作形式進行了改革，使之更加散文化了。如晉代陶潛的《歸去來辭》就是這種「辭」體向散文化靠攏的一個實例：

歸去來兮，田園將蕪胡不歸！旣自以心爲形役，奚惆悵而獨悲！悟已往之不諫，知來者之可追。實迷途其未遠，覺今是而昨非。舟遙遙以輕颺，風飄飄而吹衣。問征夫以前路，恨晨光之熹微。

乃瞻衡宇，載欣載奔。僮僕歡迎，稚子候門。三徑就荒，松菊猶存。攜幼入室，有酒盈樽。引壺觴以自酌，眄庭柯以怡顏。倚南窗以寄傲，審容膝之易安。園日涉以成趣，門雖設而常關。策扶老以流憩，時矯首而遐觀。雲無心以出岫，鳥倦飛而知還。景翳翳以將入，撫孤松而盤桓。歸去來兮，請息交以絕游。世與我而相違，復駕言兮焉求！悅親戚之情話，樂琴書以消憂。農人告余以春及，將有事於西疇。或命巾車，或棹孤舟。既窈窕以尋壑，亦崎嶇而經丘。木欣欣以向榮，泉涓涓而始流。羨萬物之得時，感吾生之行休！

已矣乎！寓形宇內復幾時，曷不委心任去留。胡為乎遑遑欲何之？富貴非吾願，帝鄉不可期。懷良辰以孤往，或植杖而耘耔。登東皋以舒嘯，臨清流而賦詩。聊乘化以歸盡，樂夫天命復奚疑！

這篇文章是東晉文學家陶淵明於東晉義熙元年（四〇五）辭彭澤令，徹底歸隱後寫的一首賦。文中著力描寫了作者由迷途折回的喜悅和隱居的樂趣，讚美了農村自然景物，表達了他厭惡污濁官場和不肯同流合污的思想感情。篇中「舟遙遙以輕颺，風飄飄而吹衣，問征夫以前路，恨晨光之熹微」等句和「乃瞻衡宇，載欣載奔」的一段中，詩人描述自己遠道歸來時的愉快心情，由於形象逼眞，使人好像耳聞目睹一般。又如「雲無心以出岫，鳥倦飛而知還」，「木欣欣以向榮，泉涓涓而始流。羨萬物之得時，感吾生之行休」等語句，托意深遠，表現又極自然。全文樸素簡潔，不事雕琢，雖句式基本仿照楚辭，但語言如行雲流水，明白曉暢，具有散文語言的特色。文中有寫景又有抒情，而作者又善於通過環境的烘托創造出一種恬然自得的意境，從而寄寓自己耿介的個性和高尚的理想。這篇文章由於散文意味十分濃厚，有些文學家們又稱之爲散文辭賦。

「賦」作爲一種寫作手法，早在周代就廣泛應用於詩歌創作之中。《毛詩序》中曾寫道：「故詩（指《詩經》）有六義焉：一曰風、二曰賦、三曰比、四曰興、五曰雅、六曰頌。」漢代鄭玄在《毛詩正義・關雎》中說：「賦之言鋪，直鋪陳之政教善惡。」梁代的劉勰在《文心雕龍・詮賦》中也說：「賦者，鋪也；鋪采摛文，體物寫志也。」這裏所說的「賦」即「鋪」，講的是一種鋪陳其事、鋪張描寫的文學手法。另外，賦從字面上講，還有諷讀口誦的意思。如《國語・召公諫弭謗》中有「瞍賦矇誦」之語，這裏的「賦」、「誦」都是指以聲節之，不待樂奏的口頭「諷誦」。故《漢書・藝文志》稱「不歌而誦，謂之賦」，這說明「賦」只宜於口誦而不能像古詩一樣能配樂歌唱。綜上所述，作爲一種文體的賦，正包含了寫作手法的鋪陳事物、鋪張揚厲，和體制上與古詩不同的、不能配樂歌唱的兩種含義。

作爲一種文學體裁形式的賦，它的產生和發展都受到楚辭的影響。劉勰在《文心雕龍・辨騷》中說，《離騷》「文辭麗雅，爲辭賦之宗」。又說，「然賦也者，受命於詩人，拓宇於楚辭也」。這是說賦是「繼承了《詩經》中鋪陳其事」的「賦」的寫作方法，又吸收了辭的用較長篇幅和華美的辭藻描繪事物，發揮想像，抒發感情的特點。因此可以這樣說，《詩經》是賦的遠源，「楚辭」是賦的近親，賦之所以異於騷，是因爲賦是鋪采摛文、體物寫志。《文心雕龍・詮賦》一文則說明了「辭」與「賦」不同的根本點是：「楚辭」以抒情爲主，「賦」則著力鋪陳事物。如《楚辭》中的《國殤》歌頌的是奮勇禦敵，爲國捐軀的戰士，充滿濃郁的抒情氣氛；而江淹的《別賦》雖寫離別之情，但它是用了許多典故來鋪陳各種離愁別緒的。在寫作方法上，「楚辭」常在句中或結尾加語氣助詞「兮」以調節聲音；賦則較多地摻用散文化的句式，如多用關聯詞語和句尾助詞，甚至在整篇中夾雜完全不押韻的散文語句。如唐朝杜牧所寫的《阿房宮賦》的結束段：「嗚呼！滅六國者，六國也，非秦也。族秦者，秦也，非天下也。嗟夫！使六國各愛其人，則足以拒秦；使秦復愛六國之人，則遞三世可至萬世而爲君，誰得而族滅也？秦人不暇自哀，而後人哀之；後人哀之而不鑑之，亦使後人而復哀後人也。」這一段是作者借古喻今，深刻透徹地總結了歷史教訓，以便引起後人的警惕！這段議論，語言流暢，散文味十分濃厚。因此，這一段完全可算作是純散文體的段落。有些賦的開頭部分有小序，說明作賦的緣由，一般用的是不押韻的散文或駢文。「楚辭」中句與句、段與段之間偏重內在聯繫，極少用連結詞語，賦則與散文一致，多用連結詞語「是故」、「然則」、「若夫」、「且夫」、「苟」、「雖」等字詞。綜上所述：賦既注射著詩辭的血液，又不同於詩辭。其主要標誌是：「辭」的散文因素比「詩」多；「賦」的散文性更比「辭」強。

「辭」的體裁在《楚辭》後基本上沒有什麼變化。「賦」則經歷了長期演變的過程。早在戰國後期趙國人荀況就借民間的「助力之歌」形式，寫出了中國文學史上第一批賦篇：《蠶》、《智》、《箴》等。荀況在這些「賦」內，大都採用自問自答的形式，回環鋪陳，疊致排比。句式以四言爲主，摻以五言、七言，多至十餘言的長短不齊的散句，韻散兼用。這些語句，大都是咏物、說理的隱語，篇末點明題旨。爲此，後人都把荀況看作賦的開山祖。但荀賦在藝術上還是很不成熟的。不僅有著濃厚的隱語氣息，而且文采也不甚華麗。實際上，開漢賦先導的是戰國後期楚國人宋玉。司馬遷在《史記・屈原賈生列傳》中寫道：「屈原既死之後，楚有宋玉、唐勒、景差之徒者，皆好辭而以賦見稱。」可見宋玉也是個辭賦家。他著有《風賦》、《高唐賦》等十篇。現以《高唐賦》爲例加以說明。

> 昔者楚襄王與宋玉遊於雲夢之臺，望高唐之觀，其上獨有雲氣，崒兮直上，忽兮改容，須臾之間，變化無窮。王問玉曰：「此何氣也？」玉對曰：「所謂朝雲者也。」王曰：「何謂朝雲？」玉曰：「昔者先王嘗遊高唐，怠而晝寢。夢見一婦人，曰：『妾，巫山之女也，爲高唐之客，聞君遊高唐，願薦枕席。』王因幸之，去而辭曰：『妾在巫山之陽，高丘之阻。旦爲朝雲，暮爲行雨，朝朝暮暮，陽臺之下。』旦朝視之，如言，故爲立廟，號曰：朝雲，」王曰：「朝雲始出，狀若何也？」玉對曰：「其始出也，𣅳兮若松榯，其少進也，晣兮若姣姬。揚袂鄣日，而望所思。忽兮改容，偈兮若駕駟馬，建羽旗，湫兮如風，淒兮如雨。風止雨霽，雲無處所。」王曰：「寡人方今可以遊乎？」玉曰：「可。」王曰：「其何如矣？」玉曰：「高矣顯矣，臨望遠矣。廣矣普矣，萬物祖矣。上屬於天，下見於淵，珍怪奇偉，不可稱論。」王曰：「試爲寡人賦之。」玉曰：「唯唯。」

以上是《高唐賦》中的一段。從表現手法上，它大大擴大了賦體作品的規模，並變荀賦遁詞隱意、譎譬指事爲主的巧言狀物，而發展成誇張鋪排，窮形盡相的正面描寫。在語言運用上，將大量的「楚辭」句式引入文章內，既用四言、六言、七言，也用八言，用詞形象華麗，端莊典雅。所有這些，均表明它的成就以及在文學史上的地位和影響，都超過了荀賦，並爲漢賦的形成和發展奠定了基礎。

漢初，由於剛建立了空前統一的大帝國，社會較安定，經濟亦有所恢復和發展，於是朝野上下開始追求享受奢侈的生活，諸如蓋宮殿、修園苑、建京都、打獵、飲酒、歌舞等等爲了滿足權貴者的私欲，爲了「潤色鴻業」，粉飾昇平，權貴者遂招致一些御用文人，專門爲他們作賦，歌功頌德，以作精神享受。另外，由於漢武帝、漢宣帝皆好辭賦，大大獎掖文人作賦，因而文士均以作賦逞能爭寵，進而把作賦、獻賦作爲進身求官的階梯。司馬相如、東方朔、揚雄等人無不如此。正因爲統治者的提倡，文士們的竟相習作，日月獻納，終於名家輩出，作品如林。「賦」則成爲兩漢文學的霸主，以至統治文壇達四百餘年。

總之，漢賦是在荀賦，主要在宋賦的基礎上，綜合賈誼、淮南小山、枚乘等人的創作實踐，同時廣泛吸收、綜合了《楚辭》、《詩經》和先秦散文中所慣用的「假設對問」、「恢廓聲勢」、「排比諧隱」、「徵材聚事」等一些文體特點和創作方法，而發展起來的一種新文體。以後又由司馬相如爲代表，奠定了賦的格局，歷代賦的體制雖有這樣或那樣的變化，但都離不開鋪陳事物、主客回答、廣採詞藻、散韻相間等特徵。

賦的演變和類別

賦的形式有幾次大的演變，徐師曾的《文體明辨》把賦分成爲古賦、俳賦、律賦和文賦四種，比較概括地說明了賦體演變的情況。

古賦　又叫辭賦。之所以取名爲「古」，有兩重意思。一方面是說它產生的時代早；另一方面也是相對以後的講究對仗聲律的俳賦、律賦來說的。所以凡後世仿照兩漢時代的賦作，不講求對仗聲律的賦作，一律概稱爲古體賦。這種賦的篇幅一般比較長，多採用問答體的形式，句式長短錯落，韻文中夾雜着較多的散文。

兩漢時代，是古賦發展的鼎盛時期。它包括了在體制上極力模仿「楚辭」而以賦名篇的騷體賦，如賈誼的《鵩鳥賦》，可謂是騷體賦的代表作，它從內容到形式都模仿「楚辭」。另外還有一種是作爲古賦主幹的，卽篇幅長、規模大、假設問答、韻散間出、散文意味很濃的賦，被稱之爲散體賦或漢大賦。在結構上，它是以主客對話而作爲賦前的序言，以便說明創作的緣故和主旨。賦本身又可分爲首、中、尾三部分。首部主要是寫賦中人的簡單對話，以介紹賦中人物問對的緣由，起引子的作用；中間部分，是賦中假設的「主」或「客」的高談闊論式的邊談邊說，是作品主要內容；結尾是主客問答，一般是以一方向另一方誠服而告終。這類賦大都是首尾用散文，中間部分用韻文。在寫作方法上，描寫事物面面俱到，力求窮形盡相，講究鋪張揚厲，盡力使用排比和對偶以展示壯麗的場面，又大量使用誇張、類比來描寫鋪敍事物，用詞華麗，富有文采，常用語氣助詞「兮」，節與節之間多用「於是乎」、「若夫」等散文性質的連詞，成爲一種專事鋪敍的用韻散文。司馬相如的《子虛賦》、《上林賦》，班固的《兩都賦》，張衡的《兩京賦》均爲這種大賦中的代表作。從這些賦篇的內容看，古賦所描寫的，不外乎是「京城、宮殿、游獵」，爲統治者歌功頌德，從而誇耀帝國的聲威。枚乘的《七發》是漢大賦正式形成的第一篇作品，它奠定了漢賦形式，促進了漢賦的發展。在《七發》中，枚乘以問答方式，假設太子有病，賓客詢問，針對太子的精神空虛之病，辨證施治，連用七件事啓發太子，最後終於以聖賢的「要言妙道」根治了楚太子的病，從而批判了以君王爲首的帝王貴族者的恣情享樂的腐朽生活，層層鋪墊，氣勢磅礴，極盡鋪張之能事。

騷體賦，即體制上極力模仿「楚辭」，並以賦名篇的作品。這是古賦所包含的第二種形式。它是漢大賦的前驅。如賈誼《弔屈原賦》、司馬相如的《長門賦》、班彪的《北征賦》均爲騷體賦的代表作。

古賦中的第三種形式是**小賦**。它一般不採用大賦的那種設有問答，韻散間出的結構，通常是以四言爲主，摻以三、六、七言的全篇押韻的韻文。小賦又可分爲：專咏一物的稱之爲「咏物小賦」，如「屏風賦》；專抒情言志的稱之爲「抒情小賦」。「抒情小賦」中，又以枚乘的《柳賦》和張衡的《歸田賦》爲最出名。《歸田賦》是張衡不得志想歸隱時寫的，表現了作者在宦官專權，朝廷腐敗的情況下隱居田園的樂趣，反映了作者不肯同流合汚的精神。其中有這樣一段：

> 於是仲春令月，時和氣清，原隰鬱茂，百草滋榮。王雎鼓翼，鶬鶊哀鳴，交頸頡頏，關關嚶嚶。於焉逍遙，聊以娛情。爾乃龍吟方澤，虎嘯山丘。仰飛纖繳，俯釣長流。觸矢而斃，貪餌吞鈎。落雲間之逸禽，懸淵沉之魦鰡。……

這裏，作者用清新的語言，描寫了春景的美妙，從而抒發自己退隱後的恬靜安適的心情，曾引起社會中許多羈宦的知識分子的嚮往，對魏晉抒情賦的發展具有重大的影響。《風賦》和《刺世疾邪賦》也是兩篇著名的小賦。宋玉的《風賦》一直被人們譽之爲思想性和藝術性都較高的一篇賦作。它是宋玉利用楚襄王贊風的機會，以風爲喻，巧妙地向楚襄王作諷諫的文章。全篇以楚襄王和宋玉的四問四答的對話形式，著意鋪敍了風的產生和發展的過程，並對「屬大王的雄風」和「屬庶民百姓的雌風」作了細緻的對比描寫。借風譬喻，反映了宮廷生活的豪奢和貧民生活的凄慘，借以諷刺帝王貴族，暗示其應有所警惕。《風賦》在描寫雌雄二風的具體情狀時，盡量鋪排形容，既注意動態、聲響，又注意色彩的描繪，想像豐富，詞藻華麗，如：

故其清涼雄風，則飄舉升降，乘凌高城，入於深宮。邸華葉而振氣，徘徊於桂椒之間，翱翔於激水之上，將擊芙蓉之精，獵蕙草，離秦衡，概新夷，被荑楊。迴穴衝陵，蕭條衆芳。然後倘佯中庭，北上玉堂，躋於羅帷，經於洞房，廼得為大王之風也。……

另外，《風賦》在敍述交代情況時運用了散文句式，而在描寫形容風的具體狀況時，則採用了詩的句式，形成語言上韻散相間，參差錯落的特色。

「乘理雖死而非亡，違義雖生而非存」，是東漢士人趙壹的憤世疾俗，抨擊社會黑暗的抒情小賦——《刺世疾邪賦》中的名句，表現自己決不與「佞諂」、「邪夫」相妥協的態度。與此同時，他又對一些面臨社會危機不顧，而一味苟且偸安的人而發出感慨：「安危亡於旦夕，肆嗜欲於目前。奚異涉海之失柂，坐積薪而待燃？」自己雖願爲挽救夕陽政權而盡力，但又受到了阻礙，無從實現自己的願望，就更增加了悲憤。眞可謂是：「雖欲竭誠而盡忠，路絕險而靡緣。九重既不可啓，又羣吠之狺狺。」這些都是《刺世疾邪賦》的基本內容。趙壹以犀利的詞句，憤激的情緒，揭露當時政治黑暗腐朽，宦官棄權，豪族逞虐的情況。這種對時政的大膽的揭露、議論和批判，在賦中是罕見的。在句法形式和押韻上雖與散賦相同，但因體制較小，抒情意味濃厚，不專事鋪張揚厲，不堆砌辭藻，比喻貼切生動，語言樸實顯豁。

俳賦 又稱駢賦，是在古賦基礎上發展變化出來的一種新賦體。這種賦開始於魏晉，盛行於南北朝。它的主要特點是追求字句的工整對仗，音節輕重協調，這與那時文學上普遍興起的駢文風尚是分不開的。駢偶用典追求姸巧，成爲俳賦的主要特徵。其實俳賦是押韻的駢體文。它以陸機、左思爲先聲，中間經過江淹、鮑照發展至庾信才集大成。從內容講，俳賦寫的是日常生活中的用物，表露的是閨房女子的離情，形式上又講究程式，故局限性較大。但也有一些思想內容較健康，藝術成就較高的作品，諸如《登樓賦》、《思舊賦》、《別賦》、《蕪城賦》等均爲俳賦中的代表作。下面就這些作品略加說明。

王粲在荆州避難十幾年，始終未予重用，感慨萬千。當他暇日登上荆州城樓時，遠眺鄉國，觸景生情，與起無限的感慨，寫下了名篇《登樓賦》，傾吐了一腔鄉關之情、離亂之思與懷才不遇的悲憤。下面一段文字就表明這樣的情懷：

人情同於懷土兮，豈窮達而異心？惟日月之逾邁兮，俟河清其未極。冀王道之一平兮，假高衢而騁力。懼匏瓜之徒懸兮，畏井渫之莫食。步棲遲以徙倚兮，白日忽其將匿。風蕭瑟而並興兮，天慘慘而無色。獸狂顧以求羣兮，鳥相鳴而舉翼。原野闃其無人兮，征夫行而未息。心悽愴以感發兮，意忉怛而憯惻。循階除而下降兮，氣交憤於胸臆。夜參半而不寐兮，悵盤桓以反側。

《登樓賦》全篇僅三百二十九個字，除用了「尼父歸歟之嘆」、「鍾儀幽而楚奏」、「莊舄顯而越吟」三個典故和「河清未極」、「匏瓜徒懸」、「井渫莫食」三個成語外，其他語言十分平易淺近，洗練自然，明白曉暢。作者也善於細膩地鋪敍景物以襯托或渲染自己內心的憂傷，文風清綺、流暢，詞采豐富優美，對後代的抒情小賦有一定的影響。故曹丕在《典論·論文》中稱之爲「雖張（衡）、蔡（邕）不過也」的優秀作品，的確是名不虛傳的。

嵇康和向秀同是竹賢七子中的兩位文人。嵇康被害後，向秀以極其悲憤的感情，婉轉的筆法，寫下了《思舊賦》。它的篇幅雖然短，但寄意深長，字裏行間充滿了對友人的深厚友誼，從而於側面表示對當時的黑暗統治的不滿，是一篇很有特色的俳賦。

將命適於遠京兮，遂旋反而北徂。濟黃河以汎舟兮，經山陽之舊居。瞻曠野之蕭條兮，息余駕乎城隅。踐二子之遺跡兮，歷窮巷之空廬。嘆《黍離》之愍周兮，悲《麥秀》於殷墟。惟古昔以懷今兮，心徘徊以躊躇。棟宇存而弗毀兮，形神逝其焉如。昔李斯之受罪兮，嘆黃犬而長吟。悼嵇生之永辭兮，顧日影而彈琴。託運遇於領會兮，寄餘命於寸陰。聽鳴笛之慷慨兮，妙聲絶而復尋。停駕言其將邁兮，遂援翰而寫心。

向秀在賦中先具體寫「經其舊廬」的情景，從而觸景生情，懷古傷今；接著寫「形神逝其焉如」，以表傷逝之意；再以李斯和嵇康臨刑時態度的對比，透露了對官僚的殘暴的怨恨和憤怒；最後以聽見當前慷慨嘹亮的笛聲，卻彷彿聽到嵇康臨刑時激昂淒慘的琴聲，兩相映襯，感慨無限而結束。文章雖是句式整齊，用詞華麗，但因善於抒情和議論，加上以四言、五言或多言參差不齊的語句寫的「序」（有題解作用，說明作賦的緣由，把作者不便在正文中說的話放在序裏說），散文味甚濃。

《蕪城賦》是鮑照目睹廣陵（舊地在現在江蘇省江都）被毀後廢墟上的荒涼景象而寫下來的抒發憤慨的小賦。它先寫了廣陵昔日全盛之時的繁華：「車挂轊，人駕肩。廛閈撲地，歌吹沸天。孳貨鹽田，鏟利銅山。才力雄富，士馬精妍」，再寫今日的荒蕪景象：「澤葵依井，荒葛罥塗。壇羅虺蜮，階鬬麏鼯。木魅山鬼，野鼠城狐，風嘷雨嘯，昏見晨趨……」抒發了對今昔興亡無比感慨的思想感情，進而從側面反映由於朝廷官員彼此爭權奪利，給城市造成極大的破壞，給人民帶來了無窮的苦難。語言工麗精煉，筆力勁建，狀物鋪陳，形象生動，富有一定的散文色彩。

江淹最著名的作品是《恨賦》和《別賦》。這兩篇抒情俳賦，都有濃厚的感傷情調。它們是描繪古代社會上各種不同類型人物的愁恨和離情別緒，反映各式各樣人物的不同心理狀態，每一種人物都有顯著的特色。同時，在這些人物身上又都集中反映出舊社會中失意的知識份子的情緒。《別賦》在藝術上比《恨賦》更爲成熟，主題和題材比較新穎，構思別致。通過對各種不同的離情的刻劃，表現不得志的知識份子羈旅異域、思念鄉關的悵惘與憂思。這大概與江淹的身世有關。他早年孤苦，遠離家鄉謀生，做官又不如意，還曾被誣進獄。《別賦》寫作上最突出的特點是借環境的描寫來刻劃人物的心理。寫行子的心情是：「是以行子腸斷，百感淒惻。風蕭蕭而異響，雲漫漫而奇色。舟凝滯於水濱，車逶遲於山側。櫂容與而詎前，馬寒鳴而不息。掩金觴而誰御，橫玉柱而沾軾」；寫居者是「居人愁臥，怳若有亡。日下壁而沈彩，月上軒而飛光。見紅蘭之受露，望青楸之離霜。巡曾楹而空揜，撫錦幕而虛涼。知離夢之躑躅，意別魂之飛揚」。這樣鋪敍不同身份和地位，不同社會關係的人們的「黯然銷魂」，離別的悵惘與憂思，寫得細膩、多彩，各具特色。尤其像「春草碧色，春水淥波，送君南浦，傷如之何」等名句更富有很強的感染力。

律賦　是唐宋科舉考試時，所採用的一種試體賦，它在俳賦對仗工整，聲律和諧之外，又加上嚴格的押韻限制。一般由考官命題，並出八個韻字，規定八類韻腳，讓考生做四百多字的賦。它簡直是一種文字遊戲，完全是士子們求名干祿的工具。又因一味追求形式，在文學史上沒有什麼地位。

文賦　是受唐宋古文運動影響而產生的賦體。它的主要特點是一反俳賦、律賦在駢偶、用韻方面的限制，而接近於古文，更趨向於散文化，因此唐宋時知名的文賦作者，也多是當時著名的古文家，如歐陽脩、蘇軾等。文賦中又以宋代歐陽脩的《秋聲賦》和蘇軾的前後《赤壁賦》等各篇爲代表，它們幾乎都吸取了當時古文的章法和氣勢，句式以四、六言爲主，並摻以大量的長句，除連接詞語外，還使用「之、乎、者、也」之類的虛詞；用韻比較自由，間或也有駢句，也常常帶有問答形式；常於敍事、寫景中雜以議論、說理，融情於理。其實，文賦的這些特點，實際上與散文的差別已很少了。

《阿房宮賦》是唐朝文學家杜牧通過寫阿房宮建築規模之宏大、耗費民力之多的事實，對秦王窮奢極欲的腐朽生活給予無情的揭露，並更指出官吏横徵暴斂的罪行，必然要引起人民的反抗、終究要滅亡的歷史規律，從而起到借秦警唐、使以後的皇帝引爲鑒戒的作用。《阿房宮賦》充分體現了「體（描寫）物寫志」的特點，敍事、描寫和抒情議論緊密交融。描寫秦宮生活、抒發對貴族者窮欲極侈的憤怒之情和議論歷史教訓三者相互滲透，渾爲一體。鋪陳誇張是本篇的主要特點：如「高低冥迷，不知西東。歌臺暖響，春光融融。舞殿冷袖，風雨淒淒。一日之內，一宮之間，而氣候不齊」，用的是誇張和比喻狀寫歌舞之盛；「明星熒熒，開妝鏡也；綠雲擾擾，梳曉鬟也；渭水漲膩，棄脂水也；烟斜霧横，焚椒蘭也」，是鋪陳宮中美人梳妝，渲染美女之多；「使負棟之柱，多於南畝之農夫；架樑之椽，多於機上之工女；釘頭磷磷，多於在庾之粟粒；瓦縫參差，多於周身之帛縷；直欄横檻，多於九土之城郭；管弦嘔啞，多於市人之言語」，以一個「使」領起六個排比句，每一排比句都用「多於」作前後對比，盡情誇張，鋪陳，把古代帝王的奢侈享樂是建築在人民痛苦生活上的這一本質問題揭露了出來，寫得酣暢淋漓。全文詞采瑰奇，想像豐富，韻散間用，差參多變，表現出辭賦散文化的趨向。

歐陽修感於秋聲對自然界萬物的摧敗，產生了人生短促的感慨，認爲人們不該自尋苦惱，自我傷害，從而寫下了不朽之篇《秋聲賦》：

初淅瀝以蕭颯，忽奔騰而砰湃，如波濤夜驚，風雨驟至。其觸於物也，鏦鏦錚錚，金鐵皆鳴，又如赴敵之兵，銜枚疾走，不聞號令，但聞人馬之行聲。

這是《秋聲賦》的開頭一段，它以三四個形象化的比喻，寫出了無形的秋聲，把秋聲由遠及近以至撞擊物品時發出的聲響，描繪得彷彿傾耳可聽，襯托出秋夜的蕭瑟幽森，然後再通過無情的草木與「有情」的人類的對比，「有聲之秋」與「無聲之秋」的對比，來突出「無聲之秋」（人們的憂心勞形）對人們影響之大，戕害之深，從而發出「奈何以非金石之類，欲與草木而爭榮」的勸誡，提醒人們要自我珍惜。作者以寫秋聲，描秋狀，來議秋聲之蕭殺，都採取了鋪陳渲染的手法。作者連用了「波濤夜驚」、「風雨驟至」、「銜枚疾走」等三個形象化的比喻和「蕭颯」、「砰湃」、「鏦鏦錚錚」一連串的象聲詞，把秋聲渲染得形色可睹。在具體描摹秋狀時，作者用了賦的鋪敍手法，以整齊的排比句式，從「秋色」、「秋容」、「秋氣」、「秋意」四個方面，抓住了烟雲、陽光、寒氣、山川等景物，具體描繪了變態多端的秋景：「其色慘淡，烟霏雲斂；其容清明，天高日晶；其氣栗冽，砭人肌骨；其意蕭條，山川寂寥。」描寫、議論、抒情三結合。《秋聲賦》既保持了賦富有形象性和音樂美的特點，又用散文筆調抒寫，用韻錯落多變，對偶不甚嚴格，多用虛詞，打破了賦長期形成的死板格式，標誌賦已走上了散文化的道路。

宋代另一位大文學家蘇軾寫的前、後《赤壁賦》，均可看作是優美的散文詩，現以《前赤壁賦》爲例加以說明。

壬戌之秋，七月既望，蘇子與客泛舟遊於赤壁之下。清風徐來，水波不興。舉酒屬客，誦《明月》之詩，歌《窈窕》之章。少焉，月出於東山之上，徘徊於斗牛之間。白露橫江，水光接天。縱一葦之所如，凌萬頃之茫然。浩浩乎如馮虛御風，而不知其所止；飄飄乎如遺世獨立，羽化而登仙。

於是飲酒樂甚，扣舷而歌之。歌曰：「桂棹兮蘭槳，擊空明兮泝流光。渺渺兮予懷，望美人兮天一方。」客有吹洞簫者，依歌而和之。其聲嗚嗚然，如怨如慕，如泣如訴，餘音嫋嫋，不絕如縷，舞幽壑之潛蛟，泣孤舟之嫠婦。

蘇子愀然，正襟危坐，而問客曰：「何為其然也？」

客曰：「『月明星稀，烏鵲南飛』，此非曹孟德之詩乎？西望夏口，東望武昌，山川相繆，鬱乎蒼蒼，此非孟德之困於周郎者乎？方其破荊州，下江陵，順流而東也，舳艫千里，旌旗蔽空，釃酒臨江，橫槊賦詩，固一世之雄也，而今安在哉？況吾與子漁樵於江渚之上，侶魚蝦而友麋鹿，駕一葉之扁舟，舉匏樽以相屬。寄蜉蝣於天地，渺滄海之一粟，哀吾生之須臾，羨長江之無窮。挾飛仙以遨遊，抱明月而長終。知不可乎驟得，托遺響於悲風。」

蘇子曰：「客亦知夫水與月乎？逝者如斯，而未嘗往也；盈虛者如彼，而卒莫消長也。蓋將自其變者而觀之，則天地曾不能以一瞬；自其不變者而觀之，則物與我皆無盡也，而又何羨乎！且夫天地之間，物各有主；苟非吾之所有，雖一毫而莫取。惟江上之清風，與山間之明月，耳得之而為聲，目遇之而成色，取之無禁，用之不竭，是造物者之無盡藏也，而吾與子之所共適。」

客喜而笑，洗盞更酌，肴核既盡，杯盤狼藉。相與枕藉乎舟中，不知東方之既白。

這篇賦是作者度過了三年苦悶貧困的謫居生活（被貶到黃州做團練副使）後寫的。全文以作者感情的三個起伏分成三個段落。先從清風、明月交織的江山美景中，寫出作者由此而引起的「羽化而登仙」的超然之樂；接着從憑弔歷史人物興亡，而陷入現實人生的苦悶；最後仍從眼前景物立論，闡述了「變」與「不變」的哲理，在曠達樂觀中得到擺脫。它具有賦的特點：運用了主客對話（二者實為作者思想的兩個方面，實際上都是詩人的自我獨白）；用了不少排比對偶的句子，「如怨如慕，如泣如訴」、「誦明月之詩，歌窈窕之章」。但這篇賦卻又和一般的辭賦，尤其是俳賦、律賦，寫作上有所不同，其根本點是它更多吸收了散文的語言技巧。尤其突出的是《前赤壁賦》在敍事、描寫、議論和抒情等方面的錯雜並用已達到了爐火純青的地步。不管是秋水月夜的勾畫、嗚嗚簫聲的摹擬，還是對歷史人物的描寫、玄妙哲理的闡發，都馳騁想像，飽含深情。情、景、理融為一體，既有詩情，更富畫意。除此而外，它又大膽地突破了傳統賦的表現手法、章法結構和語言形式的格式，注入更多的散文因素，故能揮灑自如，不拘一格；另一方面又運用韻文或對偶句，韻散結合，使文章富有節奏感。全文語言精美，清新活潑，是抒情文，是散文詩，又是文賦的代表作。

二、駢文與散文

駢文的特徵

駢文又叫駢體文，其特點有四：㊀駢偶；㊁四六句式；㊂講究平仄；㊃用典。

㊀駢偶　「駢」原指兩匹馬並駕一車。兩人在一起爲「偶」。駢偶就是兩兩相對的意思。古代帝王出外，儀仗和衞隊也是兩兩相對。所以駢偶也叫對仗，用來比喻駢體文的句子必須像兩匹馬駕車那樣兩兩相對，而且這兩兩相對的句式必須自始至終地貫穿全篇。古人沒有明確的語法概念，主要講究虛字對虛字，實字對實字以及句式的對稱，用今天的語法概念來考察，就是主謂結構對主謂結構，動賓結構對動賓結構，偏正結構對偏正結構，複句對複句。例如：

荀宋表之於前，賈馬繼之於末。（蕭統《文選序》）

吞吐百川，寫泄萬壑。（鮑照《登大雷岸與妹書》）

孝敬之准式，人倫之師友。（蕭統《文選序》）

地勢極而南溟深，天柱高而北辰遠。（王勃《滕王閣序》）

蟬則千轉不窮，猿則百叫無絕。（吳均《與宋元思書》）

老當益壯，寧移白首之心；窮且益堅，不墜青雲之志。（王勃《滕王閣序》）

㈡**四六**　與駢偶相關的，必須要求每個句子的字數有相應的規定。魏晉時期，駢文未最後定型，字句尚無嚴格限制，一般以四字句爲主；齊梁以後，駢文都是四字句和六字句（不包括虛字），形成固定的「四六」格式，有時四字連用，有時六字連用，更多是四字句與六字句交互使用。由於這一特點，晚唐稱駢文爲「四六」文（又叫「時文」）。當然也有越出這個規範，也有穿插三字、五字、七字的。分別舉例如下：

塗登千里，日逾十晨，嚴霜慘節，悲風斷肌。（鮑照《登大雷岸與妹書》）

虎豹無文，則鞹同犬羊，雕兕有皮，而色資丹漆。（劉勰《文心雕龍》）

物華天寶，龍光射牛斗之墟，人傑地靈，徐孺下陳蕃之榻。（王勃《滕王閣序》）

落霞與孤鶩齊飛，秋水共長天一色。漁舟晚唱，響窮彭蠡之濱；雁陣驚寒，聲斷衡陽之浦。（同上）

㈢**平仄**　平是平聲，仄包括上聲、去聲和入聲。唐以前駢文不講究平仄，唐以後受律詩影響，除對仗以外，還要求平對仄，仄對平。例如：

星分翼軫，地接衡廬。
平平仄仄　仄仄平平

臨別贈言，幸承恩於偉餞；登高作賦，是所望於羣公。
仄仄平平　仄平平平仄仄　平平仄仄　平仄仄仄平平。

㈣用典　用典本是一種普通的修辭手法。駢體文用典已超出一般修辭的要求，常常一句極普通的詩也要引用典故來表達，以示「含蓄」和「典雅」。當然也有用得較適當的。但許多駢文往往爲用典而用典，以致滿紙典故，弄得晦澀難懂，反而以文害意。用得較好的例子如王勃《滕王閣序》：「馮唐易老，李廣難封；屈賈誼於長沙，非無聖主；竄梁鴻於海曲，豈乏明時」，這裏用馮唐、李廣、賈誼、梁鴻的遭遇來抒發「時運不齊」的感慨，表達了作者自己不得志和被貶謫的悲哀，由於用了典故，語氣顯得較爲委婉，含蓄。但《滕王閣序》還有一句爲：「望長安於日下，指吳會於雲間」，初看很容易當一般詞語來理解，其實，這裏也用了典。《晉書・陸雲傳》載：陸雲與荀隱相遇，互通姓名，陸雲是吳郡人，自稱「雲間陸士龍」，荀隱是西晉首都洛陽人，自稱「日下荀鳴鶴」。這樣用典往往使文章隱晦難懂。

此外，駢體文還很講究詞藻華美，特別喜愛選用表示山水風月、珍禽異獸、香花野草之類詞語，常常造成華麗詞語的堆砌。

駢文的形成與盛衰

駢文的形成、發展及其與散文的角逐盛衰，大致經過了以下幾個階段：

㈠駢散未分之時代——先秦至漢初

先秦時期，並無「駢文」這一名稱，但作爲駢文主要特徵的排比對偶句式，則很早就出現了。從甲骨文、金文，到《尚書》、先秦諸子散文等，四字句、五字句、六字句時時可見。如《尚書·禹貢》敘述各個州的山川形勢：「濟河惟兗州，海岱惟青州，海岱及惟徐州，淮海惟揚州，荊及衡陽惟荊州，荊河惟豫州」，每句皆以「惟」字相對。「夾石碣石，入於河，浮於濟漯，達於河，浮於汶，達於齊，浮於淮泗，達於河」，每句皆用「於」字造成大致整齊的排比句。「厥草惟夭，厥木惟條，厥土惟塗泥，厥田惟上下，厥賦下上上錯，厥貢惟金三品」，每句用「厥」、「惟」二字形成排偶句。凡此種種，有奇句，有對句，既有參差變化，又有整齊對稱，文字雖很古樸，實已開對偶排比之先河。至於《左傳》、《戰國策》等歷史散文和諸子散文，更已經是極常見的修辭手法。如《戰國策·蘇秦以連橫說秦》：「是故兵勝於外，義強於內，威立於上，民服於下。今欲並天下，凌萬乘，詘敵國，制海內，子元元，臣諸侯，非兵不可！今之嗣主，忽於至道，皆惛於教，亂於治，迷於言，惑於語，沉於辯，溺於辭。以此論之，王固不能行也。」《荀子·勸學》：「吾嘗終日而思矣，不如須臾之所學也；吾嘗跂而望矣，不如登高之博見也。登高而招，臂非加長也，而見者遠；順風而呼，聲非加疾也，而聞者彰。假輿馬者，非利足也，而致千里；假舟楫者，非能水也，而絕江河。君子生非異也，善假於物也。」這些對偶排比句，在內容上比《尚書》豐富複雜得多，在形式上有三字句、四字句、五字句，以及更多字數的排比對偶，同時更富於靈活變化。

儘管先秦散文中排比對偶句運用很普通，但都還沒有形成某種固定的格式，僅僅作爲一種修辭手法，穿插於散行文字之中，對散行文字起一種加強語勢諧調音節的作用。

㈡**駢文漸成之時代——西漢時期**

從漢代開始，由於賦的興起，對駢文的形成起了推波助瀾的作用。賦的特點是鋪陳敍事，富有文采，大量運用對偶、排比句。由於賦的影響，漢代的散文也漸漸出現駢偶化的傾向。如賈誼《過秦論》，枚乘《上書諫吳王》，鄒陽《獄中上書吳王》，司馬相如《上書諫獵》、《難蜀父老》、《喻巴蜀檄》，鼂錯《對賢良文學策》，乃至大散文家司馬遷的《報任安書》，無不受辭賦影響，而多用排偶。試錄《報任安書》中幾段便可見一斑：

> 修身者，智之符也；愛施者，仁之端也；取與者，義之表也；恥辱者，勇之決也；立名者，行之極也。
>
> 禍莫憯於欲利，悲莫痛於傷心，行莫醜於辱先，詬莫大於宮刑。
>
> 文王拘而演《周易》；仲尼厄而作《春秋》；屈原放逐，乃賦《離騷》，左丘失明，厥有《國語》；孫子臏脚，兵法修列；不韋遷蜀，世傳《呂覽》；韓非囚秦，《説難》、《孤憤》；《詩》三百篇，大底聖賢發憤之所為作也。

當然，這些文章雖駢偶較多，但就整體而言，仍以散句爲主，不能説已是駢文。但正如孫松友《四六叢話》所説，在西漢之初，由於辭賦的影響，駢文「胎息徵萌，儷形已具」，到了東漢，文章「更爲整贍」，朝駢文方向發展已經成爲一種不可抗拒的「自然之勢」。

㈢**駢文漸盛之時代——魏晉時期**

據蔣祖怡《駢文與散文》分析，魏代是駢文形成的一個關鍵時代。他說：「漢祚之衰，三國鼎立，而文章正統，厥在乎魏。曹氏三人，旣極文章之盛，建安七子，俱擅才學之名。變前代之雄渾，啓後代之纒綿。兩漢之賦，雖具儷形，而文則多單；三國之詞，漸趨淸健，故語易成偶。典午司政，遂啓駢風，魏代實一大關鍵也。」觀魏晉散文，一般書信、奏議、碑誌、頌贊文字，已多學四字句爲主，如孔融《薦盛孝章書》：「歲月不居，時節如流。五十之年，忽焉已至。公爲始滿，融又過二。海內知識，零落殆盡……」大體已具備駢文詩特點。其他如曹丕《與吳質書》，曹植《與楊修書》，李密《陳情表》，阮籍《大人先生傳》，嵇康《難自然好學論》、《太師箴》，劉琨《與段匹磾盟文》、《答盧諶書》等，以至曹丕《典論·論文》，陸機《文賦》這類文學理論著作也詞藻華美，音節鏗鏘，對仗工整，具有明顯的駢儷色彩。

爲什麼這一時代駢文得以盛行呢？這是因爲魏晉時期人們對文學的觀念開始加強。陸厥《致沈約書》說：「自魏文屬論，深以清濁爲言，劉楨奉書，大明體勢之致。」由此可見，當時文學語言的音律問題已引起人們重視，只是尚無定說。再說，漢賦發展到魏晉，已開始衰落，古賦逐漸轉爲俳賦，更加追求字句的對偶和音節的諧調，加之漢末年君王（如漢靈帝）雅好俳詞，竭力加以提倡，下習其風，文章自然更趨向華靡。不過，魏與晉代，駢文無論在內容或形式上都還是有明顯不同的。這是因爲，漢末和建安時代，是一個思想比較開放的時代，「觀其時文，雅好慷慨，良由世積亂離，風衰俗怨，並志深而筆長，故梗概而多氣也」（《文心雕龍·時序》）。這種風格不僅體現在詩歌方面，在散文創作，包括初具駢文特徵的那些文章，也都有所體現。如曹植《與楊德祖書》、《諫伐遼東表》、《求自試表》、《求通親親表》，雖講究詞藻，注意對偶，但基本仍是駢散相間，不多用典，仍具有通脫、清峻的特點。到了晉代，文風便有了顯著變化。試以陸機《弔魏武帝文》描寫曹操死後遺囑執行情況的一段文字爲例：「紆廣念於履組，塵淸慮於餘香，結遺情之婉孌，何命促而意長？陳法服於帷座，陪窈窕於玉房，宣備物於虛器，發哀音於舊倡。矯戚容以赴節，掩零淚而薦觴。物無微而不存，體無惠而不亡……」全文均爲六字句，文采雖然整瞻華麗，但比較建安文章來，顯得晦澀難懂。故劉勰評論說：「陸機之《弔魏武》，序巧而文繁。」「序巧」還可算是優點，「文繁」便屬於綺靡之風了。

㈣駢文極盛之時代——南北朝時期

南北朝時期，駢文發展到了頂峯。當時除了奏章、碑志、書信等應用文以外，一般敍事文、論辯文、寫景文、抒情文多用駢體。我國第一部完整的文學批評著作《文心雕龍》就是梁代的劉勰用駢文寫成的。梁代思想家范縝所寫的哲理文《神滅論》基本上也是駢文。這一時期駢體文幾乎占領了整個文壇。

駢文在這一時期發展到極盛的原因是多方面的。由於南朝社會較爲安定，君王又大力提倡文學，文學創作的理論與技巧有了很大發展，文學的描寫性和抒情性也大大加強了；另一方面，由於君王貴族士大夫的生活日趨於腐朽、墮落，不少作者更陷入了形式主義的道路，致使文學成了歌功頌德和描寫腐朽享樂生活的工具，成了一般士大夫求榮晉升的敲門磚。據《陳書・文學傳》記載，由於陳後主「雅尚文詞」，「每臣下表疏，及上賦頌者，躬自省覽，其有辭工，則神筆賞激，加其爵位，是以縉紳之徒，咸知自勵矣。」這一些，都爲駢文的進一步興盛、發展提供了客觀條件。再說，南北朝時期，「四聲說」正式確立，並得到廣泛的運用。《南史・陸厥傳》說：「永明末，盛爲文章，吳郡沈約，陳郡謝朓。琅琊王融，以氣類相推，海南周顒，善識聲韻，爲文皆用宮商。」《宋書・謝靈運傳》也說：「夫五色相宜，八音協暢，由乎玄黃律呂，各適物宜，欲使宮習相變，低昂舛節，若前有浮聲，則後須切響；一簡之內，音韻盡殊，兩句之中，輕重悉異，妙達此旨，始可言文。」「四聲說」爲講究對偶整齊、音節鏗鏘的駢體文找到了理論根據，作家們也就更加自覺地運用四聲規律進行駢文寫作，這些都極大地促進了駢文的盛行。

但南北朝時期的駢文成就並不高，大多內容空洞，雕琢詞句，堆砌典故。只有少數作家能運用駢文的優點，盡量避免駢文堆砌詞藻典故的弱點，創作了一些優秀的駢文佳作。如鮑照的《登大雷岸與妹書》，孔稚珪的《北山移文》，陶弘景的《答謝中書書》，吳均的《與宋元思書》、《與顧章書》，丘遲的《與陳伯之書》等，都用是駢文寫成的久傳不衰的佳作。以吳均《與宋元思書》爲例。這是一篇用駢文寫成的山水小品。文章僅用一百四十餘字，便把浙江富陽、桐廬一帶，即有名的富春江上綺麗風光生動地描繪了出來。文筆清新秀麗，構思精巧入微，既保持了駢文的特點，又不受這一形式的束縛，寫法上也有突破和創新。試看下面一段描寫：

夾岸高山，皆生寒樹；負勢競上，互相軒邈；爭高直指，千百成峯。泉水激石，泠泠作響；好鳥相鳴，嚶嚶成韻。蟬則千轉不窮，猿則百叫無絕。鳶飛戾天者，望峯息心，經綸世務者，窺谷忘返。

這一段文字基本上按一般駢文的要求，用的是四字句和六字，句式整齊勻稱。但從「鳶飛」句開始，則出現了五字句和四字句的交替應用，這是駢文中少見的。作者這樣寫，意在根據內容的需要，使句式錯綜變化，避免四、六句式產生的刻板劃一弊病。再從對偶的要求看，前六句幾乎沒有對偶句，無異於一般散文，但又比一般散文句式嚴整凝煉。後六句則有意地採用了對偶句，「泉水」對「好鳥」，「泠泠作響」對「嚶嚶成韻」，「蟬」對「猿」，「千轉不窮」對「百叫無絕」。這樣寫，保持了駢文的特長。在內容上使「泉」、「鳥」、「蟬」、「猿」發出的聲響相互聯繫和呼應，在語言形式上，增強了節奏感和韻律美。

此外，全文除「鳶飛戾天」以外，均不用典，而是採用白描手法，遣詞造句著眼於對客觀景物的準確描繪，質樸點染，力避一般駢文的晦澀難懂。

㈤駢文衰退、古文盛行時代——唐宋時期

上面說到六朝時代的駢文，鮑照也有某些佳作，但總的說來，形式僵化，內容空乏，越來越繁瑣的格律要求，使文章呆板滯澀，脫離生活實際。這種貴族化的文風已經成了反映現實、表達思想的桎梏。早在駢文鼎盛時期，就不斷有人出來反對。如隋初李諤上書請革正文體時說：「連篇累牘，不出月露之形，積變盈箱，唯是風雲之狀。」隋末王通在《王道篇》中說：「言文而不及理，是天下無文也，王道從何而興乎？」儘管有人反對，但一時很難改變積習，直至初唐，駢文仍很盛行。即使是在詩歌革新上取得顯著成就的初唐「四傑」王、楊、盧、駱，也逃不脫駢文的影響和束縛。一方面，他們對六朝以來雕琢纖弱的文風表示不滿，認爲「天下之文，靡不壞矣」（王勃語），要求改變這種文風，但他們寫起文章來，仍喜用駢體。雖然他們也寫出了一些著名作品，如王勃《滕王閣序》，駱賓王《討武曌檄》等，但他們這種理論與實踐的矛盾，曾受到後人的非議。洪邁《容齋隨筆》說：「王勃等四子之文，皆精切有本原，其用駢儷作記、序、碑、碣，蓋一時體格如此，而後來頗議之。」杜甫也說：「王楊盧駱當時體，輕薄爲文哂未休，爾曹身與名俱滅，不廢江河萬古流。」後來到了陳子昂時，情況才有了變化。陳子昂雖然沒有完全擺脫駢文的影響，但在散文創作中卻寫出了一些質樸的古文，使文章爲之一變。故韓愈稱讚說：「國朝盛文章，子昂始高蹈。」（《薦士詩》）進入中唐以後，古文家蕭穎士、李華、獨孤及、元結、柳冕等人提倡文體革新，主張用古文來代替駢文。他們在奠定古文運動的理論基礎和古文寫作實踐兩方面都前進了一大步。但正如柳冕所說，他們這些人，「志雖復古，力不足也。言雖近道，辭則不文。」（《答荊州裴尚書論文書》）所以當時尚未形成一個眞正的散文革新運動。

安史之亂以後，唐朝由盛而衰，韓愈、柳宗元這樣的傑出古文家大聲疾呼，倡導寫作古文，加上聚集他們周圍的一大批古文家的同聲相求，推波助瀾，終於掀起了規模宏大的古文運動。他們有理論，有實踐，在先秦兩漢散文基礎上，吸收當時語言中有生命的東西，創造了「古文」這種新文體，寫出了大量內容豐富，形式多樣的散文作品，給齊梁以來雕章琢句的駢文以很大的衝擊。從此駢文領導文壇的地位開始動搖，以先秦散文爲楷模的古文開始盛行。

但無論中唐、晚唐，還是宋代，駢文並未絕跡，因爲唐代取士仍用駢文，以致宋代駢文發展成「四六文」，「專以聲病對偶爲工，剽剝故事，雕刻破碎」（《神宗舊史・歐陽修傳》），形式聲律要求更加嚴格，也更加僵化。於是，從宋初的柳開、王禹偁，到歐陽脩及其領導下的古文家們，又掀起了一場聲勢很大的古文運動，這才正式打垮了駢文的領導地位，革除了浮豔纖弱的文風，爲散文創作的進一步繁榮和發展開闢了道路。

唐宋以後，駢文不占領導地位了，但並不意味着這種文體已經完全絕跡。事實上，元明直至清代，駢文從未提出過歷史舞台，不過，元明兩代，雖以賦頌德義取士，但眞正用心寫駢文的人很少。明代劉基、宋濂以古文出名，不以駢文著稱。只是到了清代乾嘉之際，社會較爲安定，經濟有了恢復和發展，加之君王不遺餘力的推崇和鼓勵，駢文曾一度又盛行起來，不僅出現了一批駢文作家，還出現了不少供作楷模的駢文選本，和一些研究駢文的理論著作。

綜觀駢文發展的歷史，起始於東漢，形成於魏晉，大盛於南北朝，唐宋以後，駢散分途，駢文衰退，散文盛行。但駢文並未消失，並時有起伏。只是駢文天地越來越小，僅在一般奏議、書信、碑誌、哀祭等應用文中時有表現，但很少有名篇佳作。

駢、散之爭從漢魏至清末，對駢文優劣功過評論也常有分歧。駢文文體的特點就是特別講究形式美，要求形式整齊，音節和諧，語言典雅、華麗，這同先秦一般較爲古樸的散文相比，增強了語言的文學性，應該是一個進步。關鍵在於掌握分寸。從駢文發展的歷史看，對這種形式如能運用適度，確能增強文章的感染力。試以反對駢文最烈的古文家韓愈、歐陽脩爲例，他們有些散文，明顯是受駢文的影響，吸取了駢文的長處。如韓愈《進學解》：

言未既，有笑於列者曰：「先生欺余哉！弟子事先生，於茲有年矣。先生口不絕吟於六藝之文，手不停披於百家之編。記事者必提其要，纂言者必鈎其玄。貪多務得，細大不捐。焚膏油以繼晷，恒兀兀以窮年：先生之於業，可謂勤矣。觝排異端，攘斥佛老。補苴罅漏，張皇幽眇。尋墜緒之茫茫，獨旁搜而遠紹。障百川而東之，回狂瀾於既倒：先生之於儒，可謂有勞矣。沉浸醲郁，含英咀華。作為文章，其書滿家。上規姚姒，渾渾無涯。周誥殷盤，佶屈聱牙；春秋謹嚴，左氏浮誇；易奇而法，詩正而葩；下逮莊騷，太史所錄；子雲相如，同工異曲：先生之於文，可謂閎其中而肆其外矣。少始知學，勇於敢為；長通於方，左右俱宜：先生之於為人，可謂成矣。然而公不見信於人，私不見助於友。跋前躓後，動輒得咎，暫為御史，遂竄南夷，三年博士，冗不見治，命與仇謀，取敗幾時。冬暖而兒號寒，年豐而妻啼饑，頭童齒豁，竟死何裨？不知慮此，而反教人為！」

全文模仿東漢東方朔《答客難》和揚雄《解嘲》，從教誨學生寫起，假設學生對先生遭遇的不平提出疑問，自己再作自我誇讚，自我解嘲式的解答。文章駢散兼行，句式整齊而富於變化。文中較多地運用對偶、排比和對仗，但決沒有像四六文那樣的僵化的形式和板滯的弊病，雖有用典，卻無古奧晦澀之嫌；文中多次用韵，但有兩句一韵，有多句一韵，富於變化。在行文布局上較多地採用一般散文的長處，在語言上不僅創造性地使用古人語言，還善於吸收富有表現力的口語，顯得生動活潑，流暢自然。所以說，《進學解》是一篇吸收駢文長處進行散文創作的一個範例。

文章重視形式美和形式主義是不同的。正如游國恩所說：「駢文注重形式美，當然並不等於形式主義。但是形式主義的作家特別喜歡駢文，形式主義文風的流行促成了駢文的畸形繁榮，而駢文的畸形繁榮又進一步造成形式主義文風的泛濫，卻是非常明顯的事實。」（《中國文學史》）又如范文瀾所說：「士族過著腐朽萎靡的生活，反映在文學上，就是只講求形式的美觀，也就是用事務求繁富，對偶務求工整，聲律務求和諧，說到內容則幾乎是空乏或者汚穢。但是，單就形式來說，對文學發展上也還是一個成就，因爲沒有南朝文士的講求，便不能有盛行於唐朝的文學，至於眞正代表東晉南朝文學的，雖然不是這些形式美的文學，而是違反當時文學習尚，較爲樸素的作品。」（《中國通史簡編》）